中島雄其人與《往復文信目録》

日本公使館與總理衙門通信目録

1874—1899

孔祥吉·【日】村田雄二郎◇編著

國家圖書館出版社

圖書在版編目(CIP)數據

中島雄其人與《往復文信目録》:日本駐京公使館與總理衙門通信目録:1874～1899/孔祥吉,(日)村田雄二郎編著.—北京:國家圖書館出版社,2009.3

ISBN 978 - 7 - 5013 - 3971 - 6

Ⅰ.中…　Ⅱ.①孔…②村…　Ⅲ.①中島雄—人物研究②中日關係—國際關係史—史料—1874～1899　Ⅳ.K833.137 = 43 D829.313 - 53

中國版本圖書館 CIP 數據核字(2009)第 018050 號

書名　中島雄其人與《往復文信目録》
——日本駐京公使館與總理衙門通信目録(1874～1899)

著者　孔祥吉　(日)村田雄二郎　編著

出版　國家圖書館出版社(原北京圖書館出版社)
(100034　北京市西城區文津街 7 號)

發行　010 - 66139745　66175620　66126153
66174391(傳真)　66126156(門市部)

E-mail　btsfxb@nlc.gov.cn(郵購)

Website　www.nlcpress.com → 投稿中心

經銷　新華書店

印刷　三河弘翰印務有限公司

開本　880×1230 毫米　1/32

印張　26.75

版次　2009 年 3 月第 1 版　2009 年 3 月第 1 次印刷

書號　ISBN 978 - 7 - 5013 - 3971 - 6

定價　280.00 圓

目録

中島雄其人及其《往復文信目録》……一
第一章 關於中島雄其人……二
第一節 中島雄之家世及所受教育……二
第二節 在古都北京的外交生涯……四
第三節 短暫而忙碌的晚年生活……一四
第二章 《往復文信目録》編纂緣起……一七
第三章 《往復文信目録》的重要價值……二一
第一節 提供早期中日交涉的新鮮史料……二三
第二節 提出了一些近代外交史上需要研究的新課題……三三
第三節 引申對近代史一些重要問題之討論……四三
第四章 《往復文信目録》對維新志士黄遵憲的記載……四七
第一節 黄遵憲對日本人民的友好感情……四七
第二節 黄遵憲與維新派之關係……五〇

第三節　中島雄的重要記載改變了已有的結論……五四
第四節　政變後日本伸出營救之手……六六
第五章　利用《往復文信目録》應該注意的幾個問題……七〇
第一節　不要輕易放過任何一項簡單記載……七〇
第二節　有關條約簽訂之記載要參照原始檔册……七七
第三節　不要忽略中日兩國人民友好交流的歷史篇章……七九
第六章　簡短的結語……八五

在清日本公使館與總理衙門往復文信目録

（明治七年八月至明治三十二年十二月，一八七四——一八九九）（日）中島雄……一
序……三
卷一　明治七年至明治十一年……五
卷二　明治十二年至十七年……一一一
卷三　明治十八年至二十一年……二三一
卷四　明治二十二年至二十七年……三三三
卷五　明治二十八年至三十年……四七一
卷六　明治三十一年至三十二年……六三三
後記……七五七

中島雄其人及其《往復文信目録》

明治年間，日本的漢學家層見迭出，燦若繁星，各領風騷。但是，有一位在漢學方面非常有貢獻的人物，尚未引起中日史學界足够之重視，此人即是日本駐北京公使館的書記官中島雄。中島雄頭腦敏鋭，漢學根底扎實；辦事精細，爲人處世，尤不喜張揚。與他的許多同僚比較起來，中島雄在宦途上並不得意，直到退休之後，纔被提陞爲一等書記官，但是，他長期以來堅持寫作，不避寒暑，默默在漢學領域耕耘，却做出了令人矚目的貢獻。

中島雄漢學成果甚夥，其中，最重要者，包括《往復文信目録》、《日清交際史提要》、《隨使述作存稿》等書。中島雄的這些著述，大部分是他在日本駐北京公使館任書記官時的工作記録，有些則是他在工作之餘，在與中國官員、士大夫交往時搜集的史料與實物，然後又經過他仔細研究考證，歸納總結，最後形成的文字。中島雄存世的著作，絶大部分保留在日本外務省外交史料館，少部分則保存在東京等地的圖書館或者私人收藏者手中。與其他著作不同，《往復文信目録》爲提要勾玄的文字，言簡意賅，它在日本外務省外交史料館，被編爲一門（政治）－一類（帝國外交）－二項（亞細亞），原清國公使館書記官中島雄移交之有關清韓兩國關係書類，其編號爲1－1－2－57－2〔一〕。

第一章　關於中島雄其人

第一節　中島雄之家世及所受教育

中島雄於嘉永六年（一八五三），生於江户（今東京），家中世代爲幕臣，幼名太郎一〔二〕。在明治維新於日本列島拉開帷幕後，中島雄曾隨十五代將軍德川慶喜遷至静岡，爾後，他又返回東京，進入江户川中村敬宇所開設的同人社學習。

中島雄在同人社學習期間，遇到了兩位滿腹經綸，使他終身受益的老師。一是同人社的創辦人中村正直，另外一位是勝海舟。

中村正直（一八三二—一八九一），號敬宇，自幼接受漢學基礎訓練，打下了堅實的功底；十多

〔一〕日本外務省外交史料館藏：《原清國公使館書記官中島雄移交之有關清韓兩國關係書類——在清我公使館與總署往復文信目録》（以下簡稱《往復文信目録》）。

〔二〕《中島雄君》，見東亞同文會編：《對支回顧録》（下），原書房，一九六八年版，第二〇八頁。本書中有關人物傳記的譯者，爲原東京大學晚清歷史與檔案研習班第二期的小野寺史郎、上原尚大、小軍、李艷麗、慕唯仁、大橋義武等學員。

歲時又兼習英語及蘭學。因爲漢學根基頗深，二十歲出頭便出任昌平黌教授，而後又任幕府儒員及將軍侍講。在明治維新前兩年，日本社會面臨着一場前所未有的社會轉型風暴，中村正直被幕府選中留學英國。在英倫三島，他親眼見識了資本主義文明，耳目爲之一新。明治維新之後，中村正直回到日本，其時，德川幕府已經覆亡，他於是大量翻譯《西國立志編》（Samuel Smiles' Self－Help）、《自由之理》（John Stuart Mill's On Liberty）等西學新書。這些鼓吹自由與民權思想的讀物，使人們大開眼界，在日本知識界不脛而走。中村正直在社會上已經頗有名望。一八七二年開始，他接受了明治政府大藏省之委派，在東京開始翻譯新書。次年，中村正直即在江户川開設了同人社，他把自己的大量精力用到教書授徒，傳授學問的事業上。而中島雄恰在此時來到了同人社，真可謂如魚得水。

中島雄在同人社還結識了另一位日本很有名望的政治家勝海舟。勝海舟（一八二三—一八九九），是江户幕府海軍負責人。當幕府崩潰前夕，曾擔任陸軍總裁，他高瞻遠矚，主張同討幕軍議和，使江户和平開城。後在明治政府中任海軍卿等職。勝海舟刻苦自學，人格高尚，是中島雄之受業師。中島雄去世之前曾用非常簡潔的語言勾畫了其師之生平，其文曰：

勝伯名義邦，號海舟，初稱麟太郎，後稱安房守，江户人。其當幕府奉歸政權前後，伯顧念大局，力任艱難，彰彰在人耳目，爰不贅言。明治二年，改稱安芳，五年奉旨協辦海軍事務，六年任參議兼總理海軍事務，未幾罷去，仍任議官，辭不就。二十年列華族，授伯爵。翌年任樞密顧問官，二十二年叙勛一等，授瑞寶章；二十九年以老辭職不聽，三十一年授旭日大綬章；翌年一月二十日特旨叙正二位，翌日薨，壽七十有七。皇上軫悼敕遣侍從就家賜賻，海軍儀仗兵送殯，或展

伯墓五古中有「霹靂光一閃，露爪未見頭」之句，識者謂是海舟伯十字小傳。[二]

中村正直與勝海舟在當時是日本國内第一流的學者，而且都具有非常堅實的漢學功底，又通蘭學，可以説是明治初年過渡性的學者。在兩位名師熏陶之下，中島雄思想與行爲均發生很多改變。他所習課目爲漢語與英語，在兩方面他均相當出色，並且於當地的文學刊物上發表作品，在京城頗具文名。中島雄當時是在勝海舟門下受教，頗蒙海舟師贊賞，因爲家庭經濟方面的原因輟學。而後，勝海舟將其推薦給外務省卿寺島宗則。於是，他在明治十一年（一八七八）十二月二十三日，來到北京的日本公使館任職[三]。中島雄在北京日本公使館工作後的許多作品，都可以看出受這兩位老師影響頗深的痕迹。

第二節　在古都北京的外交生涯

古老的北京給這位來自日本的青年人留下很深的印象。無論是金鰲玉蝀橋下的碧波，還是尋常巷陌裏的談笑，都能引起他濃厚的興趣。剛來北京的中島雄無論如何也不會想到，他一生的大部分時間，將會在這座古城裏度過。初來北京時，中島雄擔任公使館見習二等書記官，次年，轉爲外務三等書記生，

[二] 勝安芳著，中島雄譯：《大日本創辦海軍史》，吉川弘文館，一九〇六年版，例言。

[三] 關於中島雄最早抵達北京的時間，《中島雄君》稱：他於明治十一年十一月進入清國，作爲二等書記官見習而赴任北京。而據日本外務省所藏檔案《日清交際史提要》序記載，中島雄到北京的時間，則爲是年十二月二十三日，且開始時並非二等書記官。檔案編號1－1－2－54。《日清交際史提要》序，係中島雄明治四十一年十二月於東京外務省親筆所書，應可信。

此後相當長時間内，他擔任公使館的翻譯與文書收發工作〔一〕。

明治十六年（一八八三）十二月，中島雄返回日本度假，十七年八月三十一日返回駐北京公使館，他所擔任之工作亦有所改變〔二〕。此次由日本返回北京任所之後，中島雄公務繁忙，開始擔任公使館與總理衙門交涉文書的主稿，外務省與駐北京公使及臨時代理公使之間的機密信件謄寫，主稿對外公信以及編撰日本公使館在北京開館以來彼此交涉案件之文書整理事宜〔三〕。明治十九年中島雄出任交際官試補。

除此之外，中島雄在駐北京公使館期間，還通過與京城裏的文人學士廣泛地交遊接觸，探聽消息，切磋學問，交流思想，進一步加深對中國的認識。譬如總理衙門大臣曾紀澤、袁昶，翰林院編修江標，京師大學堂總辦，後來又改任駐日公使的李盛鐸等，均曾是他的友人，彼此過從密切，相交頗深。

在東京大學法學部附屬近代日本法政史料中心（明治新聞雜誌文庫），我們可以找到中島雄在北京寫的一些未刊詩篇，其中有一首《送某氏歸日本》的詩歌，大約可以看出其漢詩水平及懷抱。該詩曰：

有客突如通姓名，案頭停筆啓户迎；

〔一〕《中島雄君》，東亞同文會編：《對支回顧録》（下），第二〇八頁。

〔二〕《中島雄君》稱：他於明治十七年七月三十一日返回任所，誤。據上引日本外務省檔案保存的《日清交際史提要》序記載，應爲八月三十一日返回北京公使館。

〔三〕日本外務省外交史料館藏：《日清交際史提要》序。

是何短小精悍士，金章玄服寶劍橫。
自言七歲在米國，水師學堂講用兵；
業成銜命來禹域，且問禹域弱乎劲。
吾欲無言矧此問，其如前席出至誠；
唯唯呼僮擊缶築，燕趙一曲供君聽。
禹域之地四百萬，三億六千林總生；
寶藏與焉貨財殖，宇内各國莫之京。
舉首垂涎彼何物，其名為鯤在北冥；
專竢扶摇羊角起，一躍直欲化大鵬。
大鵬怒飛如何况，摶而上者九萬程；
水擊豈啻摇五嶽，狂瀾定知及東瀛。
問計從何出，先具繳與矰；
精穿柳葉力七札，鯤魚化時射鵬睛。
客聽此歌拔劍舞，主人據案獨吞聲；
恨吾久被文章誤，不得從君海上行。[二]

中島雄詩篇中的『禹域』是指中國，『大鵬』則比喻俄國。這首《送某氏歸日本》真實地表現了

[二] 東京大學法學部附屬近代日本法政史料中心藏：《送某氏歸日本》（未刊稿）。

中島雄對中國之『弱乎窮』的同情、對俄國覬覦中國的警惕，以及對『狂瀾定知及東瀛』的擔憂，反映了作者對中日俄三國之間關係之深刻理解以及發自内心的感慨。詩稿的後面還有中島雄所附加的注釋。其文稱：

此篇成時，劼剛曾侯紀澤見之而曰：『問計從何出』兩句，不如改作『及今兄弟當聯歡，並駕齊驅具繳矰』，是在侯捐館之前一旬。蓋亞細亞地方一千九百十九萬六千方里，人口六億二千九百三十二萬九千，固足雄視宇内，而我通觀全（州）〔洲〕之近況，印度為英屬，安南為法轄，朝鮮則賦式微，其他如暹羅亦屬爺以下，當是時，能自主、自立者，唯日本與清國耳。侯襲勛臣之後，出使西洋，伊犁之事，不辱君命；越南之役，善覘人國；及歸任總理各國事務大臣，雖未有所建白，而常以大局為顧念，於其改拙作中兩句一事，亦可以窺懷抱之一斑，乃不幸短命，今也則亡，惜夫。

明治二十三年春日，中島雄，識於駐紮清國北京日本欽差全權大臣公署。[二]（圖一）

這些附言則真實反映了中島雄與曾紀澤之間情意相投，關係融洽。

明治二十三年四月十二日（一八九〇年四月十二日）曾紀澤匆匆離開人世，中島雄用了許多時間，寫了一篇名爲《曾紀澤歸葬附聞》的長文，嘆息滿朝之人，不辨是非，對這樣一位充滿智慧與愛國精神的外交家没有予以重視與珍惜。中島雄在此文中稱：『生榮死哀可謂極矣，顧此尚爲達官顯貴之所同，

〔二〕 東京大學法學部附屬近代日本法政史料中心藏：《送某氏歸日本》（未刊稿）。

送秉氏歸日本

有客突如通姓名穿頭停筆啟户迎是何短小精悍士金章玄服寶劍橫自言七歳在禾國水師學堂講用兵業成衔命來禺域且問禺域弱守歎吾欲無言矧此問其如前席生至誠唯々呼傳聲岳氣燕趙一曲供君聽禺域之地四百萬三億六千林總生寶藏與爲貨財殖字内各國莫之京翠首垂涎彼何敢其名為鯤在北冥專族扶搖羊角起一躍直欲化大鵬大鵬怒飛如何說搏而上者九萬程水擊豈啻搖五嶽狂瀾定知及東瀛問計從何先貝繳與矰精穿柳

出

筆力七札。鯤奥化時翩鵬。晴。咨聽此歌。拔劍舞。夫人
掾案往吞聲。恨吾久被文章誤。不得從君海上行。
此篇成時。劼剛曾侯紀澤見之。而曰。向計從何出
兩句。不如改作及今兄弟當聯歡。並駕齊驅具纖
纖。是在侯捐館之前一句。蓋亞細亞地方一千九百
十九萬六千方里。人口六億二千九百三十二萬
九千。固足雄視宇內。而試通觀全州之近況。印度
為英屬。安南為法轄。朝鮮則賦式微。其他如暹羅
亦屬鄙以下。當是時。能自主自立者。唯日本與清
國耳。侯襲勳臣之後。出使西洋伊犁之事。不辱君

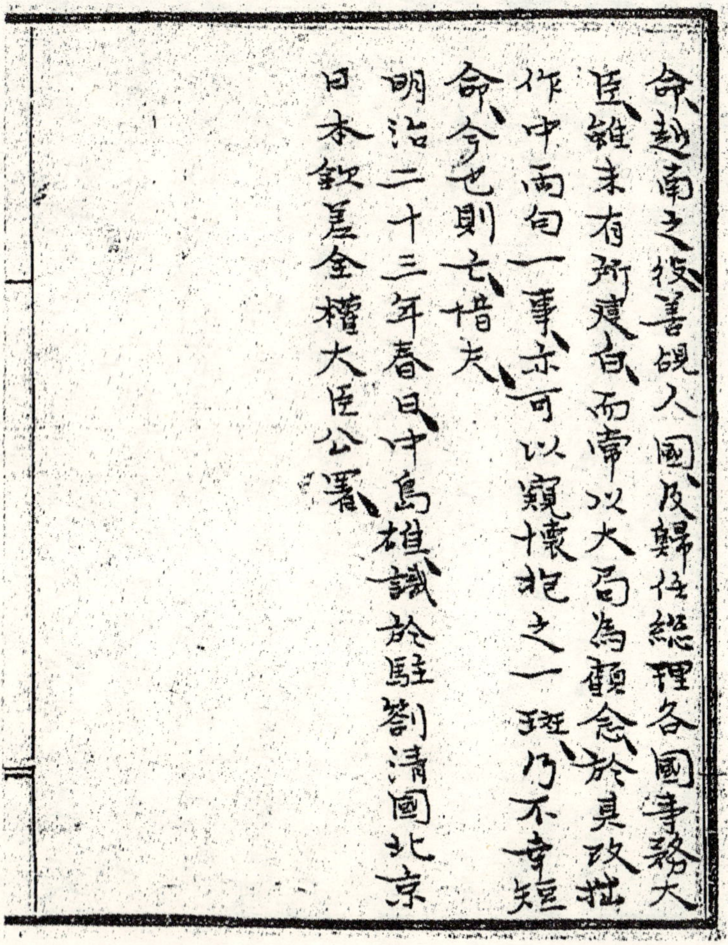
命赴南之役善覘人國及歸任總理各國事務大
臣雖未有所建白而常以大局為顧念於其政拙
作中兩句一事亦可以窺懷抱之一斑乃不幸短
命今也則亡惜夫
明治二十三年春日中島雄識於駐劄清國北京
日本欽差全權大臣公署

圖一　中島雄《送某氏歸日本》手迹

而非侯之所獨。侯之所獨者，仍在乎薄海内外之同聲悼惜。方其電音遠至，噩耗初傳，中土人士聞之皆曰：天何不佑我國家，而遽奪此柱石臣也！泰西人士之旅居中土者，聞之皆曰：天何忌才若此，而不使侯享其高年也！海外旅民聞之曰：萬里長城，何遽頃壞也！』〔二〕

中島雄對曾紀澤的感情是建立在他們有共同的外交理念，即對俄國侵略陰謀的揭露與抗争。

明治二十四年中島雄升任三等書記官，數年後，在小村壽太郎擔任代理公使時，被擢升爲二等書記官。明治二十七年，中日甲午戰争爆發前夕，中島雄於是年五月協助小村壽太郎安排僑民撤離，並參與收搜傳遞情報事宜。他由北京至天津，再渡海輾轉至煙臺、上海，然後返回日本。中島雄抵日後又趕赴馬關，參預大本營諸般機密要務，參加中日議和談判，爲日方代表伊藤博文、陸奥宗光等出謀劃策，並將會談過程做了詳細記載，得到了日本政府的獎勵。據日本外務省檔案記載：

日清韓交涉事件興起之際，中島雄適在北京公使館二等書記官之任，事後媾和使來朝之時，中島雄又充當兩國外務大臣會談翻譯及其他重要任務，前後鞅掌，頗著勛勞，因贈予勛五等旭日章，並賜金二千五百丹。〔三〕

〔二〕日本外務省外交史料館藏：中島雄《隨使述作存稿》第二册。參閲孔祥吉、村田雄二郎：《罕爲人知的中日結盟及其他——晚清中日關係史新探》，巴蜀書社，二〇〇四年版，第三二一—四七頁。

〔三〕日本外務省外交史料館藏：《日清戰争行賞・外務省官史》6－2－1－14－3。《中島雄君》一文謂：『由於戰役之功，得賜勛五等雙光旭日章及金兩千元。』所記數字有誤。

義和團運動爆發後，中島雄曾協助公使緊急處理館務，並於明治三十三年六月一日歸國〔二〕。五個月後事變逐漸平息，中島雄又返回北京公使館參預議和事宜，並且發揮了很大作用，再次以功獲賞。據《外務省月報》明治三十五年十二月份記述：

義和團事變行賞，公使館二等書記官正六位勳五等之中島雄，於明治三十三年清國事變中功勛卓著，特叙勛四等，賜授旭日小綬章。〔三〕

中島雄在北京公使館任職期間，日本政府先後九次更換公使，有的公使原來資歷及官階，不如他高，而中島雄總是坦然處之，不予計較。他已經習慣了淡泊寧靜的生活。中島雄在日本駐北京公使館工作期間，經常用大量時間從事漢學研究，對中國的社會風俗、貨幣變遷、時政要聞、官吏陞遷、邊疆糾紛、海軍訓練等進行考述，積累了大量的原始素材，並且撰寫了百餘萬字的《隨使述作存稿》，全書共分十卷，書前還寫了一段很有哲理的序言，其文稱：

余初來此地，見其内政外交、禮教風俗一切與嚮日所聞頗相異，蓋邦人馳域外之觀，其於歐美之事，能洞見底蘊，顧至同洲清國之事，一知半解，既以自誤，又以誤人。是豈長馭遠駕之方哉？於是，論折無論而已，今世名流日乘隨筆，及傳奇小説，苟助發明之書，無不搜訪歷覽。間與搢紳

〔二〕日本外務省外交史料館藏：《日清交際史提要》序。

〔三〕日本外務省外交史料館藏：《義和團事變行賞・外務省官吏》6－2－1，20－2。

士大夫優遊浸迹，每有得輙述而作，致之於外務省，前後二十五年，幾乎百餘萬字。今將去任，則裒篋底存稿，及軍輿中在東京、馬關等處所述作，按年月日分定十册，以備日後參考焉。

明治三十六年中島雄題於北京節署

中島雄的這段話，大約是在他即將離開北京之前説的，顯然是針對日本國内知識界而言。因爲明治維新的中心内容，就是要向西方學習，向歐美看齊，日本社會曾流傳有『脱亞入歐』的説法。而中島雄則認爲，在對歐美之事『洞見底藴』的同時，也不應該對自己的近鄰一知半解，對其源遠流長的文化，漠不關心。以至於出現了『既以自誤，又以誤人』的結局。中島雄利用在北京的條件，千方百計地加深對中國的瞭解。他通過朝廷的上諭、内外臣工的奏摺，以及歷代文人所寫的隨筆掌故，甚至包括傳奇小説，只要『苟助發明之書，無不搜訪歷覽』[二]。然後，他將自己的收穫，源源寄往日本外務省，以幫助他的上司們制訂『長馭遠駕』之策。

中島雄自明治十一年（一八七八）到北京，直到三十六年（一九〇三）七月，纔返回東京外務省任職，長達二十五年之久，可見其一生大好年華都是在北京度過的。據我們從檔案中所看到的記載，他在公使館二十五年的外交生涯中，返回日本的明確記載只有三次：即明治十六年（一八八三）首次返鄉；明治二十七年（一八九四）因甲午戰爭爆發，公使館關閉而返回；還有一次是明治三十三年（一九〇〇）五月，義和團運動期間離開[三]，事件平息後又返回北京。除此之外，日檔中缺乏記載。總

[二] 日本外務省外交史料館藏：中島雄《隨使述作存稿》，稿本，第一册（中島雄書類，下同）。

[三] 日本外務省外交史料館藏：中島雄《日清交際史提要》序。

之，中島雄回歸次數實在太少，而且時間甚短，遠離家室，孤身一人，這種長期的兩地分居，自然也影響了他的家庭生活。中島雄將寶貴光陰，全用在收集資料，撰寫心得，日積月累，蔚然可觀。

中島雄的夫人，是在昌平黌（即昌平坂學問所，德川幕府的最高學府，現爲湯島聖堂）教授漢學的伊豫松山藩碩儒藤野海南（一八二六—一八八八）之女。此女子亦頗具漢學功底。剛結婚時，可謂『才子好逑佳人之罕見美滿婚姻，但同性相克，而或琴瑟總不圓滿，夫人長期居住東京，君遠隔永住北京，實牽牛織女，數年一會之狀。尤其君四十歲後，聽覺大鈍，因有傳聞夫婦閨閣中秘話，亦作五言七絶之筆談』[一]。可見，中島雄夫妻關係之疏遠，也許是使他終生沉醉於漢學的研究與寫作的原因之一。

據史料記載，中島雄中等身材，『富髯及胸，舉止從容不迫，教導後進，諄諄不倦並親切始終。老來酷愛讀書，長年駐燕京之際，搜集頗多珍籍法帖，其文與書至驚詫支那人。曾有總理衙門事務大臣袁昶，見君輟筆之我公使館公文，驚評曰：若生於支那，可出仕翰林。以此可知君非凡之天才』[二]。

第三節　短暫而忙碌的晚年生活

中島雄於明治三十六年（一九〇三）七月離開北京，返回東京的外務省任職，三個月之後，陞任一等書記官。他在外務省的主要任務，就是整理在北京所保存的大量歷史資料。

在人生旅途的最後階段，中島雄還完成了一項重要工作，即翻譯整理了其師勝海舟所撰《大日本海軍史》的中文本出版工作。此項工程頗費心力，其中曲折，中島雄於該書之序言中頗有涉及。中島雄稱：

[一][二]《中島雄君》，東亞同文會編：《對支回顧録》（下），第二一〇、二一一頁。

歲辛卯，清國遊歷官兵部郎中傅君雲龍，得我海軍歷史於東京，歸獻之於其政府。維時總理各國事務和碩慶親王兼管海軍事務，即令同文館總教習美國丁博士韙良，轉飭館生譯作漢文。該館未備有通日本語言文字之人，博士來謀之我公使館，館長轉謀之於余。余方專掌交涉文案兼管支應等務，紛繁無暇。然因此書編纂成於勝伯，伯則為余受知師，將秉翻譯之筆，適聞伯嘗囑余友楢原君陳政，略竣其功。而君隨使倫敦，乃函請其稿於伯，伯即千里見寄，披而觀之，裒然成帙，尚闕數卷，即如開墾小笠原島編中，該管官與流寓之美英等國人問答用話條體補譯，且郵告於楢原君。君謙德有加，函囑訂定。即延皖北武君光璧，自壬辰一月起，每日率以一時為課程，對案互校，凡九閱月初卒其業，即繕清本，函送丁博士轉呈慶王。因其原稿朱蘭縱横，不便繳呈。

勝伯甲午春間函囑丁博士轉請慶王，飭該衙門書手另繕送一部，未幾七月之事起矣。余從北京回抵東京，暫以所有原稿繳呈勝伯。迨乙未春和約告成，余隨林爵大臣奉使北京，料理善後一切。未暇詢清本已否繕就。己亥冬，楢原君隨西爵大臣來北京，詢及此事。余即函答丁博士，轉催總理衙門，未接回音之間，翌年庚子，余奉調回國，未幾楢原君則死於拳匪之變。

噫！辛丑五月，余復回任北京，問該管官，初知所呈慶王之補譯校訂清本亡失已久。癸卯七月，從北京歸家居，有暇則請同門前輩富田鐵畊先生，就勝邸發伯遺篋，借向所繳呈之原稿，因其朱蘭縱横，他人不易辨識，自為日課，重校手抄，且每遇有須復加之處，輒隨筆補注，凡五閱月而一部二十五卷成。

初我總理海軍大臣辦公處員序此原書曰：德川氏執政幕府，創辦海軍拮據經營，從事其間者，實為勝伯。而當時之事未明於世，樺山協辦海軍大臣，憂及今不傳，終歸湮滅，乃以編纂之任，慫愿於伯。伯欣然秉筆，既成，致之海軍衙門，其所記述，博引詳核，不僅可悉幕府如何創辦海軍，亦足徵德川氏當時之政，刷印以資當事參考云爾。

余也久在清國，觀其内治外交，回溯四十年前，反看内照之於我德川氏當時之政，彼此情形殆將無同，而現在亞細亞海雄飛之大日本海軍，自幕府創辦以來，日就月將而成者，清國當事參考此書，則思過半矣。

明治三十八年歲在乙巳八月，前出使清國參贊官中島雄，識於東京城北白山之時雨山房。〔一〕

觀此序言，可知中島雄對其師勝海舟的一片深情厚意，同時也流露了他對清王朝當政者雙目閉塞、麻木不仁，不知借鑒外國經驗的惋惜之情。

明治三十九年（一九〇六）十一月，中島雄由外務省退職。退職後第二年，他曾被外務省短期聘爲對中國關係顧問。

明治四十年（一九〇七）四月十七日中島雄奉命編撰從日本在北京建立公使館到義和團事件期間的《日清交際史提要》，次年十二月編寫完畢。是書凡六册，分爲二十六編，該書涉及晚清中日兩國往來交際的所有重要事件，内容至關重要，後來全書被編爲《日本外交文書》明治年間追補第一册出版。

明治四十三年（一九一〇）二月十七日中島雄因病去世，享年五十八歲。

〔一〕 勝安芳著，中島雄等譯：《大日本創辦海軍史》，吉川弘文館一九〇六年版，序言。

第二章 《往復文信目録》編纂緣起

中島雄對漢學所作之學術貢獻，其中有一項，是編纂日本駐北京公使館與總理各國事務衙門的《往復文信目録》。這是一部重要的帶有工具書性質的文獻[一]。這部分檔案在日本外務省外交史料館浩如烟海的文獻中，是一種非常特殊的簿册，全部史料均用漢文書寫。每項記事只有寥寥數字，因此，長期以來並没有引起人們重視。無論是日本本國的漢學家，還是外國的檔案利用者，對於此種檔案均很少有人問津。該檔册係中島雄在駐北京日本公使館擔任書記官期間，按照時日先後，逐件編號登記，然後加以整理裝訂而成，凡六卷。整個文獻眉目清晰，條理分明，所記述的歷史事件與人物簡明扼要，非常準確。它不僅可以訂正有關中國近代史上重要事件來龍去脈和重要人物的活動，而且還可以釐清從同治十三年（一八七四）至光緒二十五年（一八九九），前後二十五年間，日本政府與清政府之間許多事項的交涉細節。

中島雄所記載的二十五年，是中國近代史上最關鍵的時刻。當時，中國已經陸續與世界各主要國家建立了外交關係，接着又經歷了洋務運動、中法戰爭、中日甲午戰爭、戊戌變法，以及聲勢浩大的義和團運動。在此期間，中日之間，發生了許多大事。而這些事件均可在檔册中得到綫索。關於此書編撰緣起，中島雄在《序發收文信録》一文中，有詳細説明：

[一] 日本外務省外交史料館藏：《在清我公使館與總署往復文信目録》，編號1-1-2-57-2。

發收文信録，照録本館與總署相致之文信者也。本館致總署謂之發，總署致本館謂之收，照會謂之文函，啓謂之信，皆省稱而已。按年釐定訂成册，首列號而月而日，並注答復之月日，以便暨查。

其非尋常之緊要文信，例另成書，爰不復録，而發收之月日，則仍揭於總目之末，其非本館與總署所收發等件，遇有關係交涉之文信，雖爰録之而不列號，以示區别而昭體裁。至於所有原本，均行次第存之别筐焉。明治二十一年（一八八八）一月五日交際官試補中島雄識〔印〕。〔一〕

而該檔册之開頭部分則記載稱：

明治七年發收文信録總目，交際官試補中島雄編次。

第一號，八月八日（清曆同治十三年六月二十六日）發文，

為照稱安藤副領事，著駐香港兼管廣州、潮州、瓊州事宜；福島領事著駐厦門，兼管福州事宜。〔二〕

由上引《序發收文信録》記載表明，此書似乎應是在中島雄來到北京的第十個年頭纔開始編纂的。也就是説從明治七年至二十一年八月以前的内容，均係中島雄根據日本公使館所存舊檔册鉤校而成的。

〔一〕〔二〕　中島雄編纂：《往復文信目録》卷一。

第一節　提供早期中日交涉的新鮮史料

《往復文信目録》揭示了許多早期中日交涉過程中，一些被忘却的重要歷史細節，真實地記述了中日兩國十九世紀七十年代後，雙方在彼此首都建了公使館，以及彼此交往的細節，爲研究中日兩國關係史，提供了翔實而罕見之史料。

一個很明顯的例子是關於日本在北京修建公使館的過程，中島雄所記比人們現在所掌握的既可靠又具體。二十世紀八十年代我們在輔導全國高校進修教師對近代京華史迹調研時，曾對東交民巷鱗次櫛比的外國使館建筑進行考察，瞭解到位於御河東岸的日本公使館，古色古香，建築頗有特色。

據有關史料記載，同治十一年（一八七二）日本使臣駐京之後，開始時以東四六條民房院落爲使館，一八八六年在東交民巷構築使館，庚子之後，又設新館。現在看來，現有的記述，失之過於籠統。

而《往復文信目録》對日本使館的建築過程記載非常翔實。由中島雄記述觀之，同治十一年（一八七二）日本公使團來到北京，開始時並没有固定的使館建築。同治十三年（一八七四），日本政府派内務卿大久保來京商談條約，總理衙門安排在寺廟居住。據《往復文信目録》明治七年記載：

第八號，九月七日（清曆七月二十七日）收信，

為函詢大久保大臣來京，飭備賢良寺藉資居住是否需用事。

第九號，九月七日（清曆七月二十七日）發信，

信，亦不復照録成册，其原本則仍按月日，每年掛號，分别存筐，兹作目録，注答復之月日，以便稽查，而期簡易可繼焉。

明治二十九年一月四日公使館書記官中島雄識〔印〕[1]

據此可知，《往復文信目録》記事，以《馬關條約》爲界限，區分爲前後兩個部分。前半部分共有四卷，文書稀少，記事亦較簡單；後者卷帙浩繁，所記内容亦豐富多彩。

中島雄辦事認真，思維縝密，凡處理經手事件，均井井有條，除了編寫《發收文信録》外，還將中日之間往復原始文件，按照時日先後，『次第存之别筐』。這的確爲日後檢索利用，提供了很大方便。

第三章 《往復文信目録》的重要價值

《往復文信目録》與一般檔案史料不同，由於其内容過於簡單，常常被人忽略。我們從二〇〇二年開始利用日本外務省檔案史料，但是多年以來並没有對《往復文信目録》予以重視。直到二〇〇八年我們纔逐步發現了它的史料價值。此檔字字珍貴，雖然文字不多，却包含極爲豐富的内容。歸納起來，此項檔案的價值表現在以下幾個方面：

---

[1] 中島雄編纂：《往復文信目録》卷五。

國。《往復文信目録》後半部分的内容共分兩卷，由明治二十八年（一八九五）六月二十三日開始記事謂：

第一號，六月二十三日（清曆光緒二十一年五月初一日）發文，當日收復文，為照稱林大臣到京並請訂日期以便前往晤會事。

直到明治三十二年（一八九九）十二月三十一日止。其最後一條記事爲：

第一百四十號，十二月三十一日（清曆十一月二十九日）發信，復十二月三十日收信，為函復拱候日時事。

前後四年多時間，期間中日之間交涉頻繁，所記載事件甚爲詳細。中島雄對此曾有解釋：

《卷五序》

自明治七年初開本館，迨二十七年（一八九四）暫行撤回，與總署往來文信前經按年釐訂成二十一册，題曰發收文信録，藏之於公事房矣。

自二十八年（一八九五）再開本館，交涉案件，層見疊出，非復歷年之比。即如所發收之文信，其還地並新約事件而外，至年底即有壹佰肆拾捌件之多，以推將來，諒必有增無減。此時厥後，除省彼此函賀，若函訂晤會日期，函稱某日某處勿庸出入等項，凡非緊要之信外，所有一切文由第一號所記内容，可知日本駐廣東地區領事館所轄區域範圍之變遷：早期香港的領事館，在同治光緒之交，尚管轄廣州、潮州、瓊州事宜。這種當時的職能範圍，與後來大相徑庭。中島雄的簡單的一則目録，記載了今日難以瞭解的歷史變遷。

由於當時正處於中日建交初期，在日本於北京建立公使館數年後，清朝亦嚮日本派遣使節，中島雄於明治十年檔册内記載：

第六號，一月十八日（清曆光緒二年十二月初五日）收文，

為照稱許大臣著發往福建差委，何大臣著改充出使大日本國欽差大臣，張知府著充副使事。

第七號，一月十九日（清曆十二月初六日）發文，

為照復許大臣著發往福建差委，何大臣著改充出使大日本國欽差大臣，張知府著充副使事。[一]

上文中許大臣，係指許鈐身；何大臣係指首任駐日公使何如璋；張知府乃張斯桂。《往復文信目録》所包含的主要内容之一，即總理衙門及時將出使各國外交使臣的任命，通知日本公使館。

明治二十七年（一八九四）中日戰爭爆發，雙方外交關係斷絶，日本公使館撤離京師，《往復文信目録》的記事亦到是年八月停止，是爲該書之前半部分；前後二十年的記事，共分爲四卷。《馬關條約》剛剛簽署，日本公使館又重新在東交民巷恢復工作，直至庚子春夏之交，義和團運動如火如荼，並且發生了義和團進攻東交民巷事件，日本公使館之工作陷於停頓，中島雄再度離開北京回

[一] 中島雄編纂：《往復文信目録》卷一。

為函謝飭備賢良寺，款接遠使之誼事〔一〕。

賢良寺是京師一所有名的寺院。其前身係康熙皇帝第十三子允祥的怡親王府，舊第在東安門外帥府胡同。允祥爲人，沉穩老成，行事拘謹。在康熙晚年皇子争奪皇位的激烈紛争中，允祥千方百計地配合其異母兄長四阿哥，即後來的雍正皇帝。因此，在雍正帝登極之後，允祥很快被封爲和碩怡賢親王，參預朝政，又出任議政大臣，處理許多重大政務。允祥『莅事八載，精白一心，從不居功，又極謙抑』，被雍正帝稱贊爲『自古無此公忠體國之賢王』〔二〕，可謂名噪一時。允祥死後，故邸改爲寺廟，稱賢良寺。乾隆十二年（一七四七），賢良寺移至冰盞胡同。與京城其他寺院相比，此處地面寬敞，樹木茂密，環境極爲清幽，且距紫禁城近在咫尺，上朝十分便捷，故爲入京陛見的封疆大吏之首選居所。清季，京城星羅棋佈的寺院，往往具有旅舍與宴客之功能〔三〕。清後期直隸總督曾國藩、李鴻章以及東三省總督趙爾巽等封疆大吏，因公來京時，均曾下榻於賢良寺。尤其是北洋大臣李鴻章，自甲午以前，直到庚子議和期間，長期在賢良寺居住。李鴻章去世時，他的靈堂仍然是設在賢良寺。而《往復文信目録》的上述記載則説明，外國貴賓抵達北京，總理衙門居然也以賢良寺爲『款接遠使』的國賓館。一年之後，日本纔開始在京城修建自己的公使館，中島雄記述：

〔一〕 中島雄編纂：《往復文信目録》卷一。

〔二〕 《清史稿》卷二百二十，列傳七。

〔三〕 孔祥吉：《清人日記研究》，廣東人民出版社二〇〇八年版，第七六頁。

第六十號，（明治八年，一八七五）七月二十五日（清曆六月二十三日）發文，

為照稱東四牌樓六條胡同住房一所作為欽差府事。

第六十五號，七月三十日（清曆六月二十八日）收文，

為照復東四牌樓六條胡同住房一所作為欽差府事。

此處的『欽差府』，即人們通常所稱的公使館，以公使乃政府所派出使中國之欽差大臣故也。

第六十六號，八月十三日（清曆七月初三日）發信，

為函送六條胡同住房本契並紅白契事。

第六十七號，八月十六日（清曆七月十六日）收信，

為函繳六條胡同住房本契並紅白契事。

然而，在東四牌樓六條胡同的日公使館修建過程中，還有插曲。《往復文信目録》同年記曰：

第七十七號，十月十三日（清曆九月十五日）發文，

為函稱公館磚片被偷，並請行飭地方拏究本犯事。

第八十號，十月十四日（清曆九月十六日）收信，

爲函復公館磚片被偷一節，現已知照統領衙門轉飭查辦事。[二]

東四六條的日本公使館建成後，使用了十多年，直到中法戰争爆發之後，隨着西方列强的使館紛紛向東交民巷聚集，日本亦開始在那裏購地建館。

東交民巷乃京師一條很長的胡同，元朝時稱江米巷，乃漕米運進北京的税關所在，故得其名。明朝建都北京，城池變遷，因在前門城樓附近修築棋盤街，江米巷也分爲東西兩部分。到了清代禮部、翰林院、理藩院、鴻臚寺及詹事府諸衙門均設在東交民巷周圍。第二次鴉片戰争（一八六〇）之後，英法等列强在東交民巷紛紛建立公使館、兵營、銀行等設施，日本亦不甘落後，於明治十七年（一八八四）開始在東交民巷購屋建館。據《往復文信目録》是年記載：

第六十五號，七月二十二日（清曆六月初一日）發信，

爲函詢置買房地應辦之處事。

第六十七號，七月二十四日（清曆六月初三日）收信，

爲函復置買房地應辦之處事。[三]

以上記載，應該是日本駐京公使館，在東交民巷開始購買房屋基地，興建新館之濫觴。隨後，便緊

[二] 中島雄編纂：《往復文信目録》卷一。

[三] 中島雄編纂：《往復文信目録》卷三。

鑼密鼓地籌劃動工。《往復文信目録》明治十八年記曰：

第二十五號，五月七日（清曆三月二十三日）發信，

為函請暫借倉事府隙地存置木石事。

第二十八號，五月十八日（清曆四月初四日）收信，

為函復倉事府並無隙地可借事。

第五十九號，八月二十二日（清曆七月十三日）發信，

為函請轉行提督衙門，發給告示彈壓新館地面事。

第六十號，八月二十五日（清曆七月十六日）收信，

為函復行知提督衙門，出示曉諭，並飭知彈壓新館地面事。

第六十一號，九月一日（清曆七月二十三日）發信，

為函請允採朝陽門外沙土事。

第六十二號，九月四日（清曆七月二十六日）收信，

為函復取用正陽門外河岸沙土事。[一]

日本新館位於東交民巷中部，距朝陽門較遠，而正陽門則近在咫尺，故總理衙門拒絕其在朝陽門外河岸取沙土之事。據此記載亦可看出，清末北京城四周的護城河仍大體完好無損，以致城内建房尚需在

[一] 中島雄編纂：《往復文信目録》卷三。

河岸取沙土。京城四周之環境幽雅，於此可見一斑。中島雄續記曰：

第八十三號，十一月二十日（清曆十月十四日）發信，

為函催新館地面出示曉諭事。

第八十五號，十一月二十八日（清曆十月二十二日）收信，

為函稱，統領衙門即日在新館地面張貼告示事。

第二號，（明治十九年，一八八六）一月三日收信，

為總署王大臣函賀新年，並預定賀年日時事。

第三號，一月五日發信，

為函謝賀年，並稱改造使館，開拆房屋未便迎駕事。

第二十八號，六月二十四日（清曆五月二十三日）發信，

為函稱瓦匠王姓挑唆學徒辭工又毆傷木工請為究治事。

第三十號，八月三十日（清曆七月初四日）收信，

為函復瓦匠王姓毆傷木工一案完結事。[一]

在東交民巷的形形色色各國使館建築中，日本公使館的建築是別具一格的。據張鑫瀛先生介紹，日本公使館的『建築是一棟單層磚木結構的平房，……其正立面七開間，中砌磚作拱券式大門。西側的

[一] 中島雄編纂：《往復文信目録》卷三。

磚砌門柱上，雕有精美的圖案。門頂檐的女兒墻上，砌作三角山花，具有濃郁的西歐古典色彩。大門兩邊各有三個連續磚作拱券門廊，其柱子均用綫脚作裝飾。檐上設女兒墻壁爲飾，遮擋了平房的坡頂（圖二）。磚雕的使用，表明參與此工程施工的是中國人。當時，在日本還没有工匠能掌握如此精美的磚雕製作技術。……光緒二十六年（一九〇〇），八國聯軍進京，重新劃定東交民巷使館區後，日本公使館移入位於正義路的新館，舊館改作他用』〔二〕。

由《往復文信目録》所記載之具體細節觀之，東交民巷的日本公使館新館建築過程中，確實是雇用京師建築工人施工，門廊上的磚雕，堪稱是精美絶倫。此建築從明治十七年七月購置地基開始，直到兩年多之後纔完工。中島雄於明治十九年記曰：

第四十四號，十一月八日（清曆十月十三日）發信，
為函稱遷居新館所有舊館作為屬館事。
第四十五號，十一月十二日（清曆十月十七日）收信，
為函復遷居新館舊館作為屬館並賀喬遷事。〔三〕

據統計，在東交民巷星羅棋佈的有英、法、俄、德、美、日等十一個國家的公使館，但是這些使館的修建年代與經過，現在大多無法釐清，而《往復文信目録》却把日本國在東交民巷建立公使館的詳

〔二〕張鑫瀛：《重温這段不能忘却的歷史》。
〔三〕中島雄編纂：《往復文信目録》卷三。

圖二　位於東交民巷中部的日本公使館大門

細情形，記述得一清二楚。

非但如此，通過中島雄的記載，我們還可以知道中日兩國在十九世紀七十年代建立外交關係後，最初的一些具體交往情形。

譬如，早期日本駐北京外交使節覲見皇帝一事，就頗費周折。據中島雄記述：

第十五號，（明治七年，一八七四）十一月二日（清曆九月二十四日）發文，

為照請示復覲見日期事。

第十六號，十一月五日（清曆九月二十七日）收文，

為照復覲見一節候旨行事。

第十九號，十一月二十四日（清曆十月十六日）收文，

為照稱覲見日期事。

第二十號，十一月二十四日（清曆十月十六日）收信，

為函稱演禮並面談日期事。

第二十一號，十一月二十五日（清曆十月十七日）發文，

為照復覲見日期已經欽悉事。

第二十二號，十一月二十五日（清曆十月十七日）發信，

為函復演禮並面談日期已知悉事。

第二十五號，十一月二十八日（清曆十月二十日）收信，

為函稱覲見當日派弁赴館引路事。[二]

外國公使覲見本來是一件很平常的事，但在早期的北京却十分不易。日本公使提出覲見要求快一個月，纔得到允許，手續可謂繁瑣。由覲見過程可以看出，清王朝長期以來推行閉關鎖國政策，兩耳不聞窗外事。盡管外部世界已經發生很大變化，而清廷仍然堅持傳統的封建禮儀，講究尊卑貴賤之分，早期甚至要求覲見的外國使臣也要行叩拜之禮。後來，覲見禮儀雖然有了很大的變化，但是日本使臣要見同治皇帝，也須經過一番『演禮』，纔能順利見到這位二十歲出頭的年輕帝王。其愚昧與閉塞，於此可見一斑。直到甲午戰爭之後，這種狀況也無大改觀[三]。

當然，在中日建交的初期，日本方面亦有許多舉動令人不解。如明治九年（一八七六）中島雄記曰：

[二] 中島雄編纂：《往復文信目録》卷一。

[三] 《清光緒朝中日交涉史料》載，乙未五月二十四日李鴻章電報稱：『鴻章假期届滿，日使林董於本日巳正來謁，會同文韶接晤。寒暄數語後，詢其接伊政府電信否？林云：昨到津，始接伊藤等電稱，中堂與王大人已奉派全權大臣，會商事件。惟照通例，駐京使臣應先赴京到任，呈遞國書覲見。答以中朝向無一定辦法，有公使到任數年或數月始覲見者。現值天氣炎熱，未知我大皇帝接見方便否。兩國既經和好，早遲必准覲見；何必急急！林云：我奉朝命，不敢違；必須先進京，往總署請示。倘令我回津商議公事，我可再來。』可見，甲午戰爭後，外臣見皇帝亦非易事。

第二十八號，三月六日（清曆二月十一日）發信，

為函送本國人民出海憑照式樣並地圖事。

第三十一號，三月十二日（清曆二月十七日）收信，

為函復出海憑照，並地圖内地名函致南北洋轉飭查照事。

第三十四號，三月十七日（清曆二月二十二日）發信，

為函稱我南海諸島人民，未即帶有憑照，亦認作日本人民事。

第三十五號，三月二十一日（清曆二月二十六日）收信，

為函復另有諸島人民，未帶憑照，沿海官員無從辨認事。〔二〕

第三十六號，三月二十九日（清曆三月初四日）發信，

為函稱本國人民有事驗照認人，無事仍應照常，不必對驗事。

第三十七號，四月三日（清曆三月初九日）收信，

為函復日本人民前來，中國總應一律驗照認人，方免誤認事。

第三十八號，四月四日發信，

請注意，這裏的『憑照』應該是身份證明，即現今所稱的護照，是旅行者必須携帶的。可是日本公使館却不認同。中島雄記稱：

〔二〕　中島雄編纂：《往復文信目録》卷一。

為函請指定面商驗照認人一節日時事。

第三十九號，四月五日收信，

為函復面商驗照認人一節日時事。[一]

本來，按照近代各國慣例，要進入一個主權國家，當然需要出示『憑照』，而日本方面卻認爲，其南海諸島人民，可在無『憑照』的情況下，在中國沿海等地區通行無阻，而總理衙門則鑒於以往之糾紛，拒絕日本方面的要求，無疑是正確的決定。

第二節　提出一些近代外交史上需要研究的新課題

從《往復文信目録》所記載的内容可以看出，清政府開始階段，對於如何處理與列强在北京設立公使館的關係很不得法，既不懂得如何通過公使館向外國學習先進東西，也不知道如何同這些列强派在自己心臟地區的耳目打交道，這無疑是清王朝走向衰亡的一大原因。

鴉片戰争後，清政府國勢衰弱，在列强面前低三下四，任人擺佈，受盡欺凌。即使在與東鄰小國日本的屢次交戰中，也是迭遭失敗，甘拜下風。其原因究竟何在？其中最重要的一條就是，思想僵化，不思進取。時代已經迅速向前發展了，而清王朝統治者的頭腦却長期停留在中世紀，他們拒絶接受西學，抱着傳統的祖宗成法不放，最後只能是自食其果。第二次鴉片戰争之後，清廷迫於列强壓力，同意他們在北京建立各自的公使館。但是，總理衙門的官員當時並不知道公使館的功能究竟是什麼？列强

[一] 中島雄編纂：《往復文信目録》卷一。

爲什麼要迫使清廷同意在北京設立公使館？如何來應對這些已經進駐到自己心臟地區的列强代表？

由於當政者目空一切，妄自尊大，在對外交往中，不應該講究的排場，却多方講究；應該注意提防的漏洞，却多有疏忽。

《往復文信目録》所記載的内容顯示，總理衙門給日本公使館照會的内容，有許多是無關緊要的所謂京師地區的行走限制。中島雄於明治二十一年（一八八八）記載：

第二號，一月一日收信，

為函請轉飭官商，十一月十九日毋庸在醇府附近地方行走事。

第四號，一月二日發信，

為函復轉飭官商，十一月十九日毋庸在醇府附近地方行走事。

第六號，一月十三日收信，

為函請轉飭官商，十二月初二日勿庸在醇府附近地方行走事。

第九號，一月十四日發信，

為函復轉飭官商，十二月初二日勿庸在醇府附近地方行走事。

第十三號，一月三十日收信，

為函請轉飭官商，十二月二十日勿庸在醇府附近地方行走事。

第十六號，二月四日發信，

為函復轉飭官商，十二月二十日勿庸在醇府附近地方行走事。

第十八號，二月十八日收信，

為函請轉飭官商，正月初八日毋庸在祈穀壇附近地方行走事。

第二十號，二月二十四日發信，

為函復轉飭官商，正月初八日毋庸在祈穀壇附近地方行走事。

第二十一號，二月二十六日收信，

為函請轉飭官商，正月十六日毋庸在醇府附近地方行走事。

第二十二號，二月二十八日發信，

為函復轉飭官商，正月十六日毋庸在醇府附近地方行走事。〔一〕

清王朝自甲申易樞後，恭親王等均被罷黜，軍機處大權實際上歸於光緒皇帝生父醇親王奕譞掌管，因此，慈禧與醇王府之關係變得特别密切。當時又正逢光緒帝大婚慶典，故醇王府附近熱鬧非凡。同年中島雄又記曰：

第二十六號，三月十九日收信，

為函請轉飭官商，二月初八日毋庸在朝陽門内外行走事。

第二十八號，三月二十一日發信，

為函復轉飭官商，二月初八日毋庸在朝陽門内外行走事。

第二十九號，三月二十三日收信，

〔一〕中島雄編纂：《往復文信目録》卷三。

為函請轉飭官商，二月十三四等日毋庸在地安門附近地方行走事。

第三十號，三月二十三日發信，

為函復轉飭官商，二月十三四等日毋庸在地安門附近地方行走事。

第四十一號，五月十一日收信，

為函請轉飭官商，四月初三日勿庸在正陽門附近一帶地方行走事。

第四十三號，五月十二日發信，

為函復轉飭官商，四月初三日勿庸在正陽門附近一帶地方行走事。〔一〕

上述記載表明，總理衙門發給日本公使館的照會，很多都是關於限制京師官商在規定時間内不得在醇王府、祈穀壇、朝陽門等地行走事。此舉實在是與當務之急的政事可以説是毫不相干。其根源在於清代紫禁城的帝王，以天子自居，遠離民衆，其出行要警戒森嚴，沿途經過之地，一律不許閒雜人等通行，即使是外國駐京官員，亦在禁止之列，仿佛非如此便不能顯示帝王的威嚴。

清制，皇帝、皇太后每次出行，都極盡勞民傷財之能事，耗費大量人力物力，他們所經道路還要專門準備，即使是在京城地面所經之路，亦必須『鋪黄土，撒清水』，京外御道更要整治。此中情形，在清人日記中曾留下如實的記載。小京官傅雲龍在其同治十三年二月日記《西陵蹕程録》中記述他隨同御駕赴西陵之情形道：

〔一〕 中島雄編纂：《往復文信目録》卷三。

二十四日，丁酉，晴，弦月在天。車緣御道旁行，所謂副道也。御道平以黄土，冒以白沙。每三五十步一燈、一灑道桶、一擁帚人。五里十里，丹橋雙引。道如砥，燈如星，桶如棋，人如蟻，橋如虹。此耕種地，非尋常蹊徑，天子重念民食，以蠲租矣。復諭：蹕路經過之宛平、良鄉、涿、房山、淶水、易等州縣蠲租十之三。[二]

總理衙門對於皇帝出行之事，敬謹伺候，不敢稍有怠慢，《往復文信目録》中此類記載甚爲完備，但是，這些官員在如何處理國家政務方面，却很少動腦筋認真思考，故造成許多疏忽。譬如，各國公使館的主要職責除了聯絡邦交之外，還有一項任務，即是搜集所在國的政治、經濟以及軍事等方面的情報，以供本國制定内政外交政策參考。可是，總理衙門的官員對此並不了解。對於應該允許的要求，他們拒絶；對於應該拒絶的，則予以應允。中島雄於明治十一年（一八七八）記曰：

第三十四號，六月二十八日（清曆五月二十八日）發信，

為函稱長瀨陸軍中尉等擬觀大喇嘛寺護照事。

第三十五號，六月三十日（清曆六月初一日）收信，

為函送長瀨陸軍中尉等護照，並稱照内礙難叙明觀廟字樣函致熱河都統事。[三]

[二] 傅訓成整理：《傅雲龍日記》，浙江古籍出版社二〇〇五年版，第二八七頁。

[三] 中島雄編纂：《往復文信目録》卷一。

顯然，對於日本軍方人員希望參觀喇嘛寺廟一事，總理衙門採取了嚴厲拒絕之立場。但是，十多天後，對於日本方面希望瞭解中國經濟狀況的要求，總理衙門却完全予以滿足：

第三十六號，七月十一日（清曆六月十二日）發信，

為函請鈔出各省地丁銀兩數目事。

第三十七號，七月十一日（清曆六月十二日）發信，

為函請辦給勛牌樣式圖説事。

對於日本公使館爲何要瞭解各省地丁銀兩的具體數字，及勛牌樣式，總理衙門官員不知如何作答，因此，半個月未予答復，後來日方再度催問。據中島雄記載：

第三十八號，七月二十六日（清曆六月二十七日）發信，

為函催各省地丁銀兩數目及勛牌樣式圖説事。

第四十號，七月二十七日（清曆六月二十八日）收信，

為函復各省地丁銀數目，及勛牌樣式圖説，業經行知户、兵二部，俟復到日再行奉達事。

第四十一號，八月十四日（清曆七月十六日）收信，

為函送各省丁賦額，及功牌式樣軍功議叙加等鈔本事。

第四十二號，八月十五日（清曆七月十七日）發信，

為函謝各省丁賦額及功牌式樣，軍功議叙加等鈔本事。[二]

各省地丁銀兩數目，涉及國家的具體經濟數據，而且並非總理衙門所管轄之事，日本公使館却要總理衙門如實提供，其目的是要瞭解中國各省的經濟實力。總理衙門非但没有拒絶，反而通過户部和兵部，將各省的地丁銀兩數目和功牌樣式原原本本地送到日本公使館。還有一個類似的例子，在中日甲午戰爭爆發一年前，日本希望多方面瞭解中國對外部世界的認知水平，他們貿然致信總理衙門，而總理衙門的官員對此毫無警覺。中島雄對此事記載甚爲詳細，其文稱：

第三號，（明治二十六年，一八九三）一月十日（清曆光緒十八年十一月二十三日）發信，

為函請飭送總署漢洋圖書目録事。

第四號，一月十二日（清曆十一月二十五日）收信，

為函復總署向無漢洋圖書目録事。

總理衙門是負責全國對外交涉事宜的最高機構，居然没有一個可供閲覽的漢洋圖書目録，已屬咄咄怪事，而他們對日本公使館爲何提出此項要求，似乎毫不知情。因此，他們如實相告，該衙門從來没有過漢洋圖書的目録。總理衙門這種回答的本身，顯示了清代管理外交的官員之愚昧無知與不重視瞭解外情。在收到以上復函後，日本公使館仍不放棄此項要求，經過數日考慮，日本公使館再度致函總理衙

[二] 中島雄編纂：《往復文信目録》卷一。

門，中島雄記載稱：

第五號，一月十七日（清曆十一月三十日）發信，

為函請飭送同文館漢洋圖書目録事。

收到此信後，愚昧昏憒的總理衙門官員，對日本公使館執着的要求，仍然一無所知。他們如實地回答了同文館所藏中外文書籍的情況。中島雄記曰：

第六號，一月二十二日（清曆十二月初五日）收信，

為函復同文館所存漢文書籍，皆係通行之經史；其洋文書籍，購自外洋，並送自行翻譯刷印之書目事。

日本公使館認爲，總理衙門的回答太籠統，無法滿足他們的要求，中島雄在總理衙門的復函上寫有眉批：『此自行翻譯刷印之書目，亦請照寫。』可見，日方對此是非常認真的，不達目的，他們是不會停止的。中島雄如實記載了日本公使館的進一步要求：

第七號，一月二十八日（清曆十二月十一日）發信，

為函復不搆（論——引者注）漢文、洋文，購自何方，仍請開示總署並同文館所存圖書目録事。

總理衙門官員對日本公使館的屢次要求，非但没有拒絶，而且原原本本地滿足其要求。此事中島雄亦有如實記載：

第九號，二月三日（清曆十二月十七日）收信，

為函送總署並同文館所存漢洋書目事。

第十號，二月六日（清曆十二月二十日）發信，

為函請特給李大臣之寶星應如何轉達之處預先示復事。

第十一號，二月八日（清曆十二月二十二日）發信，

為函繳同文館所存洋文書目並伸謝事。

第十二號，二月十一日（清曆十二月二十五日）收信，

為函復特給李大臣之寶星應由總署代收轉寄並請致謝事。[一]

上文中的李大臣，應是指直隸總督兼北洋大臣李鴻章。李氏爲慈禧所信任，獨當内政外交之要衝，日方贈送李氏寶星，自有其用意。對於日本公使館在甲午戰争爆發之前，向總理衙門大臣索要漢洋書目一事，以前史學界對此很少有人關注，《往復文信目録》的如實記述，則應予以注意。

用現在眼光看來，要瞭解一個圖書館的藏書，是一件非常普通的事情，用不着大驚小怪；可是，日本公使館一而再、再而三地追問此事，就不是一件簡單的事情了，其中必有深意存焉。

[一] 中島雄編纂：《往復文信目録》卷四。

自中法戰争以來，日本政府千方百計對清王朝這個龐然大物進行探測，調查研究，制定方略。他們一方面大量派出人員在中國各地進行偵探，另一方面則又通過外交途徑瞭解清王朝的虛實，緊鑼密鼓地爲推行對外擴張，以實現其『大陸政策』進行準備。索要當時清廷負責中外交涉官員所閲讀的漢洋圖書目録，只是其中的一環。總理衙門官員在同駐京外國公使館打交道時，毫無戒備之心。他們不瞭解日本全國上下，已在齊心協力，要與大清王朝這個龐然大物一決雌雄。在他們向日本公使館送交了漢洋書目的一年又四個月之後，日本政府利用朝鮮南部所發生的秘密結社東學黨起義的機會，大量派出軍隊到達漢城，六月五日設立戰時大本營，不久，影響深遠的中日甲午戰争全面爆發，清政府的軍隊水路交綏，潰不成軍，最後以賠巨款、割要地爲了局。

然而，總理衙門官員似乎没有從中總結出經驗教訓，數年之後，日本公使館又提出類似要求。中島雄於明治三十一年（一八九八）記曰：

第一百九號，七月九日（清曆五月二十一日）發信，

七月十五日收復信，

為函請飭送内地電綫全圖事。

第一百十六號，七月十五日（清曆五月二十七日）收信，

復七月九日發信，八月十日再有收信，

為函復電綫全圖，俟繪就再行函送事。[二]

[二] 中島雄編纂：《往復文信目録》卷六。

總理衙門用了一個月的時間，繪成『内地電綫全圖』函送給日本公使館，可謂有求必應。而我們在日本外務省外交史料館，檢閲過同一時期，清廷派駐東京歷任公使的記録，幾乎没有一個公使向日方提出過類似的請求。可見總理衙門王大臣對於公使館功能與作用並不瞭解。應該説，在爲本國政府制定對華政策方面，日本駐北京公使館是做出了許多成績的，而這些成績，無疑也有總理衙門官員的不自覺的『奉獻』。

第三節　引申對近代史一些重要問題之討論

在甲午戰爭中，清朝統治者政出多門，忽戰忽和，軍令摇擺，終於導致一敗涂地，而日本則以强大軍力爲後盾，迫使清政府步步退讓，最後李鴻章簽署了喪權辱國的《馬關條約》。日本不但獲得了大量賠款，而且還迫使清廷進一步開放蘇杭等地通商，並且還佔領了臺灣澎湖等大片中國領土。《馬關條約》簽訂後，日本的外交使團又重新返回北京，中島雄亦再度開始了他的書記官的外交生涯。

這一時期的《往復文信目録》記述了《馬關條約》簽訂之後，日本迫不及待地讓清廷進行『蘇州通商行船事宜』的談判〔三〕，此外，還有一項更爲重要的内容，以往並没有引起人們之重視，即日本方面要清政府阻止臺灣民衆抵抗日軍的鬥爭。

《馬關條約》簽署後，清廷偃旗息鼓，安於敗局，但是，臺灣地區的反抗日本佔領的鬥爭却如火如

〔二〕　中島雄編纂：《往復文信目録》卷五。

荼，方興未艾，臺灣軍民奮勇抗日的舉動頗使日本頭痛，於是日本公使館重新開館後，首當其衝的議題，就是解決臺灣問題。中島雄於明治年二十八年（一八九五）記述稱：

第七號，六月二十六日（清曆閏五月初四日）發文，七月十日收復文，

為照詢如何飭在臺之兵及辦理抗拒者等事。

第二十四號，七月十日（清曆閏五月十八日）收文，復六月二十六日發文，七月十七日發復文，

為照復如何飭在臺之兵及辦理抗拒者等事。

第三十二號，七月十七日（清曆閏五月十五日）發文，復七月十日收文，七月二十一日收復文，

為照復如何飭在臺之兵及辦理抗拒者等事。

第三十六號，七月二十二日（清曆六月初一日）收文，復七月十一日發文，

為照復如何飭在臺之兵及辦理抗拒者等事。

《馬關條約》簽署後，日本政府認爲從國際公法上講，臺灣已歸屬日本。因此日本在北京剛剛恢復工作的公使館，即屢次請清廷出面，幫助日本處理臺灣事務，蓋因臺灣割讓給日本之消息傳到臺灣之後，在島内引起了軒然大波。據清檔記載，臺灣巡撫唐景崧曾致電清廷稱：

臺民知臺已屬倭，臺北紳民男婦，日來群向臣母及臣環泣，並電知臺南、中各紳士，留臣固守。當將朝廷不忍臺民涂炭之意，剴切曉諭開導，無如義憤所激，萬衆一心，無從分解，次日即鳴鑼罷市。〔一〕

人不分紳民男婦，地不論臺南臺北，萬衆環泣，反對割地，這是臺灣島上，從來未曾出現過的感人場面。臺灣民衆的不願當亡國奴的立場，在臺灣籍户部主事葉題雁及安平縣舉人汪春源等人的《具呈户部主事葉題雁、翰林院庶吉士李清琦、臺灣安平縣舉人汪春源、嘉義縣舉人羅秀惠、淡水縣舉人黄宗鼎等，爲棄地畀讎、人心瓦解，泣吁效死，以固大局瀝請據情代奏事公呈》中得到充分的體現。他們認爲：

以全臺之地使之戰而陷，全臺之民使之戰而亡，為皇上赤子，雖肝腦涂地而無所悔。今一旦委而棄之，是驅忠義之士以事寇仇，臺民終不免一死，然而死有隱痛矣。〔二〕

臺灣人民誓死不作亡國奴的勇氣，使他們在反抗日軍佔領臺灣的鬥争中不顧生死，頑强拼搏。這使

〔一〕中國第一歷史檔案館藏：《光緒二十一年收電檔》，署理臺灣巡撫唐景崧四月初二日電。
〔二〕中國第一歷史檔案館藏：户部主事葉題雁、臺灣安平縣舉人汪春源等：《棄地畀讎人心瓦解泣吁效死以固大局呈》（光緒二十一年四月初四日）。

日本佔領臺灣的行動，受到前所未遇的挑戰。《往復文信目録》中所記載的日本公使館與清廷的多次交涉，從一個側面反映了臺灣軍民的抵抗運動是何等壯烈。此外，在《往復文信目録》中，還有一處記載亦值得關注。其文稱：

第十四號，二月十二日（清曆十二月二十九日）發文，

二月十七日收復文，

為照詢劉永福乞降書所稱，並檔卷所謂密函，是否遁辭杜撰事。

第十五號，二月十七日（清曆光緒二十二年正月初五日）收文，

復二月十二日發文，

為照復劉永福等事，願勿再縈懷事。[一]

劉永福，字淵亭，廣西欽州人。在中法戰爭中率所部黑旗軍在越南英勇抗擊法軍侵略，建立了赫赫功勳。中法戰爭結束後，劉永福撤回關內，任廣東南澳鎮總兵。甲午戰爭爆發後，他奉命率黑旗軍幫辦臺灣防務，在臺灣民衆支持下，劉永福在臺南擴編營伍，嚴陣以待。當臺灣割讓給日本後，劉永福不顧朝廷禁令，所部依然在臺灣堅守，奮戰數月，在苗栗、新化、嘉義等地與日軍激戰，而黑旗軍本身亦遭重大傷亡。在極端危迫情況下，劉永福屢次派人赴內地聯絡，希望得到接濟，而清廷在日本公使館屢次敦促下，三令五申不許各地督撫及大陸民衆支持臺灣，使劉永福之黑旗軍陷於孤立無援、彈盡糧絶之境

[一] 中島雄編纂：《往復文信目録》卷五。

地。在臺南陷落之前，劉永福曾與日本新任臺灣總督樺山資紀商談有關建議息兵事宜。《往復文信目録》以上所記關於『如何飭在臺之兵及辦理抗拒者』以及劉永福事的細節，應該是仍有探討餘地的。

第四章　《往復文信目録》對維新志士黄遵憲的記載

第一節　黄遵憲對日本人民的友好感情

《往復文信目録》對歷史細節的記載，有些内容長期不爲世人所知，因此，它的出現，可以補充糾正史學界已存在的似是而非的結論。一個突出的例子，是關於改革派人士黄遵憲，在百日維新期間被任命爲出使日本公使之直接原因及其相關記載。

黄遵憲，廣東嘉應州人，字公度，號人境廬主人，舉人出身。他於光緒初年，隨其同鄉、首任駐日公使何如璋一起來到東京，是何如璋的重要助手，曾參與朝鮮關係策略的策劃與寫作。黄氏在擔任駐日公使館參贊期間，廣泛接觸日本文人學士，與他們詩酒往還，相交頗深，留下了許多文壇佳話。蓋以日本列島的自然景觀和樸實民風，深深打動了黄遵憲的心靈。黄氏以自己純樸優美的詩篇感染了古老的東瀛列島的朝野人士，以至於出現了『海外偏留文字緣，新詩脱口每争傳』的盛况[一]。

當春天來偶田川，不忍池畔人如潮湧。黄遵憲以一首清新秀麗的《櫻花歌》，抒發了對日本人民的

[一] 劉逸生主編：《黄遵憲詩選》，三聯書店一九八七年香港版，第一〇八頁。

美好情感。『墨江潑緑水微波，萬花掩映江之沱，傾城看花奈花何，人人同唱櫻花歌。』〔一〕作者在贊美櫻花的同時，又想到了『歐西諸大日逞强，漸剪黑奴及黄種。芙蓉毒霧海漫漫，我自閉關眠不動。一朝輪舶砲聲來，驚破看花衆人夢』〔二〕。可見，黄遵憲不止是贊美櫻花，而且還寄希望中日兩國反抗西方列强，共創美好未來。

黄遵憲於光緒八年奉命轉任美國舊金山領事時，又寫下了留别日本諸君子的詩句：『遠泛銀河附使舟，眼看滄海正横流。欲行六國連衡策，來作三山汗漫遊。唐宋以前原舊好，弟兄之政况同仇。如何歐脱區區地，竟有違言爲小球。』〔三〕

詩爲心聲。作者是在勸説日本當局不要因小失大，損害兩國傳統友誼。黄遵憲的這些膾炙人口的詩篇，在東瀛三島傳播了友誼的種子，留下了美好的回憶，在他離開日本之後，東京朝野人士依然對他懷有一片深情。數年後，黄遵憲又『網羅舊聞，參考新政』，窮數年之力，寫成一部《日本國志》。該書凡四十卷，五十萬言，系統對明治維新前後的日本社會進行全面介紹，批判秦漢以來的封建專制主義，肯定西方的立法制度優越，特别是對日本借鑒西法，實行憲政的得失予以評介，爲中國微仿日本、推行新政起到很好的啓蒙作用。

甲午戰争之後，民族危機日深，黄遵憲在上海出資與其他維新志士一起創辦《時務報》，一面鼓動西學，一面呼吁變法。光緒二十二年冬，黄遵憲在京師曾遇到波折，據《往復文信目録》明治二十九

〔一〕劉逸生主編：《黄遵憲詩選》，第九〇頁。
〔二〕劉逸生主編：《黄遵憲詩選》，第九一頁。
〔三〕劉逸生主編：《黄遵憲詩選》，第一〇五頁。

年（一八九六）記載：

第一百六十一號，十一月二十八日（清曆十月二十四日）收文，

十一月二十九日發復文，

為照稱黄觀察著派充出使德國大臣事。

第一百六十五號，十一月二十九日（清曆十月二十五日）發文，

復十一月二十八日收文，

為照復黄觀察著派充出使德國大臣事。

但是，德國方面藉口流言蜚語，拒絶接受黄遵憲使德，故日本方面又接到另一則通知。

第一號，（明治三十年）一月二日（清曆光緒二十二年十一月二十九日）收文，

一月四日發復文，

為照稱許侍郎著派充出使德國大臣事。

第二號，一月四日（清曆十二月初三日）發文，

復一月二日收文，

為照復許侍郎著派充出使德國大臣事。[二]

[二] 中島雄編纂：《往復文信目録》卷五。

上文中『許侍郎』，係指許景澄。黄遵憲出使德國被拒一事，一則是由於列强的霸道，蠻不講理，偏聽偏信；二則是與清廷上層人事糾葛有關。數月之後，黄遵憲被派往湖南擔任鹽法長寶道並署理按察使，協助巡撫陳寶箴大刀闊斧地推行新政，他還邀請梁啓超來湘，創辦時務學堂，培養變法人才，使變法維新運動出現了新的生機。儘管經歷了出使德國被拒事件，日本方面並没有受此次風波的影響而改變對黄遵憲的印象。

第二節　黄遵憲與維新派之關係

百日維新帷幕剛剛拉開，翰林院侍讀學士徐致靖便迫不及待地向光緒皇帝推薦可任變法的有爲之士，其中就包括了黄遵憲在内。徐氏之奏章稱：

湖南鹽法長寶道黄遵憲，歷充出使日本、英、美各國參贊官，游海外二十年，於各國政治之本原，無不窮究，器識遠大，辦事精細，其所言必求可行，其所行必求有效。近在湖南辦理時務學堂、課吏館、保衛局等事，規模宏遠，成效已著。若能進諸政府，參贊庶務，或畀以疆寄，資其歷，必能不負主知，有補大局。[一]

[一] 翦伯贊等編：《戊戌變法》，神州國光社一九五三年版，第二册，第三三六頁。

徐致靖此折，係康有爲等維新派人士共同策劃代爲草擬的[一]。因此，此折甫上，即被光緒帝採納。

四月二十五日軍機大臣奏片稱：

本日翰林院侍讀學士徐致靖奏密保人才折，奉明發諭旨：主事康有為、張元濟於二十八日預備召見，道員黃遵憲、知府譚嗣同送部引見，舉人梁啓超總理衙門察看具奏。御史黃均隆奏湖南講求時務有名無實折，奉旨存，謹將原折恭呈慈覽。謹奏。[二]

奉旨之後，總理衙門即分別致電劉坤一、張之洞等：

奉旨湖南鹽法長寶道黃遵憲，江蘇候補知府譚嗣同，前經諭令該督撫送部引見，著劉坤一、張之洞、陳寶箴即行飭令該二員迅速來京。毋稍遲延。欽此。六月十二日巳刻發，六月十三日丑刻到。[三]

黃遵憲聞訊後曾向張之洞致謝云：

[一] 孔祥吉編著：《康有爲變法奏章輯考》，北京圖書館出版社二〇〇八年版，第二三二—二三三頁。

[二] 中國第一歷史檔案館：《上諭檔》，光緒二十四年，夏季檔。

[三] 中國社科院近代史所藏：《張之洞未刊電稿》，各處來電本（戊戌年）。

奉諭敬遵，職道自海外奉調，屢邀薦舉，感念恩知，愧難報稱，過鄂重親訓誨，冀有稟承，啓行定期，容再續稟，遵憲謹稟。六月十四日未刻發，酉刻到。[二]

儘管有維新派人士與清廷官員熱心推薦黃遵憲，但是，急於推行新法、更張舊制的光緒皇帝並沒有降旨催促黃氏『迅速來京』。直到光緒二十四年六月二十四日（一八九八年八月十一日），光緒皇帝又突然改變了『送部引見』的決定，對黃遵憲破格委任。其文曰：

湖南鹽法長寶道黃遵憲，著開缺以三品京堂候補，充出使日本公使，命迅速來京。欽此。

此項任命曾在京師官場引起疑惑。總理衙門章京李岳瑞稱：

戊戌夏，聯日議起，始命黃京卿遵憲為出使大臣。故事，實缺道員出使，皆以四品京堂候補，黃時官長寶道，獨以三品卿用，蓋重其事也。[三]

李岳瑞僅僅是章京，官職低微，不瞭解上層内情，只知道此項任命非『故事』。以往史學界對於黃

[二] 中國社科院近代史所藏：《張之洞未刊電稿》，各處來電本（戊戌年）。
[三] 李岳瑞：《春冰室野乘》。

遵憲出使日本任命的解釋，認爲是因爲原駐日公使裕庚因病要回國，故選黄氏以代之。譬如，茅海建先生在糾正林克光所謂，戊戌八月初慈禧命李盛鐸代黄氏出任駐日公使一事時，曾對黄遵憲出使日本的前因後果進行詳細考證。茅文謂：

早在六月十七日，總理衙門收到駐日公使裕庚的電報：『庚自上月久病，弱不能步。東西醫謂，非内渡不能治。田貝（卸任美駐華公使 Charls Denby）到卧室所目睹。使必筋力為禮，豈可卧治，焦灼之至。求早定人，請旨簡放，速來接替，以免貽誤。』為此，光緒帝以黄遵憲接替之。可是黄遵憲由湖南起程後，一路生病，多次請假。裕庚見黄接任無期，遂於七月初九日電總理衙門，稱其腿疾已不能上樓，『仰求奏明先派員前來代理』。而七月二十九日，黄遵憲在上海電總理衙門，稱患肺炎，難以就道，九月二十日日本天皇誕辰『似須仍由裕使慶賀』。當總理衙門將此意電告裕庚時，裕大怒，回電稱：

『卅電祗悉。慶賀大典，但能勉强，豈敢有意忽略，惟腿疾非别病可比，衆所共睹。九月萬不能愈。庚陳知已久，實不敢任貽誤邦交之咎。且黄使來既無期，使署公事病軀難以支持。現患已入膏肓，前代奏賞假兩個月赴滬調理並請旨派員代理數月，譬如現看學校之四人中似皆可備選擇。黄使新病，仰邀格外體恤，庚三年無功，亦無同鄉相助，誠不如黄使。惟久病就醫，聖朝所曲宥，亦求垂憐萬一，幸甚。』

此中的『現看學校之四人』即為派往日本考察大學事宜的江南道御史李盛鐸、翰林院編修李家駒、翰林院庶吉士壽富、記名御史工部員外郎楊士燮，而李盛鐸先期赴滬準備行裝。總理衙門於八月初二日收到裕庚大發怨怒的電報，初三日又收到榮禄幫裕庚説話的電報，正是在此背景下，光

緒帝選擇了李盛鐸暫行代理。此事與慈禧太后似無關連。[一]

茅先生的考證很有條理，大約是目前史學界所認同的觀點。沒有見到中島雄的記載之前，我們是信服的。但是，《往復文信目録》的發現，使我們感到茅氏之論有如下缺陷：

其一，既然裕庚已經於戊戌六月十六日亟亟要求清廷派人代之，何以到六月二十四日皇帝纔頒佈黃氏之任命？

其二，茅氏考述無法解釋，一個對外公使的任命，何以要動用硃諭？發佈之後又急如星火，屢屢降旨催促？

第三節　中島雄的重要記載改變了已有的結論

那麼，究竟是誰推薦了黃遵憲，使清廷採取了一系列不尋常的舉動。直到後來，我們在日本外務省外交史料館檔案中見到中島雄所編纂的《往復文信目録》之後，纔恍然大悟。原來黃遵憲破格拔擢的直接原因，居然是由日本駐北京公使館點名道姓地要求。光緒皇帝聞訊之後，當機立斷，任命黃遵憲爲特命全權駐日公使。此事確實出乎人們意料之外。然而，中島雄《往復文信目録》記載得十分清楚：

第一百三十二號，（明治三十一年）八月九日（清曆六月二十二日）發信，

八月十八日有收文，

[一] 茅海建：《戊戌變法史事考》，三聯書店二〇〇五年版，第四四一頁。

為函稱：裕大臣期滿伊邇，如前參贊黃君，為我國朝野所深契事。〔二〕

上文中的裕大臣，正是當時清廷駐日公使裕庚。裕庚，漢軍正白旗人，字朗西，光緒優貢生，有『八旗才子』之稱〔三〕，初參兩廣總督英翰之幕，爲權臣榮禄所寵信，故能充出使日本、法國大臣，曾官太僕寺少卿。其女德齡以《清宫二年記》、《瀛臺泣血記》、《御香縹緲録》等書而聞名於世。

中島雄的上述記載，提綱挈領，言簡意賅。《往復文信目録》稱：黃遵憲『爲我國朝野所深契事』，説明黃遵憲在日本人民心中留下很好的印象，故在裕庚有病的消息傳出後，日本方面非常明確地要求讓黃遵憲出使日本。由所在國指名道姓地要求清廷官員，在該國擔任公使，這在近代外交史上是很不尋常的。

六月二十二日日本公使館發信，總理衙門收到此照會後，立即行動。清檔記載：六月二十三日總理衙門遞上《請派出使日本大臣折》附單；《請派出使朝鮮大臣折》附單。軍機交片稱：本日總理各國事務王大臣奏面奉諭旨，『明日請旨辦理』〔三〕。隨後光緒皇帝很快於六月二十四日頒佈了任命諭旨。總理衙門大臣張蔭桓於光緒二十四年六月二十四日日記中記曰：『本日奉旨，公度使倭，以三品京堂候補，可喜也。』〔四〕

〔二〕 中島雄編纂：《往復文信目録》卷六。
〔三〕 金梁：《近世人物誌》，第七二—七三頁。
〔三〕 中國第一歷史檔案館：《上諭檔》，光緒二十四年，夏季檔。
〔四〕 任青、馬忠文整理：《張蔭桓日記》，上海書店二〇〇四年版，第五五三頁。

由張蔭桓此記，可知清廷這位號稱熟悉外洋情形的大臣，對黃氏之任命非常滿意。張蔭桓盡管被皇帝經常召見，但是他並沒有記述很多此項重要任命的原因以及其中曲折。

應該引起注意的是，任命黃遵憲出使日本，並非是一件了不起的大事，但是，光緒皇帝却動用硃諭。因爲按照清代慣例，通常之諭旨，均由軍機大臣或章京等剸擬，『非有大事，無出硃諭』[二]。沒有特別重大事件，皇帝是不輕易動硃筆的。抑不特此，光緒帝任命黃遵憲非但以硃諭發佈，而且，還要總理衙門立即催促黃遵憲火速來京。據湖廣總督張之洞《各處來電本》記載：

京師來電：奉旨，前經降旨電催黃遵憲來京，現在計已起程，無論行抵何處，著張之洞、陳寶箴催令趲程速來見。欽此。六月二十四日午刻發，六月二十五日子刻收。[三]

張之洞所存電報表明，『二十四日午刻發』，說明總理衙門剛剛接到黃遵憲的出使之上諭，光緒帝又迫不及待地催促其上路，而後又屢次催促，直到此事大體落實之後，七月初二日（八月十八日）總理衙門纔正式給日本公使館復函。中島雄《往復文信目録》記曰：

第一百三十七號，八月十八日（清曆七月初二日）收文，

[二] 孔祥吉：《晚清史探微》，巴蜀書社二〇〇〇年版，第一九三頁。

[三] 中國社科院近代史所藏：《張之洞未刊電稿》，各處來電本（戊戌年）。

八月十九日發復文，

為照稱黄京堂著派充出使日本大臣事。[一]

在收到清廷復函之次日，日本駐京公使館再度向總理衙門作出答復。中島雄的《往復文信目録》又記曰：

第一百三十九號，八月十九日（清曆七月初三日）發文，

復八月十八日收文，

為照復黄京堂著派出使日本國大臣事。[二]

由中島雄《往復文信目録》可以清楚看出，黄遵憲駐日公使任命的直接原因，應是光緒皇帝接受日本公使館的建議後，所作的重要决策。而日本公使館能專門爲黄遵憲事致函總理衙門，很可能與矢野文雄有關。

矢野公使與黄遵憲關係非同一般。據《梁啓超年譜長編》記曰：『黄公度在維新運動裏也是一位很重要的領袖，他的思想見解，除了保教一點外，大體都和南海先生相近。戊戌以後六七年内，他和先生有十萬言以上的通信，……他給先生的一封信裏討論將來的政體説：二十世紀中國之政體，其必法英之君民共主乎？胸中蓄此十數年，而未嘗一對人言，惟丁酉之六月初六日，對矢野公使言之。矢野

[一][二]　中島雄編纂：《往復文信目録》卷六。

力加禁誡。爾後益緘口結舌，雖朝夕從公游，猶以此大事未嘗一露，想公亦未知其深也。』〔二〕一件小事，可以窺見黃遵憲與矢野關係之深。

當然，光緒皇帝之所以如此看重黃遵憲，絶非偶然，其主要原因有兩個方面：

其一，由於康有爲在百日維新開始前後，不斷向光緒帝進呈新書與奏章，吁請光緒皇帝乾綱獨斷，採法日本，推行新政。

戊戌三月二十日康有爲於『進呈《日本變政考》等書，乞採鑒變法以禦侮圖存摺』中稱：

> 惟泰西國數極多，情勢各異，文字政俗，與我迥殊。雖欲採法之，譯書既難，事勢不合，且其富强精巧，皆逾我百倍，驟欲致之，下手實難。惟日本文字、政俗，皆與我同，取泰西五百年之新法，以三十年追摹之，……治效之速，蓋地球諸國所未有也。吾地大人衆，皆十倍日本，若能採鑒變法，三年之内，治具畢張，十年之内，治化大成矣。……皇上乾綱獨攬，既無日本將軍柄政之患，臣民指臂一體，又無日本去封建藩士之難，但開制度民政之局，拔天下通達之才，大誓群臣，以雪國耻，取日本更新之法，斟酌草定，從容行之，章程畢具，流弊絶無，一舉而規模成，數年而治功著，其治效之速，非徒遠過日本，真有令人不可測度者。〔三〕

康氏所述打動了這位長期身處宫禁的年青帝王，使之憧憬日本新法並躍躍欲試。戊戌五月，康有爲

〔二〕丁文江等編：《梁啓超年譜長編》，上海人民出版社一九八五年版，第二八九頁。

〔三〕孔祥吉編著：《康有爲變法奏章輯考》，第一八五—一八六頁。

再次呈遞《日本變政考》，其序言謂：

> 若中國變法，取而鑒之，守舊之政俗俱同，開新之條理不異，其先後次第，或緩或急，或全或偏，舉而行之，可以立效。其行而乖謬者，吾可鑒而去之。其變而屢改者，吾可直而致之。但收日人已變之成功，而捨其錯戾之過節。日本為其難，而我為其易。日本為其創，而我為其因，按迹臨摹，使成圖樣。……若信其效可睹，則運造化而生於心，發雷霆而出於手，是在我皇上一反掌間，而措天下於泰山之安矣。〔一〕

光緒皇帝深深被康有爲的新論所吸引，以至於出現了康氏所寫新書『一卷甫成，即進上。上復催，又進一卷。上以皆日本施行有效者，閱之甚喜』的景況〔二〕。光緒帝痛恨當時守舊派阻撓，認爲採用日本明治維新的方法，可以打開一條推行新政的道路。尤其是到戊戌七月之後，以日本方面希望黃遵憲出使東瀛爲契機，光緒帝醉心日本新法，日思夜想，急於求成，在裁冗員、開言路的上諭中，已表現得淋漓盡致。光緒帝已經決心走日本變法之路。既然要取法日本，選擇出使大臣自然是一件大事。

其二，康有爲、梁啓超等維新派以及他們在總理衙門的支持者張蔭桓，在百日維新前以及開始後，不斷請人推薦黃遵憲，使光緒帝覺得黃遵憲出使日本，能做許多要事。除了徐致靖之外，梁啓超等還於

〔一〕孔祥吉編著：《康有爲變法奏章輯考》，第四二一頁。

〔二〕翦伯贊等編：《戊戌變法》，第四册，第一五〇頁。

七月初三日與李端棻共同策劃，再次向光緒帝鄭重推薦黄遵憲。據清宫檔案記載：

七月初三日倉場侍郎李端棻《黄遵憲堪勝重任折》，奉旨『存』。〔一〕

李端棻此折在清檔中未能檢獲，可能與推薦黄遵憲進入制度局、懋勤殿事有關。由於光緒帝已決定派黄氏前往日本，故只是將此折存檔。

通觀《往復文信目録》等日檔可知，日本公使館在給總理衙門的文信中，從來不輕易臧否中國官員，因此，對於日方要黄遵憲出使的要求，使光緒皇帝産生許多設想。隨着變法形勢的急劇變化，光緒帝對黄遵憲出使日本一事，又有進一步考慮，決定採取新的措施。據張蔭桓於戊戌八月政變後回憶稱：

七月間，皇上有硃筆諭條，令我向日使言，中國擬派頭等欽差駐日本。又擬派康有為赴日，坐探變法事宜。我恐日廷不允接待，即至總署與廖仲山言論。正談敘間，又奉皇上墨諭，内言告知日本，此後往來公牘，可將日皇徽號，全行書寫。我即往拜日本使臣，將先奉硃諭隱起，僅將墨筆諭宣示。因向該使臣談及，中朝欲遣頭等欽差之意。日使喜甚，允電日廷政府。念餘日並未見有回電，竟作罷論。〔二〕

〔一〕中國第一歷史檔案館藏：《隨手登記檔》，光緒二十四年。
〔二〕王慶保、曹景郕：《驛舍探幽録》，《戊戌變法》，第一册，第五〇三頁。

上文中的廖仲山，應爲王文韶。清宮檔案與日本外務省檔案均證實，張蔭桓所述，事出有因，要可深信〔一〕。張蔭桓所説的『皇上有硃筆諭條』我曾經在清檔中發現，其内容略謂：

黄遵憲可否賞加尚書銜以侍郎候補，作為頭等公使以示優異，著王文韶與張蔭桓面商，明日復奏。〔二〕

光緒帝親筆所書的諭條，反映了這位年青帝王在收到日方關於希望黄遵憲出使日本的信息後，内心衝動，頭腦發熱，準備採取一系列新的變法部署。

戊戌七月，光緒皇帝受日方邀黄遵憲出使的啓發，決計實行取法日本、大舉新政的決策，爲此他還親自書寫墨筆諭條，命張蔭桓與王文韶前往日本駐京公使館與代理公使林權助交涉〔三〕。七月二十二日軍機處《隨手登記檔》中明確記載『發下墨筆致日本國國書底稿一件』。其文稱：

大清國大皇帝，敬問我同洲至親至近友邦，誕膺天佑踐萬世一系帝祚之大日本國大皇帝好。我兩國同在亞洲，海程密邇。自各派使臣駐紮以來，誠信相孚，情誼彌摯。每念東方時局，益廑輔車唇齒之思。現在貴國駐京使臣矢野文雄到華以來，凡遇兩國交涉之事，無不准情辦理，歸於公平，

〔一〕〔三〕孔祥吉、村田雄二郎：《罕爲人知的中日結盟及其他——晚清中日關係史新探》，第五九—七五頁。
〔二〕中國第一歷史檔案館藏：硃筆諭條原件。

已徵鄰好。曩復貽書總理各國事務衙門，備述貴國政府關念中國需才孔亟，願中國選派學生前赴貴國學堂，肄習各種學問，尤佩大皇帝休戚相關之意，曷勝感謝。朕已諭令總理各國事務王大臣與貴國駐京使臣商訂章程，認真選派，以副大皇帝盛意。茲因出使大臣裕庚奉使期滿，特派二品銜候補三品京堂黃遵憲為出使駐紮貴國都城欽差大臣，親賫國書，表明朕意。該大臣託志貞亮、學識宏通，辦理兩國交涉事件，必能悉臻允當，尚望大皇帝優加接待，俾能盡職。從此兩國信使往來，邦交益密，共相維持，以期保固東方大局。大皇帝諒有同情也。〔一〕

茅海建先生在《戊戌變法考論》中曾對上文進行考證，指出此項國書文字，『軍機章京録此記載時用大字，且以頂格書寫，可見此國書是光緒帝親擬』。茅先生的考證是正確的。因爲國書文字不但與張蔭桓的回憶相符，而且，與我們在日本檔案中看到的記載亦若合符節〔三〕。日本駐京代理公使林權助於光緒二十四年七月二十六日（明治三十一年九月十一日）寫了一份名爲《王文韶、張蔭桓兩大臣來訪，轉達重要使命之報告》，該報告原文如下：

機密第九十四號，王文韶、張蔭桓兩大臣帶有使命來訪之件

本月四日（引者按：即戊戌七月二十日）本官因公訪問總署時，張蔭桓先出來應接，問本官

〔二〕中國第一歷史檔案館藏：《隨手登記檔》，光緒二十四年，秋季檔。此處轉録於茅海建《戊戌變法史事考》，第四四一頁。

〔三〕孔祥吉、村田雄二郎：《罕爲人知的中日結盟及其他——晚清中日關係史新探》，第六九—七〇頁。

道：明天即九月五日擬與王文韶同道訪問本官，可無妨礙？於是我以下午三時相見為約。兩大臣於同刻來訪，遂即引見，並覺察到似有機密的要務，告之如有希望，可使使丁退去。於是根據客人意見，叫使丁迴避。

張蔭桓首先介紹說：王文韶因蒙受清國皇帝之命，親自帶來諭旨訪問貴官，故而本大臣亦與王文韶大臣同道而來。其主旨是：

最近以來，我國與貴國大加親密，由此我大皇帝陛下，欲使此親交愈加密切。如今希望將頭等第一勛章，贈送給貴國大皇帝陛下，並命正在北上途中的新任公使黃遵憲，將其携帶至日本，奉呈貴國大皇帝陛下。

又此次黃遵憲携帶的國書，其詞句與以前同樣奉呈者，有所不同。此次國書上大改字句，以示親交相依之御意。其文句已由皇帝親自擬定。新國書以『大清國大皇帝，敬問我同洲至親至近友邦，誕膺天佑，踐萬世一系帝祚之大日本大皇帝好』字句開頭。現敬請電詢貴國政府，以此清國大皇帝之御意，轉達於貴國皇帝陛下。

張蔭桓又曰：他還有一事，想問貴政府之意向。清國皇帝有意向貴國派遣特命全權大使。不知貴國皇帝陛下是否有意受之。而且，貴國也向清國同樣派大使。本件係以黃遵憲出發之期臨近，我皇帝欲於事前得到貴政府的回答。此事亦請貴官以電報詢問貴政府的意向。

據此，本官對王文韶、張蔭桓兩大臣答曰：毫無疑問，清國皇帝陛下對於我皇帝陛下愈加親密之意，與看重兩國國交之願望，我皇帝亦欣然接受。並且本官深信對於贈送勛章之一事，肯定會同樣回禮。至於第二點，即互派大使之事，歷來我政府也有此願望，只是不得不先確認英俄兩國是否有同樣的希望。由於各種情況，或許難以速定互派大使。然而關於清國的情況，從去年年底以必來，俄然大呈變狀。由於我國與清國之關係勢必成為所謂同洲至親至近之友邦，在不遠的將來，必須互派大使，這是不容置疑的。以上只能作為個人私見。

上述兩大臣所帶來的使命大要，已在本月六日第一百五十三號電稟中，參見別紙。本官竊希望利用此次機會，使得彼我帝室的交際大增親密。蓋我相信，如此有利於改良清國諸政，這又是增進我方利益，增大我方權利，以鞏固我方地位的一大良機。故但願即速給清國皇帝贈送勛章，以作回禮。雖然，互換大使之議，似乎今日稍微難以直行之。可在兩三年之內，(我國)有計劃至少對清國與英俄派置大使。

近兩個月以來，從清國帝室與政府的情況看來，皇帝似乎銳意改良庶政而缺乏得力的大臣。因此，如果我國教導得當，不無效果。李鴻章已失權於北京政府。在中央政府，王文韶、張蔭桓兩大臣也許會佔有重要地位。在地方政府，看來張之洞的權威日益加重。我認為，他們依靠日本之志向比李鴻章大得多，均是大可結盟的人物。希望趁着清國皇帝有意親近日本，他們逐漸得到勢力之機，來增强本公使館的力量，隱然成為支持清國諸般的改良事業的一大勢力，並且也培植本邦在清國的實力。

除電稟之外，再作如上詳報。謹致

外務大臣伯爵大隈重信

在清臨時代理公使林權助

明治三十一年九月十一日[一]

[一] 日本外務省外交史料館藏：《日清兩國國交親善之件》，王文韶、張蔭桓兩大臣來訪之報告。

林權助致大限重信的報告，講了三件事。其一，光緒皇帝要送天皇頭等第一勛章；其二，希望將黄遵憲的出使規格從原先的公使，升格爲頭等全權大使派往日本；其三，此次所奉國書，不同以往，字句格外親密。

這三條内容，充分反映了光緒皇帝完全接受了康有爲『取法日本，大舉新政』的建議，並將其付諸實施的急切願望。光緒皇帝希望通過與明治天皇的直接交往，來獲取更多的維新方面的經驗，以使中國能像日本一樣變弱爲强，對内冲破守舊勢力之阻撓，對外擺脱任人宰割之局面。可見，隨着時間推移，光緒帝對黄遵憲出使所寄希望愈來愈高。

其實，光緒帝想法更多，他還要張蔭桓同日本公使商議，把康有爲也派『赴日本坐探變法事宜』。身爲總理衙門主要辦事成員的張蔭桓，認爲皇帝考慮此事欠妥，故將皇帝此諭壓下。據御史蔡金臺關於戊戌政變之密札稱：

先是七月間，上硃筆予黄尚書衡候補侍郎全權頭等，扃於匣。使王尚書與樵野送日本公使署，令寄其國政府。蓋存此筆迹，以為後來一應訓條，核對筆迹之用。王既受申飭，不能止此事（引者按，指派康氏赴日本），則借張止之。後伊藤來，李苾園舉康為接待使，亦為張所阻。諭旨所以謂張非康黨，其能保首領者，即此二事也。[二]

[二] 鄧之誠著，鄧珂點校：《骨董瑣記全編》，北京出版社一九九六年，第六〇二—六〇四頁。

蔡金臺所述『上硃筆予黄尚書銜候補侍郎全權頭等，扃於匣』，與我們上文揭示的内容，若合節符，再次證明了蔡金臺密札之真實可靠。戊戌政變後，張氏以此壓抑康有爲來證明他本人『尚非康黨』，獲得從輕發落。

綜上所述可知，中島雄《往復文信目録》記載内容，字數不多，却是瞭解光緒帝於百日維新中破格拔擢黄遵憲和推行聯合日本、大舉新政的關鍵史料，故不可等閒視之。日本公使館對黄遵憲出使的願望，的確引發了光緒皇帝一系列不尋常的舉動。

第四節　政變後日本伸出營救之手

由於戊戌政變的突然發生，古都北京天昏地闇，日月無光。光緒皇帝聯合日本大舉新政的決策化作泡影。倡導學習明治維新經驗而推行新政的康有爲、梁啓超逃往日本，光緒皇帝本人也成了階下囚。慈禧、榮禄上臺之後，對新黨人士進行瘋狂迫害，六君子在菜市口被送上斷頭臺，而被光緒皇帝寄予厚望的黄遵憲亦難逃被禁錮的命運。北京政變發生前夕，黄遵憲剛剛在上海完成了查復《時務報》事宜[一]。當政變消息傳到上海不久，榮禄的心腹上海道蔡鈞，即將黄遵憲嚴密監禁於洋務局，並派多人圍守，戒備森嚴。京師的守舊派對黄遵憲惡毒攻擊，戊戌八月二十一日御史黄均隆參劾黄遵憲與康、梁『密電往來，暗通消息，結黨最深，若令其逍遥法外，難免不勾結外人，隱生禍變』[二]。黄均隆要求慈禧儘快严懲黄遵憲。面對黄遵憲所處的危迫局面，日本方面開始營救。

[一] 據張之洞所存黄遵憲來電謂：『武昌張制臺，江寧劉制臺，長沙陳撫臺：密。查議時務報事，謹抄稿呈電。竊遵憲前奉電開：奉旨劉坤一電稱，康有爲電：奉旨改時務報爲官報，汪康年私改爲昌言報，抗旨不交等語。該報館是否創自汪康年，及現在應如何交收之處，著黄遵憲道經上海時，查明原委，秉公核議電奏。毋任彼此各執意見，致曠報務。欽此。

『伏查丙申春月，遵憲奉旨，暫留江蘇辦理教案商務各事宜，因往上海。當時官書局復開，刊有官報。遵憲竊意，朝廷已有變法自强之意，而中國士夫聞見淺狹，守舊自封，非廣刊報章，不足以發聾聵而祛意見。先是，康有爲在上海，開設强學會報，不久即停，尚存有兩江總督捐助餘款。進士汪康年因接受此款來滬，舉人梁啓超亦由官書局南來，均同此志，因同商報事。遵憲自捐一千元，復經手捐集一千餘元，汪康年交出强學會餘款一千餘元，合共四千元，作爲報館公衆之款。一切章程格式，皆遵憲撰定公商，以汪康年爲總理，梁啓超爲總撰，刊佈公啓，播告於衆。即用遵憲等名聲明：此舉在開風氣，擴聞見，絶不爲牟利起見。又稱，有願捐貲襄助，拓充此報，維持此舉者，當刊報以表同志，遵憲復與梁啓超商榷論題，次第撰布。實賴梁啓超之文之力，不數月間，風行海内外，而捐貲助報者，竟有一萬數千元之多。是此報實爲公報，此開設時務報之原委也。

『所有遵憲遵旨查明開報原委，及秉公核議交收之法，是否有當，理合請旨遵辦。伏乞代奏皇上聖鑒。遵憲。沃。戊戌八月初三日，辰刻發，八月初四日，丑刻到。』黄遵憲此奏稱『實賴梁啓超之文之力，不數月間，風行海内外，而捐貲助報者，竟有一萬數千元之多』。黄遵憲同情康梁，而不以汪康年爲然之立場已躍然紙上。

[三] 國家檔案局明清檔案館編：《戊戌變法檔案史料》，中華書局一九五八年版，第四七二—四七三頁。

中島雄的《往復文信目録》記曰：

第一百八十四號，十月十日（清曆八月二十五日）發信，

十月十二日收復信，

為函稱黄大臣被拘一案事。[一]

據中島雄此項記載可知，這是日本方面正式以公函的形式，直接出面對黄遵憲進行保護。蓋因爲黄氏之駐日公使任命，係由日本方面主動提出的，因此他們覺得有責任出面對身處危境的黄遵憲進行外交交涉。

日本公使館的公文於光緒二十四年八月二十五日剛發出，次日清廷即採取行動。《上諭檔》記曰：

前據劉坤一奏稱，出使日本大臣黄遵憲病請開缺等語。黄遵憲業已准其開去差使，著劉坤一飭令該員即行回籍。

八月二十七日總理衙門又很快回復日本駐京代理公使林權助。中島雄的《往復文信目録》記曰：

[一] 中島雄編纂：《往復文信目録》卷六。

第一百八十九號，十月十二日（清曆八月二十七日）收復信，

十月十二日發信，

為函復黄大臣被拘一案事。〔一〕

據日檔中所存總理衙門王大臣之照會謂：

林大人臺啓。逕啓者，日前貴署大臣函稱，准駐滬領事電，兵備道奉旨拘黄遵憲，請熟思審處等因。本衙門當即電詢南洋大臣。去後，昨據復稱，前因傳聞逃犯康有為隱匿黄遵憲處，是以飭令江海關道前往訪查。嗣經查無其事，即作罷論，並無拘留黄遵憲之説。且已有旨令其回籍矣。相應函復貴署大臣查照可也。此復。即頌日祉。名另具。八月二十七日。〔二〕

總理衙門王大臣的照會，顯示了中島雄所記『黄大臣被拘一案事』的具體内容。清廷經過『熟思審處』，將黄氏立即釋放。可見，黄遵憲能擺脱牢獄之灾，與日本方面的外交努力，有着直接的關係。由於日本方面的營救，黄遵憲很快獲得自由。據張之洞所存電報原稿記載：『上海來電，武昌督憲鈞鑒：奉旨無事，即日回籍。遵憲叩。』此電於八月二十八日午刻發出，酉刻收到〔三〕。

〔一〕中島雄編纂：《往復文信目録》卷六。

〔二〕日本外務省外交史料館藏：《各國内政關係雜纂》支那之部；又見於茅海建：《戊戌變法史事考》，第五二六頁。

〔三〕中國社科院近代史所藏：《張之洞未刊電稿》，各處來電本（戊戌年）。

該電準確説明了黄遵憲被解除監禁之時間。過去，史學界曾流傳一種説法，稱英國和日本共同營救了黄遵憲，但是，由《往復文信目録》記載觀之，是日本公使館出面營救了黄遵憲。該檔册記事準確無誤，在對黄遵憲的記述中，得到充分的體現。

第五章　利用《往復文信目録》應該注意的幾個問題

第一節　不要輕易放過任何一項簡單記載

《往復文信目録》的記事特點是，每項記事，只有時間和標題，或扼要提示，而没有具體内容，因此，在閲讀利用這些檔案史料過程中，有幾個問題應該十分注意：

應仔細琢磨該檔的每一項記事，不要輕易放過它的任何一項簡單的記載，因爲每項簡略記載背後，幾乎都包含有極爲豐富的歷史内容和恢宏的歷史場景。而要搞清楚這些歷史事件内容，必須利用原始檔案或其他可靠史料，來探求《往復文信目録》該項記載的含意。

即試以上海道蔡鈞爲例。近年來，我們用了較多時間，研究上海道蔡鈞其人。而在《往復文信目録》的光緒二十四年十月十六日，中島雄有一則特別引人注目的記載。其文稱：

第二百二十一號，十一月二十九日（清曆十月十六日）發信，
不收復信，

爲函請俾蔡道仍留江海關原任事。〔二〕

此處所謂『蔡道』，即指上海道蔡鈞。清季上海道，全稱爲蘇松太兵備道，以其職務還包括監督江海關，故又稱江海關道，是全國有名的繁難衝要之缺。因此，清廷所派去擔任上海道的官員，一般説來均爲精明强幹、通達外情者。蔡鈞是甲午戰爭之後擔任上海道的，到任後又經歷了戊戌變法等重大事件。其間百日維新，新政迭頒，中外矛盾尖鋭，社會動蕩激烈，是上海近代發展史上一個非常重要的時期。因此，蔡鈞乃上海近代史上一個非常重要的人物。然而，長期以來由於史料欠缺，對蔡鈞其人及其行事，缺乏深入探討。

中島雄的上述記載，之所以引人注目，是因爲自從十九世紀七十年代，中日建交之後的二十多年來，上海道屢次更迭，日本政府對中國這樣一個道員級官員的任命，從來没有表示過任何贊成或者是反對態度。唯獨在蔡鈞被免去上海道之後，向總理衙門發去一個爲蔡鈞求情之照會。這個照會至少説明兩個問題：一是上海與日本關係密切，因此日本很注意上海道的人選；二是蔡鈞在擔任上海道期間，同日本關係不同尋常。

但是，僅僅從《往復文信目録》寥寥數字的記載中，是很難解開這個歷史之謎的。只有披閲這個時期的清宫歷史檔册，方可以找到答案。

據清檔記載，戊戌春夏之交，東鄰日本以及上海、江浙沿海發生嚴重米荒，而蔡鈞却乘機發財。光緒二十四年九月十一日御史曾宗彦上書彈劾稱：

〔二〕 中島雄編纂：《往復文信目録》卷六

江南道監察御史臣曾宗彦跪奏，為監司貪濁昏庸，迭次幾釀大變，請旨嚴懲以警官邪而維大局，恭折仰祈聖鑒事。

上海自通商以來，交涉之繁，甲於各口，非得公明廉幹之員資其坐鎮，豈能忠於所事，保全大局。以臣所聞，蘇松太倉兵備道蔡鈞，身為監司，貪濁昏庸，迭次幾釀大變，殊足駭焉。上海居南北轉運之衝，近數十年來，各省民食半資挹注，乃自去秋涉夏，歲稱中稔，而各省米價騰貴，小民生計極艱，即以江浙素推産米之區，亦復不免。推原其故，人人皆知。始於日本奇荒，内米外漏。夫米石出口，例禁甚嚴，縱有姦商，豈能飛渡。而蔡鈞持其操縱由己，私遣其司賬黄姓，迭次偷販華米出口，售與東洋，以牟重利，每次約以數十萬石計；迨中道被人窺破，始行停止，然出口者已不可勝計。以致沿海沿江各省無所仰食，飢民搶米毁署之案，層見迭出，雖以江寧省垣重地，亦且幾釀大變。蔡鈞見物議沸騰，始恐事機敗露，急遣其司賬黄姓，遠揚他避，以為異日卸罪之地，欲蓋彌彰，道路以目。[一]

曾宗彦（一八五〇—一九一二）字成肅，又字君玉，號幼滄，福建閩縣人。曾氏在擔任御史期間，思想敏鋭，同情新政。他指出，上海與江浙之缺米，『始於日本奇荒，内米外漏』；而且揭出是蔡鈞『私遣其司賬黄姓，迭次偷販華米出口，售與東洋，以牟重利，每次約以數十萬石計；迨中道被人窺破，始行停止，然出口者已不可勝計』。曾宗彦的奏章彈劾所列舉的數字，可能會有出入，但是，蔡鈞

[一] 中國第一歷史檔案館藏：録副奏摺檔，光緒二十四年職官類。

向日本販米應該不會是空穴來風。而且，對於同樣一件事情，御史潘慶瀾亦上書彈劾。潘氏之奏片稱：

本年四、五月間，青黃不接之時，内地及東洋各處災歉，該道派人各處採買米穀，私販出洋售賣，爲數四、五萬包，獲利至一二十萬。其時流民遍野，辦賑者苦於無米，上海市中米每包價至八金。金陵一帶，幾於斷市，五月十三四日，省城大街，飢民亂搶，幾釀大變。[一]

清季御史有風聞上奏之權，但是，曾宗彦與潘慶瀾奏章所稱是否屬實，則需要查證。於是，清廷下令著兩江總督劉坤一與江蘇巡撫德壽，分頭派人去查證蔡鈞到底有没有把大量糧米賣予日本，而自己從中牟利。結果，德壽與劉坤一分别於光緒二十四年十月二十八日與十一月初八日上奏朝廷，異口同聲地聲稱，御史們所參蔡鈞惟利是圖，漁利殃民，賣米出洋一事，所參各節，並無實據，應無庸置議[二]。

現在看來，兩江總督劉坤一奏摺所稱，並不一定與史實相符，因爲蔡鈞曾經長期在劉坤一手下任事，多年處理上海一帶洋務案件，深得劉坤一賞識。劉坤一曾多次向清廷保舉蔡鈞。據清檔記載：兩江總督劉坤一曾於光緒十九年五月二十四日保舉候補道蔡鈞，辦理洋務出色，請備簡用事。該折於六月十一日奉硃批，著照所請[三]。

光緒二十二年十一月二十五日，劉坤一再度上書，特保道員蔡鈞，膽識過人，辦理洋務得體，前以

[一] 中國第一歷史檔案館藏：録副奏摺檔，光緒二十四年職官類。

[二][三] 中國第一歷史檔案館藏：光緒朝録副奏摺檔，膠卷號 05－5307－035。

海關道記名備用，請擇機録用[二]。

光緒二十三年九月初二日，劉坤一得知上海道劉麒祥因病出缺後，迫不及待地致電清廷稱：

為蘇松太道劉麒祥病缺，已委候補道蔡鈞署理事。昨接上海廳縣電稟，蘇松太道劉麒祥因病出缺，當以員缺緊要，不可一日無員，近來交涉還款任重，必須精明諳達，方能勝任。查有候補道蔡鈞，現在滬料理租船之案，該道辦事穩練，體用兼資，已會委署理，今即任事，以專責成而資助理。仍照案俟其報到日，恭折馳奏，合先電聞。坤，東。[三]

劉麒祥剛剛病故，劉坤一便第一時間保舉蔡鈞接替，反映出劉坤一、蔡鈞之間不同尋常的關係。抑不特此，戊戌春夏上海及沿海出現米荒之後，蔡鈞在江漢流域大量販米，曾依靠劉坤一的聲勢，向湖廣總督張之洞疏通門路。此事在張之洞所存電報底稿中，亦有踪迹可尋。據中國社科院近代史所圖書館藏《張之洞未刊電稿》記載：光緒二十四年五月初六日劉坤一致電張之洞稱：

江寧劉制臺來電：上海米乏來源，人心惶惶，……漢口存米尚多，現已在彼定購兩萬石，

[二] 中國第一歷史檔案館藏：光緒朝録副奏摺檔，膠卷號 05－5307－035。

[三] 中國第一歷史檔案館藏：光緒朝電報檔，綜合收電檔。膠卷號 015－0075

……請飭關徵税放行。五月初六日發，初七日到。[一]

三天後劉坤一再度致電張之洞稱：

江寧劉制臺來電：滬購米兩萬石，承飭驗放，感甚。惟現據蔡道稟，尚有一萬石已購定請飭驗放。五月初九日發，初十日到。[二]

蔡鈞通過劉坤一的門路，獲得張之洞之許可，由漢口購米三萬石，此事應該是千真萬確的。可以説，蔡鈞戊戌利用上海道職權，大量販米，是得到劉坤一的支持與包庇的，甚至是合伙共同進行的。再有，戊戌春季，日本公使館曾經再三向總理衙門照會，請求允許向日本販運大米。中島雄記曰：

第三十四號，明治三十一年四月三日（清曆三月十三日）發信，

四月十一日再發信，

為函請速飭上海、鎮江、蕪湖、寧波、福州、厦門各關，暫准内外船裝載米穀東渡事。

第四十號，四月十一號（清曆三月二十一日）發信，

四月二十五日再行發文，

為函稱江省偏灾，即行暫准米穀東渡，尚不致有礙民食事。

[一][二] 中國社科院近代史所圖書館藏：《張之洞未刊電稿》，各處來電本（光緒二十四年）。

第四十五號，四月二十五日（清曆閏三月初五日）發文，
四月二十八日收復文，
為照請暫准米穀東渡事。

但是，總理衙門以各省亦遇灾情，拒絶日方要求。中島雄記曰：

第四十六號，四月二十八日（清曆閏三月初八日）收文，
復四月二十五日發文，
為照復産米各省，亦遇灾歉，未能接濟事。[一]

顯然，總理衙門始終没有同意向日本運米之請求，而蔡鈞顯然没有聽從總理衙門的指令，私下向日本販米，以解日本國内缺米的燃眉之急。而且，蔡鈞後來的舉動表明，他在擔任上海道期間的確發了大財。他屢次向朝廷捐納多金，以求封賞。再有，蔡鈞於戊戌冬離開上海之後，又向榮禄贈銀，得到出使大臣的要缺。

蔡鈞向日本販米一事，對日本戊戌年度過糧荒，無疑起到良好作用，否則日本公使不會鄭重其事地向總理衙門致送照會，建議清廷讓蔡鈞留任上海道。

可見，要釐清《往復文信目録》的每一條記載，幾乎都需要仔細進行一番史料的發掘與研究。

[一] 中島雄編纂：《往復文信目録》卷六。

第二節　有關條約簽訂之記載要參照原始檔册

中日兩國自同治十年（一八七一）簽訂《修好條規》，建立了外交關係後，雙方又曾多次會商，簽訂專條、條約。這些專條、條約的商定過程，在兩國之間有許多往復文書與照會等文件，這些文件在中島雄編纂的《往復文信目録》中，大多只記載收發信的時間，而缺少内容提要。要釐清這些往復文信的目録及内容，則需要參考其他原始檔案史料。譬如，明治八年九月四日（清曆光緒元年八月初五日），至十二月二十四日（清曆十一月二十七日），雙方有頻繁的文書往還，中島雄大多只記了時間，而省略了文信的題目。這些文書的主要内容，是有關日本政府派内務卿大久保利通來華，交涉臺灣事件。交涉的結果是雙方簽訂了《中日北京專條》三款。因此，要釐清這些往復文信的題目及具體内容，則需要參酌日本外交史料館的有關北京專條的專題檔案。

再如明治九年（一八七六）最後幾頁，《往復文信目録》亦有記述從一月九日（清曆光緒元年十二月十三日）至三月十九日（清曆光緒二年二月二十四日）中日之間往復文信的時間，没有提要。中島雄附注稱：『以上均係朝鮮事件，另有成書，爰不復録。』而在《往復文信目録》的卷二末尾，中島雄記載，從明治十七年十二月十一日（清曆光緒十年十月二十四日）至十二月三十一日（清曆光緒十年十一月十五日）之間，中日雙方頻繁往復文信的時間，而不注提要，只是在末尾提到：『以上均係朝鮮事件，另有成書，爰不復録。』[二]

對於上述記載的具體内容，可以在日本外交史料館的《朝鮮交際録》、《朝鮮事務始末拔萃》以及

[二] 中島雄編纂：《往復文信目録》卷二。

《日清韓交涉事件紀事》等專題檔册中找到相應往復文信之原件〔二〕。

中島雄從北京返回東京之後，分外忙碌。他在去世之前數年，將自己在北京公使館任内所經手的檔案文獻，進行了編排整理，使其眉目清晰，以便利用。中島雄自己曾有説明：『迨新聞家派報事者，其易知之事，捨尔讓之；其難知之事，取而任之，前後二十有三年矣。底稿存於使館，衮然成帙，外部檔房蓋亦存其迭次清本档。』〔三〕這就是説，中島雄整理的既包括外務省所保存的清本檔，又參照他自己在北京日本公使館時使用的檔册。這些檔册主要有以下幾種：

其一，關於琉球之交涉記録——《球案復命書》原本三本，中島雄對此有按語稱：

此書第一册和第二册是明治十四年總務部門中田敬義君所編纂，宍户特命全權公使親自加以校訂，並且予以注釋，謄寫清楚，携帶歸國。此書第三册係余編纂原本，並將前述二册一並謄寫清楚，宍户特命全權公使題名為球案復命書，合併存放於北京公使館。這三本書是公使館同清國總理衙門往復文信，交涉事件經常參考的文獻。明治三十三年我携帶回國。之後，義和拳騷亂，藏在清國公使館的一切公開或秘密的書類文獻均被燒燬净盡。現將此書原本三册，仍舊按原樣裝訂成册，存於北京公使館，以供參照。

〔二〕日本外務省外交史料館藏：《元在清公使館書記官中島雄引繼清韓兩國有關書類》1－1－2，57，第一卷。

〔三〕日本外務省外交史料館藏：《元在清公使館書記官中島雄引繼清韓兩國有關書類》《隨使述作存稿》1－1－2，57，第二卷，最後一頁附言。

明治四十一年十二月前公使館一等書記官中島雄於東京外務省謹釋（印）[二]

中日兩國關於琉球之交涉原始文件盡在其中。

其二，關於朝鮮問題之交涉檔册，計有《明治十二年代理公使朝鮮事務始末拔萃》一本；《朝鮮交際録》一本，該書係明治十五年隨行榎本全權公使的渡邊書記生携帶之文書，其中有條約類纂、拔萃等内容；《黑田辦理大臣使鮮始末拔萃》。

其三，關於馬關議和的原始文件及約章，其中包括《馬關條約》的中英文等不同文種版本、《露獨佛三國干涉要概》，即俄國、德國、法國三國干涉還遼的原始文件等。應該説明的是，《馬關條約》簽署前後的文件，在《往復文信目録》中並没有登記，因爲這段時間駐北京日本公使館已經關閉。

第三節　不要忽略中日兩國人民友好交流的歷史篇章

近代中日關係史上，除了砲火硝烟、戰爭災難之外，也還有兩國友好交流的篇章，而這些篇章如果不是中島雄的記載，也許早已被人們忘却了。

《往復文信目録》中，明治二十一年（一八八四）中國曾經向日本贈送珍貴動物『四不像』。『四不像』的學名爲麋鹿，清朝時稱『四不像』。由於麋鹿的外表長得非常特殊，其犄角似鹿，面部似馬，蹄子似牛，尾巴似驢，但是，由整體看來，麋鹿可謂『似鹿非鹿，似馬非馬，似牛非牛，似驢非驢』，故有『四不像』之稱。『四不像』曾生活棲息在我國的沼澤低窪地區。後來，由於自然條件

[二] 日本外務省外交史料館藏：《元在清公使館書記官中島雄引繼清韓兩國有關書類》，1－1－2，57，第二卷。

變化，『四不像』漸漸在田野滅絶，僅存的爲數不多的『四不像』放養在京師以南的皇家園林南海子内。

據坊間之報刊稱，庚子年京師大亂，八國聯軍進入京師，大肆搶掠，『四不像』從此在中國銷聲匿迹，而在歐洲的動物園中却有保留。一九八五年在世界保護自然國際組織的協助下，英國烏邦寺莊園贈給中國的第一批『四不像』於八月二十四日空運到北京，飼養在『四不像』祖先世代居住的地方——『南海子』麋鹿苑。從此，『四不像』又在中國大地繁殖生息。

然而，没有料到，在中島雄的筆下，却有關於『四不像』的重要記載。《往復文信目録》記曰：

第二十五號，（明治二十一年）三月十五日（清曆二月十三日）收信，
為函送『四不像』獸事。

第二十七號，三月二十七日（清曆二月初八日）發信，
為函謝『四不像』獸並請以示食法事。

第三十一號，三月二十五日（清曆二月十三日）收信，
為函復蓄養『四不像』獸方法事。

第五十一號，七月九日（清曆六月初一日）發信，
為函稱『四不像』獸已到，國餉動物園飼養事。〔二〕

〔二〕 中島雄編纂：《往復文信目録》卷三。

由此可證，在光緒十四年二月清政府曾向日本贈送『四不像』，數月之後，這些來自神州大地的珍貴動物開始在日本動物園生活。這些史料反映了中國人民對日本人民的友好感情。由此，我們似乎可以作出下列推測，英國等歐洲國家的『四不像』，似乎也應是總理衙門贈送的，似不可一概地推測爲八國聯軍在北京搶掠所得到的。

再如，百日維新前夕，中島雄在《往復文信目録》記到：

第五十號，五月八日（清曆閏三月十八日）發信，

五月十三日收復信，

為函稱倘擬選派學生教其多士事。

第六十二號，五月十三日（清曆閏三月二十三日）收信，

復五月八日發信，

為函謝倘擬選派學生教其多士事。〔一〕

後來，我們在日本外交史料館留學生專題史料中找到了五月八日這封信的内容如下：

中堂、王爺大人臺啓：逕啓者，茲因賠款完清，威海撤兵在即，我國政府擬向貴國倍敦友誼，而昭同洲之誼。聞貴國政府前設專科，又將武備參酌情形，變通舊制，借悉需才孔亟，但造就之

〔一〕中島雄編纂：《往復文信目録》卷六。

端，自訓迪始。貴國倘擬選派學生，我國自應支其經費，教其多士。此意本大臣奉政府命，轉達貴王大臣矣。即希見復為望。專此。

順頌，時祉。

矢野文雄。名另具。五月初八日。〔一〕

總理衙門大臣很快答復矢野文雄公使。其復函稱：

矢野大人臺啓：逕復者，昨准函稱，茲聞前設專科，又將武備參酌情形，變通舊制，但造就之端，自訓迪始，倘擬選派學生，我國自應支其經費，教其多士等語，查中日同洲，最敦友誼，（當）此需才之日，允宜訓迪多方。

來函所稱，詢屬推誠相待，厚愛鄰交，情意拳拳，殊深感荷。現在本衙門甫開東文館，規模粗立，一切尚待講求，統俟酌妥辦法，再行函告。相應先行函謝貴大臣，即希轉達貴國政府可也。此復。順頌時祉。

名另具，閏三月二十三日。

李鴻章、榮祿、翁同龢、敬信、崇禮、許應騤、廖壽恒、張蔭桓〔二〕

矢野文雄在擔任日本駐京公使期間，與一般駐京公使不同，他雖在政壇，却不乏學者風範，與康有

〔一〕〔二〕日本外務省外交史料館藏：《在本邦清國留學生關係雜纂》，陸軍部之一，第3－10－5。

爲、黄遵憲等維新派人士多有交往，且對他們的變法活動表示支持。據《康南海自編年譜》記載：

自（光緒二十三年）十一月十二日，德人發砲據膠州，擄去提督章高元，朝廷託俄使言和，德使甚桀黠，翁常熟及張樵野日與議和未就，日人參謀本部神尾、宇都宫來覓鄂督張之洞，請助聯英拒德。時經割臺後未知日情，朝士亦多猜疑日本，恭邸更主倚俄，乃却日本之請。吾走告常熟，明日本之可信，且與日使議，請將償款再攤十年，並減息，日使矢野君極有意，而吾政府終不信是議，乃為御史楊深秀草疏，請聯英日。〔一〕

康有爲稱『且與日使議，請將償款再攤十年，並減息，日使矢野君極有意』。此話聽起來令人難以置信，但是，揆諸清檔，則確有其事。據中國第一歷史檔案館所藏光緒朝電報檔記載：光緒二十四年正月十九日收出使裕大臣電：『頃外部來告，矢野電到，政府再三商量，因國庫支絀，未能展限。已電交矢野云。庚。巧。戊。』可見，矢野確實有意將甲午戰爭賠款『再攤十年』，但是，日本政府並不答應。

康有爲又記曰：

時與日本矢野文雄約兩國合邦大會議，定稿極詳，請矢野君行知總署答允，然後可大會於各省，而俄人知之，矢野君未敢。……又草請派近支王公遊歷折，請開局譯日本書折，請派遊學日本

〔一〕翦伯贊等編：《戊戌變法》第四册，第一三八頁。

折，皆由楊漪川上之，奉旨允行。[二]

據此可見，矢野文雄給總理衙門五月初八日之信件，是經過同康有爲等人商議後而寫的。康有爲還專門爲此草擬了『請議遊學日本章程片』。總理衙門於戊戌五月十四日討論康有爲請議遊學日本章程之建議時提到：

查本年閏三月間，准日本使臣矢野文雄函稱：該國政府擬與中國倍敦友誼，借悉中國需才孔亟，倘選派學生出洋習業，該國自應支付其經費。又准該使臣來署面稱：中國如派肄業學生，陸續前往日本學堂學習，人數約以二百人為限。經臣備函致謝，並告以東文學堂甫經設立，俟酌妥辦法，再行函告。該使臣亦稱：須預籌章程。[三]

可見，矢野文雄希望幫助中國派遣留學生之願望是真誠的，盡管日本政府內部有不同意見。矢野五月八日的信函迥非一般公函，其意義非同小可。此後不久，矢野提出的留學日本建議，得到張之洞等封疆大吏的熱烈響應，且順利成行。當我們在一百多年後，展閱晚清留日學生運動色彩斑斕、風雲激盪的歷史畫卷時，回首整個運動的來龍去脈，可以得出結論，正是矢野的這封信，開啓了轟轟烈烈的留日學生運動洪流的閘門，而留日學生所帶回來的新思想、新知識，又敲響了清王朝滅亡的喪鐘。

[二] 翦伯贊等編：《戊戌變法》第四册，第一四四頁。

[三] 孔祥吉編著：《康有爲變法奏章輯考》，第二〇九頁。

《往復文信目録》所包含内容十分豐富，不但對晚清中日關係史研究有直接幫助，對外交史以及地方史研究也有參考價值。特别是對於天津、上海、蘇州、福州、厦門、廣州、漢口等沿海、沿江地區的地方史研究，同樣具有參考價值。中島雄的《往復文信目録》，還記載了十九世紀最後二十五年在中日兩國之間所發生的重要事件，同時也記述了日本來華人員的活動，因此，對於日本學者也有十分重要的利用價值，尤其是對於研究明治時期外交史及日本同中國關係史，有着舉足輕重的作用。

晚近以來，日本出版了許多與中國有關的日本人物傳記，如東亞同文會編纂的《對支回憶録》下卷，以及《東亞先覺烈士傳》等著作，即收録了形形色色的來華人物傳記。其中有政壇要員、軍事指揮官、外交人員、僧侣、新聞記者、文人學士以及爲數衆多的偵探。這些五花八門的人物傳記，大多是依據口耳相傳的回憶録資料寫成的，並不十分準確。如本文前面所引用的有關中島雄本人的傳記，所記時日就頗有出入。因此，要寫出準確無誤的明治中後期來華的日本人傳記，有不少人物可以參考中島雄的《往復文信目録》。因爲上述人員中，不少需要在總理衙門辦理中國旅行之證明文件，因而留下可靠記載。

比如，日本學者宮島大八，曾來中國鑽研漢文化，頗有心得。對於宮島大八的來華時間、停留時間等《往復文信目録》有比較準確的記載：

第二十八號，（明治二十年）五月十三日（清曆四月二十一日）發信，

為函請宮島大八護照事。

第二十九號，五月十五日（清曆四月二十三日）收信，

為函送宮島大八護照事。

第四十五號，九月十四日（清曆七月二十七日）發信，

為函繳宮島大八護照事。[一]

據此可以確定，宮島大八於光緒十三年四月曾來到中國。當時張裕釗正作爲山長，執教於蓮池書院。張氏字方侯、廉卿，號濂亭，湖北武昌東溝鎮人。道光年間舉人，曾官内閣中書，他長於書法，獨步一時。宮島大八慕名來到蓮池書院，誠心請教於張氏門下。宮島大八此次來華共計四個月，頗得真傳，回國後還親自創辦了『善鄰書院』，在日本列島傳播漢字書法藝術，文脈流傳，影響深遠。據報載，一九八四年夏，日本宮島大八的後裔『善鄰書院』院長宮島吉亮，率衆渡海來華，與中國書協在北京首次聯合興辦『張裕釗、宮島咏士師弟書展』。此次展出頗有影響，日本書法代表團還專程到張裕釗故鄉鄂州參觀。一九八六年，中日書法界在河北保定合建了『張裕釗、宮島大八師生紀念碑』，顯示了中日兩國書法學者之間源遠流長的友情。

再如，井上陳政，即楢原陳政，乃中日關係史上的頗爲知名之人物，長期在中國活動，精通漢文，寫有《禹城通纂》，與中島雄關係頗稱密切。在對於楢原陳政何時來華、有何活動等問題的探討，在

[一] 中島雄編纂：《往復文信目録》卷三。

《往來文書目録》中亦可找到綫索。據中島雄記載：

第四十二號，（明治十六年，一八八三）十一月八日（清曆十月初九日）發信，

為函請井上陳政護照事。

第四十三號，十一月十日（清曆十月十一日）收信，

為函送井上陳政護照事。[二]

井上再次來華時，名字已改爲楢原陳政，此次來華目的，則是到中國各處遊歷探訪。中島雄於明治三十年（一八九七）記載：

第六十九號，五月十四日（清曆四月十三日）發文，

五月十七日收復信，

為照請楢原一等通譯官護照事。

三天後，總理衙門送來了楢原之護照。中島雄記曰：

第七十四號，五月十七日（清曆四月十六日）收信，

[二] 中島雄編纂：《往復文信目録》卷二。

復五月十四日發文，

為函送楢原一等通譯官護照事。

但是，楢原並非一般來華學習，而是負有特殊使命，於是，公使館再度致書總理衙門稱：

第七十五號，五月十八日（清曆四月十七日）發信，

五月二十一日收復信，

為函請楢原一等通譯官護照內，填寫湖南及內地字樣，並繳原照三張事。

第七十七號，五月十九日（清曆四月十八日）發信，

五月二十一日收復信，

為函送楢原一等通譯官，擬前往之內地名單事（此地名單亦請照寫）

第八十號，五月二十一日（清曆四月二十日）收信，

復五月十八九等日發信，

為函送楢原一等通譯官護照事。

隨後，總理衙門又致書日公使館稱：

第八十九號，六月十九日（清曆五月二十日）收文，

六月二十四日發復文，

為照稱遊歷、傳教洋人經過地方，必須將執照呈驗各等事宜事。[一]

楢原陳政剛剛二十歲出頭，即多次來華，搜羅情報，收穫豐厚，堪稱年輕有爲，頗受日本政府重視。他於光緒二十一年在李鴻章赴馬關議和時，跟隨日本外務大臣參加在春帆樓的談判，又伴隨全權辦理大臣赴煙臺辦理換約事宜，因『孜孜勉力』，『頗著勛勞』，得到勛六等旭日章及『賜金五百円』的獎勵[二]。庚子年義和團運動期間，楢原陳政死於北京的東交民巷。諸如宮島大八、楢原陳政一類的綫索，對於日本學者研究明治時期外交史無疑有重要參考作用。

中島雄是一個善於觀察現實、記録歷史的有心人。他長期擔任的職務，是一名日本駐北京公使館的書記官。在北京任職期間，他廢寢忘食，孜孜不倦，寫作了許多見聞與著作，編録了大量原始文件。中島雄收集寫作的目的，可以説完全是爲當時的日本政府制定侵略中國政策提供參考的。而現在這些檔案，却成了研究中日關係史的重要的第一手史料。

中島雄編纂和整理的史料與文獻，論其數量與重要性，是一般日本漢學家所收集的史料難以比擬的。因此，中島雄又是一位明治後期重要的漢學家，盡管他的重要文獻，目前尚未引起人們足够的重視。然而，隨着中日關係史研究的日益深入，我們預料這種狀況會很快得到改觀。

[一] 中島雄編纂：《往復文信目録》卷五。

[二] 日本外務省外交史料館藏：《日清戰役行賞一件》，本省員、各廳官吏、雇外國人之部。

在清我公使館與總署往復文書目錄

自明治七年八月

至同卄二年十二月

序

發收文信録照録本館與總署相致之文信者也本館致總署謂之發總署致本館謂之收照會謂之文函啓謂之信皆省稱而已按年釐訂成冊首列號而月而日並註答復之月日以便稽查其非甚當之緊要文信例另成書亦不復録而發收之月日則仍揭於總目之末其非本館與總署於發收等件遇有關繫交涉之文信雖亦録之而不列號以示區別而昭體制至於於有原本均行次第存之別筐焉

明治二十年一月五日交際官試補中島雄識

明治七年發收文信錄總目

交際官試補中島雄編次

1 第壹號八月八日發文（清曆同治十三年六月二十五日）

爲照稱安藤副領事著駐香港兼管廣州潮州瓊州事宜福島領事著駐廈門兼管福州事宜事

第貳號八月十日收信

爲著沈宗成夏大臣函訂答拜日時事

2 第叁號八月十三日發信（清曆七月初二日）

爲函請派人一找送馬事

了 第肆號八月十四日收信 同治七月初三日
為函復送馬一層現已飭查事

4 第伍號八月十四日發信 同治七月初三日
為函稱送馬毛片難辨之狀事

今 第陸號八月十六日收文 同治七月初五日
為通知復安滕副領事著駐香港兼管廣州湖州瓊州事宜福島領事著駐廈門兼管福州事宜事

第柒號八月十九日收信
為英親王來寧已不宜函訂答拜日時事

6 第捌號九月七日收信 清曆七月二十七日
照覆詢大久保大臣來京飭備賢良寺藉資
居住是否需用事

7 第玖號九月七日發信 清曆七月二十七日
照覆謝飭備賢良寺款接遠使之誼事

8 第拾號九月十一日發文 清曆八月初一日
照覆稱大久保大臣來京事

9 第拾壹號九月十二日收文 清曆八月初二日
照覆復大久保大臣來京事

10 不列號九月十四日發信 清曆八月初四日

為函繳江海關道公文事

11 不列號九月十四日發信 清麻八月初四日

為函請礮邊丞春艦長保護照事

12 第拾貳號九月二十八日發信 清曆八月十八日

為函詢總署總辦奉有幾位事

13 第拾叁號九月三十日收信 清曆八月二十日

為函送總署總辦衙名員數清單事

14 第拾肆號十月二日收信 清曆八月二十二日

為函請轉飭官民八月二十六七九日初五

六番日左安永宏二門台逃向礮通避事

2/7

14 不列號十月五日發信 清曆八月二十五日
為函繳江海關道公文事

18 不列號十月二十三日發文 清曆九月十四日
為照謝賊目竄走之時地方留心兵船相助
照應周備並送禮物事

16 第拾伍號十一月二日發文 清曆九月二十四日
為照請示復覲見日期事

17 第拾陸號十一月五日收文 清曆九月二十七日
為照復覲見一節候旨行事

15 第拾柒號十一月十四日發信 清曆十月初六日

為[illegible]於明日晤談節請指示時刻事

第拾捌號 十一月十四日收信

為函復明日敝王不克到署本大臣當[illegible]往[illegible]

兼錄摺件事

18 第拾玖號 十一月二十四日收文 清曆十月十六日

為照稱覲見日期事

19 第貳拾號 十一月二十四日收信 清曆十月十六日

為函訂演禮並面談日時事

20 第貳拾壹號 十一月二十五日發文 清曆十月十七日

為照復覲見日期已經欽定事

21 第貳拾壹號 十一月二十五日發信 清曆十月十七日

為函復演禮並面談日期業已知悉事

22 第貳拾貳號 十一月二十五日發文 清曆十月十七日

為照稱欽差大臣歸朝其間事宜飭交鄭書記官署理事

23 第貳拾參號 十一月二十七日收文 清曆十月十九日

為照復欽差大臣歸朝其間事宜飭交鄭書記官署理事

24 第貳拾肆號 十一月二十八日收信 清曆十月二十日

為函稱親見當日派弁赴館引路事

25 第貳拾伍號 十一月三十日發信 清歷十月二十二日
為函稱荒木六郎受傷一案事

26 第貳拾陸號 十一月三十日發文 清歷十月二十二日
為照稱荒木六郎受傷一案事

27 第貳拾柒號 十一月三十日收信 清歷十月二十二日
為函稱前請許觀察護送赴津事

28 第貳拾捌號 十二月一日收文 清歷十月二十三日
為照復荒木六郎受傷一案事

29 第貳拾玖號 十二月二日收信 清歷十月二十四日
為函送荒木六郎受傷一案致柳原大臣信

4/7

函報事

30 第叁拾壹號十二月二日收信 清麻十月二十四日
為函稱傷荒木六郎之牛麥秋及見證吳狗兒
均經傳案嚴訊事

31 第叁拾貳號十二月三日發信 清麻十月二十五日
為函復致柳原大臣信函抄及荒木六郎受
傷一案復文均經節次抄致該大臣事

32 第叁拾叁號十二月三日發信 清麻十月二十五日
為函復牛麥秋等傳案嚴訊之件事

33 第叁拾肆號十二月六日發信 清麻十月二十八日

為照請戰艦及商船所用旗章繪圖事

34 第叁拾伍號十二月八日收信 清曆十月三十日

為照送旗樣事

35 第叁拾陸號十二月十日收信 清曆十一月初二日

為照稱商輪船所用雙魚旗號現已不用並送改用旗樣事

36 第叁拾柒號十二月十日發信 清曆十一月初二日

為照送柏原大臣致王大臣及孫觀察信函各件事

37 第叁拾捌號十二月十四日收信 清曆十一月初六日

為函致柳原大臣復王大臣信當即轉呈寄
孫觀察信已加封遞津並送生員禹犯供
詞鈔單事

38 備案捨玖號十二月十五日收文 清曆十一月初七日
為照稱日本人在岐萊船破失銀一案追出
須件取具供結事

39 備案捨號十二月十九日發文 清曆十一月十一日
為照復日本人在岐萊船破失銀一案追出
須件取具供結事

40 備案捨壹號十二月二十一日發文 清曆十一月十三日

41 ~~為賀清國皇帝天花之喜事~~
第肆拾貳號十二月二十四日收信（清曆十一月十六日）
為函謝東賀天花之喜並稱皇上現已萬安
事

42 第肆拾叁號十二月二十六日發信（清曆十一月十八日）
為函送派往秘魯觀察華傭情形之專使函
[illegible]主席[illegible]事
（所派查華工情況）

43 第肆拾肆號十二月三十日收信（清曆十一月二十二日）
為函復派往秘魯委員到京將來觀察華工
及情況錄送事

檔 6/7

明治八年發收文信録總目

交際官試補 中島雄編次

第壹號 十一月四日收信

為恭親王函謝偕同各位大臣賀年日時事

第貳號 十一月五日發信

為函復恭親王訂偕同各位大臣賀年日時

事

第叁號 十一月八日發文 清歷同治十三年十二月初一日

為照稱牛麥秋吴狗兒情罪相當事

第肆號 十一月八日收信

為英親王改卜訂加冠年日時事

傍伍號　一月七日發信

為通告英親王改訂加冠年日時事

2 傍陸號　一月十一日發信　清曆十二月初四日

為函繳外務大臣送來公文二件事

3 傍柒號　一月十一日收文　清曆十二月初四日

為照復牛麥秋吳狗兒開釋完案事

4 傍捌號　一月十三日收文　清曆十二月初六日

為照稱同治皇帝崩逝事

5 傍玖號　一月十四日收文　清曆十二月初七日

為照稱同治皇帝遺詔事

6 第拾號一月十四日收文 清曆十二月初七日

為照稱兩宮皇太后懿旨事

7 第拾壹號一月十四日收文 清曆十二月初七日

為照稱嗣皇帝入承大統事

8 第拾貳號一月十五日收文 清曆十二月初八日

為照稱兩宮皇太后垂簾聽政事

9 第拾叁號一月十六日發文 清曆十二月初九日

為照復同治皇帝崩逝哀悼靡[illegible]事

10 第拾肆號一月十六日發文 清曆十二月初九日

為照復一月十四十五等日來文逐一欽悉事

11 傍格號一月十七日收信 清曆十二月初十日

為懇請照舊蓋印仍用常式事

12 傍格號一月二十二日收文 清曆十二月十五日

為照稱劉署[illegible]督兼署通商大臣事

13 傍格號一月二十三日發文 清曆十二月十六日

為照復劉署[illegible]督兼署通商大臣事

14 傍格號一月二十六日收文 清曆十二月十九日

為照稱登極日期事

第拾玖號十一月二十六日收往
為照請轉飭館人于月二十七日如有本幢
攔阻之處並初前往事

15 第貳拾號十一月二十八日發文 清曆十二月二十一日
為照復答擬日期業派委員事

第貳拾壹號十一月二十八日發往
為照復轉飭館人于月二十一日如有本幢
攔阻之處並初前往事

16 第貳拾貳號二月五日收信 清曆十二月二十九日
為照送查訪古巴華工之陳主政等事呈並

此往來照會存就抄本
請照會

刷印呈詞及問答事

17 第貳拾柒號二月十一日收信 清麻光緒元年正月初六日
為函稱陳主政答申呈並呈詞答一如欲閱洋文希到美館同閱事

18 第貳拾捌號二月十九日發信 清麻正月十四日
為函詢朱成功追謚是為何字事

19 第貳拾玖號二月二十四日收信 清麻正月十九日
為函送招工出洋一件與日國丁大臣往來照會抄本事……

20 第叁拾號二月二十五日收信 清麻正月二十日

此係閩浙督等奏抄並旨照會

此內閣奏抄並諭照會

為函復朱成功追諡咨未奉旨並送閩浙總督等奏抄事

21 第貳拾柒號　二月二十五日發信　清曆正月二十日

為函復與日國丁大臣往來照會抄本收閱已悉事

22 第貳拾捌號　三月五日收信　清曆正月二十八日

為函送刷印古巴華工口供及章程事

23 第貳拾玖號　三月六日收信　清曆正月二十九日

為函稱朱成功諡號一件並送內閣奏抄事

24 第叁拾號　三月二十日發信　清曆二月十三日

為照覆刷印古巴華工口供及章程業寄外務並請其一部事

25 第叁拾壹號三月二十日發信 清曆二月十三日
為照覆日閱奏摺業寄存國史館事

26 第叁拾貳號三月二十日發信 清曆二月十三日
為照繳外務大臣送來閩督公文二件事

27 第叁拾叁號三月二十三日收信 清曆二月十六日
為照送刷印古巴華工口供及章程一部事

28 第叁拾肆號三月二十三日收信 清曆二月十六日
為照覆送來公文二件並寄閩省事

48

29 傍叁拾伍號三月二十三日發文 隆熙二月十六日

為照稱外務大臣欽奉之前殷發御旨事

30 傍叁拾陸號三月二十三日發信 隆熙二月十六日

為照會查察欲嗅到京琉球國人之件由照

事

傍叁拾柒號三月二十三日收信

為照復明日太親王不能到署當有送信在臣

在署面商事

30 傍叁拾捌號三月二十五日發文 隆熙二月十八日

為照稱欲嗅到京琉球國人之件事

31 傍叁拾玖號 三月二十七日收文 清曆二月二十日
為咨覆欽頒到京琉球國人之件事

32 傍肆拾號 三月二十八日發信 清曆二月二十一日
為照稱酉涵琉球國人札之之件供帶節略書面
本國事

33 傍肆拾壹號 三月二十八日收文 清曆二月二十一日
為照稱天頭岩石崩毀事

34 傍肆拾貳號 三月三十日發信 清曆二月二十三日
為咨稱三月二十三日照會尚未擬准照復
事

35 第肆拾叁號 三月三十日發文 清曆二月二十三日

為照復孝貞皇后崩逝敬深同感事

36 第肆拾肆號 三月三十一日收文 清曆二月二十四日

為照復呈覽御旨實深感謝事

37 第肆拾伍號 三月三十一日收信 清曆二月二十四日

為函復前接照會業已照復事

38 第肆拾陸號 四月二日收信 清曆二月二十六日

為函復琉球使臣來京之件事

39 第肆拾柒號 四月三日發信 清曆二月二十七日

為函復琉球使臣來京之件即當錄咨本國

事

40. 第肆拾捌號 四月十七日收信 清曆三月十二日

為函送續印古巴華工口供事

41. 第肆拾玖號 五月十四日發信 清曆四月初九日

為函覆續印古巴華工口供業寄外務並另請其一部事

42. 第伍拾號 五月十四日發文 清曆四月初九日

為照稱福島領事著兼轄臺灣淡水事宜事

43. 第伍拾壹號 五月十五日收信 清曆四月初十日

為函送續印古巴華工口供一部事

44 第伍拾貳號六月三日收文 清曆四月二十九日

為照稱沈總督著補授兩江總督兼充通商大臣事

45 第伍拾叁號六月四日發文 清曆五月初一日

為照復沈總督著補授兩江總督兼充通商大臣事

46 第伍拾肆號六月四日發信 清曆五月初一日

~~為照稱福山領事索賠一件照會未接照復事~~ 五月十四日收原書寄來擬准

47 第伍拾伍號六月六日收文 清曆五月初三日

為照復福島領事著兼轄臺灣淡水事宜事

48 第伍拾陸號 七月九日發信 清曆六月初七日

為函稱福原陸軍大佐附駐本館並請速示商約晤日時事

49 第伍拾柒號 七月十日發信 清曆六月初八日

為函稱柳原大臣轉任元老院議官事

50 第伍拾捌號 七月十一日收信 清曆六月初九日

為函復相候日時並請屆時同福原陸軍大佐來叙事 附駐本館

51 第伍拾玖號 七月二十四日發信 清曆六月二十二日

為函請福原陸軍大佐等護照事

第陸拾號 七月二十五日發文 清曆六月二十三日

為照稱東四牌樓六條胡同住房一所作為欽差府事

第陸拾壹號 七月二十六日收信 清曆六月二十四日

為函詢福原陸軍大佐等遊歷約需幾日希覆事

第陸拾貳號 七月二十六日發信 清曆六月二十四日

為函復福原陸軍大佐等遊歷約需日數事

第陸拾參號 七月二十七日收信 清曆六月二十五日

為函復柳原大臣轉任元老院議官事

46 第陸拾肆號 七月二十七日收信 清曆六月二十五日

為函送福原陸軍大佐答謝照事

47 第陸拾伍號 七月三十日收文 清曆六月二十八日

為照復東四牌樓六條胡同住房一所作為欽差府事

58 第陸拾陸號 八月十三日發信 清曆七月十三日

為函送六條胡同住房本契並紅白契事

59 第陸拾柒號 八月十六日收信 清曆七月十六日

為函繳六條胡同住房本契並紅白契事

六十二 六十三 六十四 六十五 六十六 六十七 六十八 六十九

此子號附粹
亦請照寫

60 第陸拾捌號九月二日收文 清曆八月初三日
為照稱郭侍郎許道員著充出使大英國欽差大臣事

61 第陸拾玖號九月二日發文 清曆八月初三日
為照復郭侍郎許道員著充出使大英國欽差大臣事

70 第柒拾號九月二十八日發信 清曆八月二十九日
為函請將未批國條約漢文抄錄事

71 第柒拾壹號九月三十日收文 清曆九月初二日
為照送各部院大臣與各國駐京大臣往來

原摺抄本事

72 第柒拾貳號十月一日發文 清曆九月初三日

為照復各部院大臣與各國駐京大臣往來

原摺業已欽悉事

73 第柒拾叁號十月二日收信 清曆九月初四日

為函復秘國條約漢文俟刊印成本即行

奉送事

第柒拾肆號十月五日發信

為函請指示本日面晤時刻事

第柒拾伍號十月五日收信

為[illegible]月日相候晤事

第柒拾陸號十月十一日收信

為照會轉飭官民本月二十八[illegible]

有不情攔阻之處妥加護衛事

94 第柒拾柒號十月十三日發文 諸歷九月十五日

為照稱公館聽差被偷並請行飭地方查究

本犯事

75 第柒拾捌號十月十三日收文 諸歷九月十五日

為照送中明條約保護執照石摺抄本事

76 第柒拾玖號十月十三日發信 諸歷九月十五日

此本摺冊本本請照會

為西捕英國砲船被朝鮮人毆事

77 第拾號 十月十四日收信 清曆九月十六日

為西復公館磚片被偷一節現已知照統領

衙門轉飭查辦事

78 第拾壹號 十月十四日發文 清曆九月十六日

為照復申明條約保護執照原摺業已歛悉

事

79 第拾貳號 十月十五日收信 清曆九月十七日

為函送秘國條約漢文抄本事

不列號 十一月十日發信 清曆十月十三日

八十三
八十四
八十五

八十八

為函稱池田副領事到任將來自應商酌辦理事

86 第捌拾叁號 十一月二十七日發信 清曆十月三十日

為函稱森外務少輔著充出使大清國欽差全權大臣事

87 第捌拾肆號 十一月二十七日發文 清曆十月三十日

為照稱池田副領事著派駐天津兼轄牛莊芝罘事宜事

87 第捌拾伍號 十一月二十九日收文 清曆十一月初二日

為照復池田副領事著派駐天津兼轄牛莊

九年

並妥事宜事

91 篣撫拾陸號 十二月三日收文 清曆十一月初六日
為照稱郡大臣著在總署行走之事

篣撫拾柒號 十二月五日收信
為郡大臣呈訂晤談日時事

92 篣撫拾捌號 十二月十五日收文 清曆十一月十八日
為照稱陳京堂容閎知著充出使大美日秘
等國欽差大臣事

93 篣撫拾玖號 十二月十七日發文 清曆十一月二十日
為照復郡大臣著在總署行走之事

11/8

九十五
九十六

94 第玖拾號十二月十七日發文 陰曆十一月二十日

為照復駐京掌官同知著充出使大美日秘古國欽差大臣事

第玖拾壹號十二月廿七日發信

為照請訂示展拜部大臣日時事

第玖拾貳號十二月十八日收信

為承部大臣照覆請候日時事

97 第玖拾叁號十二月二十五日收文 陰曆十一月二十八日

為照送游歷護照號式兩紙事

此號式兩紙

81 | 80

62	九月四日發文	清曆八月初五日	為称補約書件事
63	九月六日發信	清曆八月初七日	〃
64	九月十九日發信	清曆八月二十日	〃
65	九月十九日收信	清曆八月二十日	為復議了件事
66	九月十九日收文	清曆八月二十日	〃
67	九月二十一日收信	清曆八月二十二日	〃
68	九月二十二日發信	清曆八月二十三日	〃
69	九月二十三日收信	清曆八月二十四日	〃
	十一月五日發信	清曆十月初八日	為称
	十一月六日收信	清曆十月初九日	為復

12/8

83	十一月二十四日	發信	清曆十月二十七日	西報
84	十一月二十六日	收信	清曆十月二十九日	西復
85	十一月二十六日	收文	清曆十月二十九日	西報
88	十一月二十八日	發文	清曆十一月初一日	西復
90	十二月三日	收文	清曆十一月初六日	西覆
93	十二月二十三日	發信	清曆十一月二十六日	西報
96	十二月二十四日	收信	清曆十一月二十七日	

以上均係補約事件另有成書茲不復錄

雄識

明治九年發收文信錄總目（現年陰曆有閏五月小）

交際官試補中島雄編次

第壹號 十月一日發信

為照詢面晤日時事

第貳號 十月十一日發信

為照覆森大臣明日進城並請定期以便趨會事

第叁號 十月十四日收信

為照覆補候日時並請屆時同森大臣偕臨事

1 第壹號 一月四日發文 清歷光緒元年十二月初八日

為照稱森大臣來京事

2 第貳號 一月五日收文 清歷十二月初九日

為照覆森大臣來京事

3 第參號 一月五日發文 清歷十二月初九日

為照稱公館轎夫被盜並請行飭地面務獲本犯事

第柒號 一月七日收信

為總署王大臣函稱國服期內未敢上堂謝來拜年事

1/4

第捌號一月七日發信
為函復孫係繳某大臣日記事

4

第玖號一月八日發信 清曆十二月十二日
為函請選一良師送至本館勸勉學語生徒事

第拾號一月九日收文 清曆十二月十三日
為函復公館轎房被盜一節當即咨行統領衙門飭屬查辦事

第拾壹號一月九日收信
為覆賀成婚及大臣函稱國服期內未敢致賀並

2/9

訂務商由貼事

第拾貳號十一月十日發信
為函復擬俟議成奏大臣自貼事

8 第拾柒號一月十三日收信清曆十二月十七日
為函稱李中堂處當將雅意代達至於赴韓護照碍難照辦事

9 第拾肆號一月十三日發信清曆十二月十七日
為函復李中堂處仍希先容至於赴韓護照應無碍難事

11 第拾伍號一月十五日收信清曆十二月十九日

為函復李中堂處當即函達海署其大旨設
照一律難以照辦事

15 第拾伍號 一月二十日發信 清曆十二月二十四日
為函稱明晨出都赴見李中堂所有館務暫
命穎川書記官代辦事

16 第拾陸號 一月二十日收信 清曆十二月二十四日
為函復明晨出都所有公事當由本衙門送
交代辦書記官查照事

17 第拾柒號 一月三十一日發信 清曆正月初六日
為函稱已見李中堂回京並請選示赴署日

90

暗亦有附送信函便中湖寄事

第拾玖號二月一日收信（清辰正月初七日）

為函復英候日暗並稱致李中堂信函加封

轉遞事

第貳拾號二月五日收信

為函美衙日暗並各部說大臣富衡甚多決事

事

第貳拾壹號二月七日發信

為函詢明日中午後赴署事

第貳拾貳號二月九日發信

26

為另派補請若干節代請示復事

第貳拾叁號 二月九日收信

為亞復王爺政務殷繁未能詳示另外會

尚可訂約事

第貳拾肆號 二月十日發信

為亞請總署王大臣照約不節之費事

第貳拾伍號 二月十一日收信

為總署王大臣函依來字並稱王爺公務殷繁

囑為函請訂事

第貳拾陸號 二月二十一日發信 清曆正月二十七日

為懇請示獄等處准臨時一觀事

27 第貳拾柒號二月二十五日收信 清曆二月初一日

為照復現有法律諸書一切繫囚之制似亦無庸親歷其地事

29 第貳拾玖號三月六日發信 清曆二月十一日

為照送本國人民出海憑照式樣並地圖事

30 第叁拾號三月七日發文 清曆二月十二日

為照稱品川領事著派任總領事事

31 第叁拾壹號三月十日收文 清曆二月十五日

為照復品川領事著派任總領事事

33 第叁拾壹號 三月十二日收信 清曆二月十七日
為函覆出海憑照並地圖內地名函致南北洋轉飭查照事

34 第叁拾貳號 三月十三日收文 清曆二月十八日
為照稱瓊州關開辦等件事

35 第叁拾叁號 三月十四日發文 清曆二月十九日
為照復瓊州關開辦等件事

36 第叁拾肆號 三月十七日發信 清曆二月二十二日
為函稱我南海諸島人民未即帶有憑照亦認作日本人民事

38 第叁拾伍號 三月二十一日收信 清歷二月二十六日

為函復乃有諸島人民未帶憑照沿海官員無從辨認事

39 第叁拾陸號 三月二十九日發信 清歷三月初四日

為函稱本國人民有事驗照認人無事仍應照常不必對驗事

40 第叁拾柒號 四月三日收信 清歷三月初九日

為函復日本人民前來中國總應一律驗照認人方免誤認事

第叁拾捌號 四月四日發信

為呈請指定通商驗照認人一節日時事

第叁拾玖號四月五日收信

為呈復通商驗照認人一節日時事

第肆拾號四月十五日發信

為呈請尋常辭令日時事

第肆拾壹號四月十六日收信

為呈復催日時事

第肆拾貳號四月十八日發文 清曆三月二十四日

為照會獨孫大臣接晤時同國交涉事宜即交郵

書記官署理事

41

42 房肆拾叁號四月二十八日發信 清曆四月初五日

為照請介添書記生等護照事

43 房肆拾肆號五月二日收信 清曆四月初九日

為照送介添書記生等護照事

~~房肆拾伍號五月十四日發信~~

~~為照稱西曆日晴事~~

44 房肆拾陸號五月十八日收文 清曆四月二十五日

為照覆參森大臣暫時回國交涉事宜即交鄭書記官署理事

45 房肆拾柒號五月十九日收信 清曆四月二十六日

6/9

為函稱上年被竊之案應再咨行該領衙門
迅飭嚴緝事

46 第肆拾陸號五月二十五日發信 清曆五月初二日
為函覆町田實一護照事

47 第肆拾柒號五月二十六日收信 清曆五月初三日
為函送刷印秘密條約漢文底本事

48 第伍拾號五月二十六日收信 清曆五月初三日
為函送刷印吉巴招工一事洋文底本事

49 第伍拾壹號五月二十九日收文 清曆五月初六日
為照稱文書遺失事

此條規抄本
已請照寫

50 第伍拾貳號五月三十日收文 清歷五月初七日

為照送被護船隻條規抄本事

51 第伍拾叁號五月三十一日發文 清歷五月初八日

為照覆文中堂諭遞事

52 第伍拾肆號五月三十一日發文 清歷五月初八日

為照覆前送被護船隻條規抄本咨送本國事

53 第伍拾伍號六月十五日發文 清歷五月二十三日

為照稱美人麻克連著代辦芝罘領事美人德威者代辦牛莊領事事

54 第伍拾陸號六月十六日收信 清歷五月二十四日

55

為咨送兵船所用龍旗式樣事

第伍拾柒號 六月十七日收文 清曆五月二十五日

為照復英人麻克連著代辦英兼領事美人勇德著代辦法領事事

56

第伍拾捌號 六月十八日發信 清曆五月二十六日

為照請示諭行日期并請賞龍旗式樣事

第伍拾玖號 六月十九日收信

為照復候晤日期事

第陸拾號 六月二十日收信

為照訂送行晤期事

57 傍隆拾壹號七月二十九日收文 清歷六月初九日
為照稱李中堂業經全權大臣便宜行事與
英使會商事務事

58 傍隆拾貳號九月二十二日發信 清歷八月初五日
為函請冊本負等護照事

59 傍隆拾叁號九月二十二日收信 清歷八月初五日
為函復冊本負等護照明日斷趕辦不及此
後如有請照之事務該前三日函達本處事

60 傍隆拾肆號九月二十四日收文 清歷八月初七日
為照稱李中堂與英使會議條款暫照所議

辦理事

61 第陸拾伍號九月二十四日收文 清曆八月初七日
為照稱部侍郎李著署理禮部事

62 第陸拾陸號九月二十四日收信 清曆八月初七日
為照送各會議條款事

63 第陸拾柒號九月二十六日收文 清曆八月初九日
為照稱優待條款應從容商議事

64 第陸拾捌號九月二十六日收文 清曆八月初九日
為照稱通商條款應從容商議事

65 第陸拾玖號九月二十七日發信 清曆八月初十日

為函請英安會議條款報部事

66 第柒拾號 九月二十七日收信 清曆八月初十日

為函送英安會議條款報部事

67 第柒拾壹號 九月二十八日收文 清曆八月十一日

為照稱各口租界允收房貨厘金及津艚稅事俟徵西歐議明俟美國會商各國再行定期開辦事

68 第柒拾貳號 十月二日收文 清曆八月十五日

為照稱許大臣著改充使奉日本國會議大臣何編修著充副使事

69 第六拾六號 十月二日收文 清曆八月十五日
為照得本國另外著充出使大英國副領事事

第六拾柒號 十月二十四日發信
為照請訂定面候日時事

第六拾捌號 十月二十六日收信
為照覆候晤日時事

第六拾玖號 十月二十四日收信
為照訂候晤日時事

70 第七拾號 十月三十一日發文 清曆九月十五日
為照覆修復道路及充收洋貨官鈔洋銀稅事

理保徽省件事

71 第柒拾捌號十一月一日收信 清歷九月十六日

為密補破盜一節現已密行統領衙門事

92 第柒拾玖號十一月二日發信 清歷九月十七日

為密飭統領衙門派員查勘被盜情形事

第捌拾號十一月四日發信

為密請相候日時事

93 第捌拾壹號十一月十三日收文 清歷九月二十七日

為照稱海安輪船駛往東洋事

第捌拾貳號十一月十四日發信

10/9

此四件例譯漢文
未譯照會

74
為照會請指示期日事
第捌拾柒號十一月十五日發文 清歷九月三十日
為照覆編安輪船駛往東洋一節並送驗照
轉咨本國事
第捌拾肆號十一月二十五日收信
為照覆保護時日事

75
第捌拾伍號十一月二十二日發信 清歷十月初七日 發
為照覆查販賣鴉片烟律例譯漢文並請即飭
出使大臣知照本行事

76
第捌拾陸號十二月二十五日收信 清歷十月初十日

為函復已抄原照及附送聚賓鴉片烟律例譯漢文咨行許大臣事

第捌拾柒號十一月二十七日收信

為照請客辦日事

77 第捌拾捌號十二月七日發信 清曆十一月二十二日

為照詢山東省經如何賑濟事

78 第捌拾玖號十二月十一日收信 清曆十月二十六日

為函復山東省僅有偏災向係奏報成熟者官

員賑撫事

79 第玖拾號十二月十二日收文 清曆十月二十七日

為照稱上海租界內不再抽厘並存票完限
兩條事

80 照致拾壹號十二月十二日收文 清曆十月二十七日
為照稱洋商貨票經認者應總署行文事

照致拾貳號十二月十二日收信
為照古准新聞事

81 照致拾叁號十二月十三日發文 清曆十月二十八日
為照復上海租界內不再抽厘並存票完限
兩條業已查悉事

82 照致拾肆號十二月十三日發文 清曆十月二十八日

83

為嚴禁書寫[illegible]者在[illegible]行走事　清[illegible]十月三十日

係拾伍號　十二月十五日收信

為[illegible]掌子部事

係拾陸號　十二月十一日收信

為[illegible]大臣[illegible]事

係拾柒號　十二月二十一日收信

為[illegible]事

係拾捌號　十二月二十[illegible]日收信

為[illegible]請[illegible]事

係拾玖號　十二月三十一日收信

12/9

為許仙屏大臣表[illegible]書

此外

22 二月十二日收文 清曆正月十八日 底

25 二月十五日發文 清曆正月二十七日 |

28 三月三日收文 清曆二月初八日 |

以上均係補綴書信另有成書茲不複錄

又

6 一月九日發信 清曆十二月十三日 存稿

7 一月九日收信 清曆十二月十三日 存底

10 一月十四日收信 清曆十二月十八日 存稿

12 一月十五日發文 清曆十二月十九日 補

13 一月十八日收文 清曆十二月二十二日 後

14 一月十九日發文 清曆十二月二十三日 後

17 一月二十二日收信 清曆十二月二十六日 後

18 一月二十九日收文 清曆光緒二年正月初四日 後

21 二月一日發文 清曆正月初七日 後

23 二月十二日收文 清曆正月十八日 |

28 二月十四日發文 清曆正月二十日 |

32 三月十二日發信 清曆二月十七日 |

37 三月十九日收信 清曆二月二十四日 |

13/9

以上共引係記潮事件另有成書爰不復錄　雄識

明治十年發收文信錄總目

交際官試補中島雄編次

第壹號十月二十日收信

爲本欽差大臣函稱國服期內未
敢晉賀並訂晤叙日時事

第貳號十月二十日收信

爲沈兼署大臣函稱國服期內未敢晉賀並
訂晤叙日時事

第叁號十月二十日收信

爲李欽差大臣函稱國服期內未敢晉賀並

節略敘日時事

1 第肆號 一月八日發信 清曆光緒二年十二月二十四日

為函詢地方大吏借用之洋款雖任後如何

辦償事

2 第伍號 一月十一日收信 清曆十一月二十七日

為函復辦償借用之洋款勿不論本官之有

無遷調事故事

3 第陸號 一月十八日收文 清曆十二月初五日

為照稱許大臣著發往福建差委何大臣著

改充出使大日本國欽差大臣張知府著

1/10

此抄件亦
照寫

充副使事

4 第柒號一月十九日發文 清曆十二月初六日
為照復許大臣著派往福建差委何大臣著
改充出使大日本國欽差大臣張知府著
充副使事

5 第捌號一月二十八日收文 清曆十二月十五日
為照送蘇稅司申復上海租界內不再抽厘
並存案定限收本事

6 第玖號一月二十九日發文 清曆十二月十六日
為照復蘇稅司申復已業查悉事

旧新章程
七拐第一
清正信

7 第拾號一月二十九日收文 清曆十二月十六日
為照送舊行土貨章程撮要及新擬土貨防弊章程抄本事

8 第拾壹號二月六日收文 清曆十二月二十四日
為照稱進口洋藥為正貨併納釐金一舉兩便事

9 第拾貳號二月六日發文 清曆十二月二十四日
為照詢我國某船載運洋藥事

10 第拾叁號二月十一日來信 清曆十二月二十八日
為照詢何大臣往顧事

第拾肆號三月十一日收信
為何大臣要覆俟明春再覆詢問事
第拾伍號三月十四日發信
為照詢各款答覆並請將所有各件分送各部院
事
10 第拾陸號二月十五日收文 清歷光緒三年正月初三日
為照復現定洋藥併徵釐稅辦法已咨各國
應一律知悉事
11 第拾柒號二月十六日發信 清歷正月初四日
為照詢葡國瑪港知事兼署欽差事務之件

12

已否照會事

第拾捌號二月十七日收信

為恭賀國服期內未敢言賀並訂相候日時

事

第拾玖號二月十七日收信

為照復各部院大臣均往總署相候不必重

來前往事

第貳拾號二月十九日收信 清曆正月初七日

為照復瑪港知事兼署香欽差之件未准照會

事

3/10

13 第貳拾壹號 二月十九日發信 清曆正月初七日

為函詢天津附近地方教案情形事

14 第貳拾貳號 二月十九日發信 清曆正月初七日

為函請長瀨陸軍中尉護照事

15 第貳拾叁號 二月二十日收信 清曆正月初八日

為函復委員經該總統即時剿辦事

16 第貳拾肆號 二月二十二日收信 清曆正月初十日

為函稱禁地以外溫泉可以前往事

17 第貳拾伍號 二月二十三日收信 清曆正月十一日

為函送長瀨陸軍中尉護照事

第弍拾陸號三月十五日發信
為函約西諾侯日晤事
第弍拾柒號三月十四日收信
為照覆改自侯日晤事
18 第弍拾捌號三月十二日收文 清曆正月二十八日
為照覆宜昌蕪湖溫州北海四處開辦各件事
19 第弍拾玖號三月十三日發文 清曆正月二十九日
為照覆宜昌蕪湖溫州北海四處開辦各件事

4/10

20 第參拾號 三月十七日收信 清曆二月初三日
為函稱失物一事派員査驗事

21 第參拾壹號 三月十九日發信 清曆二月初五日
為函復失物一事並面告田畝事

22 第參拾貳號 三月二十日收信 清曆二月初六日
為函稱將揚姓提往詰究事

23 第參拾參號 三月二十一日發信 清曆二月初七日
為函稱湯山假寓擾累再四殊出情理之外
事

24 第參拾肆號 三月二十三日收信 清曆二月初九日

七供筆片
亦請匪寫

25 第壹拾伍號 三月二十三日發信 清曆二月初九日
為照復湯山村民為難之事轉飭地方妥為開導事

26 第壹拾陸號 三月二十四日收信 清曆二月初十日
為函請門馬等護照內填注張辛酉名字事

27 第壹拾柒號 三月二十七日收信 清曆二月十三日
為照復由津發給照內未便添入人名另送門馬等三名及張辛酉護照事

28 第壹拾捌號 三月三十一日發信 清曆二月十七日
為函送楊姓供筆片事

4/10

此片亦請照寫

29 第叁拾玖號四月二日收信 清歷二月十九日
為[illegible]逆楊姓被冤懇添兵事
為函復應救此次來函並另單咨行統領舘門事

30 第肆拾號四月五日發文 清歷二月二十二日
為照復舊款土貨章程業已閱悉事

第肆拾壹號四月七日發信
為函稱送來之西食想係來人全錯即煩送本館居事

第肆拾貳號四月十五日收信

為照復日食條約出使日本欽差大臣何如璋
年號插書稱號事

31 第肆拾叁號四月十日發信 清曆三月二十七日
為函送英文外交便覽十部事

32 第肆拾肆號四月十六日收信 清曆三月初三日
為函謝英文外交便覽十部事

33 第肆拾伍號四月二十日發信 清曆三月初七日
為函請島陸軍中尉護照事

34 第肆拾陸號四月二十三日收信 清曆三月初十日
為函送島陸軍中尉護照事

6/16

第肆拾叁號四月三十日發信

為咨詢何大臣何時來行事

第肆拾肆號四月三十日收信

為何大臣函復行期約在五月初并稱日間當

趨晤事

35

第肆拾伍號五月二日收文 清曆三月十九日

為照稱劉大臣著改充出使大德國欽差大

臣事

36

第肆拾陸號五月三日發文 清曆三月二十日

為照復劉大臣著改充出使大德國欽差大

臣事

37 傍伍拾壹號五月三日收信 清厤三月二十日

為函稱楊世樑特無見證如得一質證較劢

為力事

38 傍伍拾貳號五月六日發信 清厤三月二十三日

為函復楊世樑見證無如不得其人並請更

為勸假函探事

~~傍伍拾叁號五月七日發信~~

~~為函請示恭和日晤事~~

39 傍伍拾肆號五月八日收信 清厤三月二十五日

7/10

為函復楊世祿一案由本衙門抄錄各節片
行統領衙門事
第伍拾伍號五月八日收信
為德大臣函送[illegible]赫總稅[illegible]稿事
第伍拾陸號五月九日收信
為函復有休日時事
40 第伍拾柒號五月二十二日發信 清曆四月初十日
為函詢烏魯木齊將軍有否挪借洋款之權
事
41 第伍拾捌號五月二十五日收信 清曆四月十三日

為山東等處被災地方各國均有捐銀款為欣悅事

42 第伍拾玖號五月二十六日收信（清曆四月十四日）

為函復烏魯木齊將軍因何挪借洋款並未據奏明事

43 第陸拾號五月三十日發信（清曆四月十八日）

為函請門馬答護照並詢該生應如何究辦事

44 第陸拾壹號六月二日發信（清曆四月二十一日）

為函催門馬答護照事

8/10

45 第肆拾伍號六月二日收信 清曆四月二十一日

為函復本衙門發給護照專為游歷而設諮問馬各歷赴天津照章辦理事

46 第肆拾陸號七月三日收信 清曆五月二十三日

為函稱楊世樑矢口不移而添惠暗殺未便再行久羈事

47 第肆拾柒號七月四日發信 清曆五月二十四日

為函復楊世樑可以釋放並詢確據謀害否提案事

48 第肆拾捌號七月十五日收信 清曆六月初五日

屯件底及伊讯抄存五请照写

比来信译文呈请照写

為函送統領衙門片覆陳五無憑傳訊報本
事

49 第陸拾陸號七月二十九日收信 清曆六月十九日

為函送烏陸事中尉原函事

50 第陸拾柒號七月三十日發信 清曆六月二十日

為函送烏陸事中尉來信譯文並請設法展
限護照須遞抵本署事 着

51 第陸拾捌號八月二日收信 清曆六月二十三日

為函復烏陸事中尉展限護照寄至盛京以
便領持事

9/10

42 第陸拾玖號八月三日發信 清曆六月二十四日

為移綏長瀨陸軍中尉護照事

43 第柒拾號八月十一日收文 清曆七月初三日

為照稱大通安慶武穴陸溪口沙市五處輪船暫停寄件試辦日期事

44 第柒拾壹號八月十四日發文 清曆七月初六日

為照復大通等五處輪船暫停寄件試辦日期業已知悉事

第柒拾貳號九月二十七日發信

為照請示復臨敘日時事

第柒拾叁號九月二十九日收信

為函復借晤日時事

第柒拾肆號十月十四日收信

為函訂借晤日時事

第柒拾伍號十一月十五日發信

為函復擇借日時事

抄 第柒拾陸號十二月一日發信 清曆九月二十六日

為函繳烏陸軍中尉護照並謝優遇事

抄 第柒拾柒號十二月十二日發信 清曆十月初八日

為函稱跟僕張三失物並請提訊周三及見

此件希承
請照行

記錢舖夥伴事

60 房柒拾捌號十一月十四日收信 清曆十月初十日

為函復張三失物一案已片行統領衙門事

61 房柒拾玖號十一月十九日收文 清曆十月十五日

為照送古巴華工條款抄本事

62 房捌拾號十一月二十一日發文 清曆十月十七日

為照復古巴華工條款應無庸深事

64 房捌拾壹號十一月二十五日收信 清曆十月二十一日

為函稱周二及錢舖夥伴與來文互異請

交出張三以憑質訊事

65

63 48 40 45

第捌拾貳號十一月二十六日發信清歷十月二十二日

為函復孫將張三送交並請轉交統領衙門

事

此外

十月三十日收信清歷九月二十四日 孫

十月三十一日發信清歷九月二十五日 俊

十一月二日發文清歷九月二十七日 孫

十一月二十四日收文清歷十月二十日 俊

以上均係特約事件另有成書茲不復錄

雄識

11/10

明治十二年發收文信錄總目

交際官試補中島雄編次

第壹號一月廿日收信

為總署王大臣函賀新年並預訂賀年日期事

1 第貳號一月十一日收信 十二月初九日 清曆光緒三年

為函送張三供詞事 此係訂本 請回覆

2 第叁號一月十五日發信 曆十二月廿三日

為函復周順應如何辦理之處權在簡官張

三亦無辭事

了 ~~第肆號十二月二十三日收信~~
~~為□□□□□□年□事~~

由 第伍號一月三十一日收信 清曆十二月二十九日
為照送統領衙門片稱張三失物一案抄本事 此件□□存

外 第陸號一月三十一日收文 清曆十二月二十九日
為照送保衛上海口岸章程事

~~第柒號二月四日發信~~
~~為照賀清國新年並請□□賀年□□事~~

卜 第捌號二月八日發文 清曆光緒四年正月初七日

為函復保衛上海口岸章程業已閱悉事
第玖號二月八日收信
為總署王大臣函賀新年日時事
第拾號二月十五日發信
為函送致崇將軍賀年信函事
6 第拾壹號二月十五日發信 清曆正月十四日
為函請公法便覽五部事
7 第拾貳號二月十八日收信 清曆正月十七日
為函送公法便覽五部事
8 第拾叁號二月二十四日收文 清曆正月二十三日

為照稱部大臣著兼充出使法國欽差大
臣事

9
第拾肆號二月二十五日發文 清曆二月二十四日
為照復部大臣著兼充出使大法國欽差大
臣事
第拾伍號三月十四日收信
為陳法臣回國辭行日時事
第拾陸號三月十五日發信
為照復接陳法臣日時事

10
第拾柒號三月十五日發文 清曆二月十二日

為照福安縣副領事著升任領事事

13 第拾捌號三月二十日發信 清曆二月十七日

為函謝恆春鄉人救護遭風難商並請將寄金轉送給領事

14 第拾玖號三月二十日收文 ● 清曆二月十七日

為照復安縣副領事著升任領事事

15 第貳拾號三月二十日收信 ● 清曆二月十七日

為函送充復新埔諭旨抄本事 山諭旨抄本 五請照會

16 第貳拾壹號三月二十三日收信 清曆二月二十日

為函復難商遇救無恙甚為欣悅並稱欲寄

20 19 18 17

仝轉知台湾道縣各處遵照辦理事

21 第貳拾貳號 四月六日發文 清曆三月初四日
爲照稱出城逃去之本館書記生及學習人
等遇着拔童惡少事

22 第貳拾參號 四月六日收信 清曆三月初四日
爲函復拔童惡少當即抄録照會片行統領
衙門緝獲究辦事

23 第貳拾肆號 四月十一日發信 清曆三月初九日
爲函催本國學話人欲留東京頌另給照一
節事

3/11

25 第貳拾伍號四月二十四日發文 清曆三月二十二日

為照稱森大臣欽奉石同脩通公務並鄭書記官署理事

第貳拾陸號四月二十四日發信

為照詢辭行日時並請選示光臨日時事

第貳拾柒號四月二十五日收信

為照復大侯並送行日時事

26 第貳拾捌號四月二十八日收文 清曆三月二十六日

為照復森大臣欽奉右同脩通公務並鄭書記官署理事

27 第貳拾柒號五月二十五日收文 清歷四月二十四日

為照稱長江通商統共章程變通兩節事

28 第貳拾捌號五月二十八日發文 清歷四月二十七日

為照復長江通商統共章程變通兩節業已閱悉事

29 第叁拾壹號六月二十三日收文 清歷五月二十三日

為照稱宗侍郎著充出使大俄國欽差大臣事

30 第叁拾貳號六月二十四日發文 清歷五月二十四日

為照復宗侍郎著充出使大俄國欽差大臣事

4/11

31 傍奏拾叁號六月二十六日發信　清曆五月二十六日

為函請長瀨陸軍中尉等護照事

32 傍奏拾肆號六月二十八日發信　清曆五月二十八日

為函請長瀨陸軍中尉等遊觀大喇嘛寺護照事

33 傍奏拾伍號六月三十日收信　清曆六月初一日

為函送長瀨陸軍中尉等護照並稱照內開石碣

雖叙明觀廟字樣函致熱河都統事

34 傍奏拾陸號七月十一日發信　清曆六月十二日

為函請飭出各省地丁銀兩數目事

35 傍叁拾伍號七月十一日發信 清歷六月十二日

為函請將給勲牌樣式畫說事

36 傍叁拾陸號七月二十六日發信 清歷六月二十七日

為函催各省地丁銀兩數目及勲牌樣式畫說事

37 傍叁拾柒號七月二十七日發信 清歷六月二十八日

為函繳長頭陸軍中尉等護照事

38 傍叁拾捌號七月二十七日收信 清歷六月二十八日

為函復各省地丁銀兩數目及勲牌樣式畫

正此業亦
該名室

議准咨行知戶兵二部俟複到日再行奉
遵事

39 傍肆拾壹號八月十四日收信 隨廠七月十六日
為函送各省丁賦額及功牌式樣事函議敘
加答批准事

40 傍肆拾貳號八月十五日發信 隨廠七月十七日
為函謝各省丁賦額及功牌式樣事函議敘
加答批准事

41 傍肆拾叁號八月十五日發信 隨廠七月十七日
為函詢河南省額征有無虧數並甘肅林等處

42

丁數事

第肆拾肆號八月十六日收信 清曆七月二十日

為照復河南省額征並無浮數及吉林等處

丁數無從確查事

第肆拾伍號八月十九日發信

為照請示稽候宗大臣日時事

第肆拾陸號八月二十二日收信

為宗大臣照復相候日時事

43

第肆拾柒號八月二十四日收文 清曆七月二十六日

為照稱宗大臣者作為全權大臣便宜行事

6/11

44 房肆拾捌號八月二十四日收文 清歷七月二十六日

為照稱王侍郎周府尹著在總署行走事

45 房肆拾玖號八月二十六日發文 清歷七月二十八日

為照復崇大臣著作為全權大臣便宜行事

46 房伍拾號八月二十六日發文 清歷七月二十八日

為照復王侍郎周府尹著在總署行走事

47 房伍拾壹號八月二十七日收文 清歷七月二十九日

為照稱曾京堂著派充出使大英國大法國事

欽差大臣郭大臣著回京供職事

48 第伍拾貳號八月二十七日收文 清曆七月二十九日

為照稱李道鳳苞著署理出使大德國欽差大臣劉大臣著回京供職事

49 第伍拾叁號八月三十一日發文 清曆八月初四日

為照復曾京堂著派充出使大英國大法國欽差大臣郭大臣著回京供職事

50 第伍拾肆號八月三十一日發文 清曆八月初四日

為照復李道鳳苞著署理出使大德國欽差大臣劉大臣著回京供職事

第伍拾伍號九月十日收信
為棠大臣晤言答辦日期事
第伍拾陸號九月八日收信
為唐兩大臣晤言答辦日期事
第伍拾柒號九月十二日發信
為與大臣答辦主唐兩大臣日期事
第伍拾捌號九月十三日收信
為主唐兩大臣會復撫恤日期事
外 第伍拾玖號十一月六日收信 附冊十頁 計二日
為函送閩浙總督答咨稱已將寄金分送件

左外事交涉
四寫

春喜丸船戶鄉人一節收本事 清厤十一月二十二日

52 第譯拾號十二月十五日收文
爲照送古巴華工條款成本事

47 第譯拾壹號十二月十六日發文 清厤十一月二十三日
爲照覆古巴華工條款已知悉事

此外

11 三月十五日發信 [illegible] 清厤二月十二日

12 三月十七日收信 同 清厤二月十四日

17 三月二十六日發信 清厤二月二十三日

18 三月三十一日收信 清厤二月二十八日

8/11

24 2019

四月二日收信 陽曆二月三十日

四月四日發信 清曆三月初二日

四月二十日收信 清曆三月十八日

以上均係特約事件另有成書茲不復録

雄識

11/b

明治五年至十七年在清我公使館與總署往復公信目録 卷二

明治十二年發收文信錄總目

交際官試補中島雄編次

第壹號 一月十一日收信

為總署王大臣函賀新年並請訂賀年日時事

第貳號 一月十三日發信

為照復總署王大臣賀新年訂賀年日時事

1 第叁號 一月十五日收信 清曆光緒四年十二月二十三日

為函謝施濟晉豫災黎事

2 第肆號 一月十六日發信 清曆十二月二十四日

為亞洛俟拖濟晉孫洪泰一節來函抄送本國
事

第伍號十一月二十二日發信

為亞呈遞國書並請訂賀年日時事

第陸號十一月二十五日收信

為總署王大臣照覆賀年日時事

3

第柒號三月一日發文 清曆光緒五年二月初九日

為函稱礦強水一節並請日本商民免稅者

咨照各國成例辦理事

4

第捌號三月九日收文 清曆二月十七日

為照復礦强水一節並請日本商民完稅各物表照各國成例辦理事

5 第玖號 三月十日發信 清曆二月十八日

為函詢照復文內關字是否國字之誤事

6 第拾號 三月十二日收信 清曆二月二十日

為函復照內關字原係國字寫誤並請改正事

7 第拾壹號 三月三十日發信 清曆三月初八日

為函復津海關所發之護照事

第拾貳號 四月四日收信

爲照譯轉飭官民三月二十二二十九告白
事勿前往東安朝鮮開明沿邊事

係拾叁號 四月五日發信
爲照譯轉飭官民三月二十二二十九告白
事勿前往東安朝鮮開明沿邊事

8 係拾肆號 四月二十五日發文 舊曆閏三月初五日
爲照稱兵戶大臣到京並請訂示晤會日時
事

9 係拾伍號 四月二十六日收文 舊曆閏三月初六日
爲照復兵戶大臣到京並請訂示晤會日時

2/12

事

第拾陸號四月二十八日收文

為總署大臣照擇拜日晤事

第拾柒號四月二十九日發文

為照復接候總署大臣由日晤事

第拾捌號五月一日發文

為照請來館王大臣書漢談會晤日期事

10 第拾玖號五月二日收文 清曆閏三月十二日

為照稱何大臣著補授翰林院侍講事

11 第貳拾號五月三日發文 清曆閏三月十三日

13 · 12

為照複荷大臣著補授翰林院侍講事

係貳拾壹號五月四日收文

為恭親王照複荷候日晤再補授掌事一堂現未

銷假事

係貳拾貳號五月十一日收文

為恭親王照稱若[illegible]日晤事

係貳拾叁號五月十二日發文

為照複俟恭親王日晤事

14

係貳拾肆號五月十六日收文 [illegible]曆閏三月二十六日

為照稱本道員著派充出使德國大臣事

3/12

17 16

15 第貳拾伍號五月十八日發文 清曆閏三月二十八日

為照復李道員等派充出使德國大臣事

18 第貳拾陸號六月四日發信 清曆四月十五日

為請代添大藏省書記官護照事

14 第貳拾柒號六月六日收信 清曆四月十七日

為照送代添大藏省書記官護照事

20 第貳拾捌號六月十一日發信 清曆四月二十二日

為照繳津海關所發之護照事

21 第貳拾玖號六月十七日發信 清曆四月二十八日

為照繳代添大藏省書記官護照事

26 25 24

22 第參拾號 七月十四日發文 清曆五月二十五日
為照稱駐劄天津池田副領事着昇任正領事事

23 第參拾壹號 七月十九日收文 清曆六月初一日
為照復駐劄天津池田副領事着昇任正領事事

27 第參拾貳號 八月十八日發信 清曆七月初一日
為照請島村陸軍中尉發給護照事

28 第參拾參號 八月二十二日收信 清曆七月初五日
為照送島村中尉發給護照事

陸軍中尉

4/12

34 33 32 31 30 29

35 第叁拾伍號 十月一日發信 清曆八月十六日
為照請荼士近一護照事

36 第叁拾陸號 十月四日收信 清曆八月十九日
為照送荼士近一護照事

37 第叁拾柒號 十月七日發文 清曆八月二十二日
為照稱寺島外務卿轉任文部卿井上工部卿作著外務卿事

38 第叁拾捌號 十月九日發信 清曆八月二十四日
為照請花旗蘭等護照事

39 第叁拾玖號 十月十一日收信 清曆八月二十六日

為函送花坂圓等護照事

40 係叁拾玖號十月二十五日收文 清曆九月初十日

為照稱邵道員著署理出使俄國大臣事

42 係肆拾號十月二十七日發文 清曆九月十二日

為照復邵道員著署理出使俄國大臣事

43 係肆拾壹號十月三十一日收文 清曆九月十六日

為照復寺島外務卿轉文部卿井上工部卿

併著外務卿事

44 係肆拾貳號十一月八日收文 清曆九月二十四日

為照稱滿侍郎崇閔學均著在總署行走事

41

仁
12

第肆拾叁號十一月九日發信
為照請總署王大臣赴宴事

外

第肆拾肆號十一月十一日發文 清歷九月二十七日
為照復禮部侍郎崇閣學均著在總署行走事

第肆拾伍號十一月十二日收信
為總署王大臣函復公務較繁不克赴宴心
領推謝事

第肆拾陸號十一月十五日收信
為禮部崇大臣函訂拜晤日時事

第肆拾柒號十一月十六日發信

48 為照復與侯麟崇為大臣日晤事
房肆拾捌號十一月十七日發信 清曆十月初四日
為照覆花旗國答照事
57 房肆拾柒號十二月二十九日發文 清曆十一月廿七日
為照稱英人巴爾治納代辦牛莊本國領事事
事務事
此外
12 五月十日收文 清曆閏三月二十日
13 五月十二日發文 清曆閏三月二十二日
16 五月三十一日收信 清曆四月十一日

17 五月三十一日發信 清曆四月十一日

24 七月二十四日收文 清曆六月初六日

25 七月二十五日發文 清曆六月初七日

26 八月二日發文 清曆六月十五日

29 八月二十二日收文 清曆七月初五日

30 八月二十三日發文 清曆七月初六日

31 九月二十日收信 清曆八月初五日

32 九月二十一日發信 清曆八月初六日

33 九月二十二日發信 清曆八月初七日

34 九月二十四日收信 清曆八月初九日

41 十月二十六日發文 清歷九月十一日

46 十一月十三日發信 清歷九月二十九日

47 十一月十五日收信 清歷十月初二日

48 十一月二十八日收信 清歷十月十五日

49 十一月二十九日發信 清歷十月十六日

50 十二月七日收信 清歷十月二十四日

51 十二月八日發信 清歷十月二十五日

52 十二月九日收信 清歷十月二十六日

53 十二月十二日收信 清歷十月二十九日

54 十二月十三日發信 清歷十一月初一日

7/12

55 56

十二月十四日收信（清曆十一月初二日）

十二月十五日發信（清曆十一月初三日）

以上均係琉球事件另有成書茲不復錄

雄識

明治十三年發收文信錄總目

交際官試補中島雄編次

第壹號十二月十日收信

為總署王大臣照覆來年正月賀年日晤事

第貳號一月三日收文 清曆光緒五年十一月二十二日

為照覆英人巴爾治納代辦牛莊本國領事事務事

第叁號一月三十日發信

為函復總署王大臣預訂賀年日晤事

北京往程冊
来翰 也写

2 第肆號 一月十二日收文 清曆十二月初一日

為照送保護上海河岸章程事

3 第伍號 一月二十三日發文 清曆十二月十二日

為照復保護上海河岸章程與前議比較文

為答覆事

第陸號 二月十一日發信

為照覆貴國新年並請訂賀年日時事

4 第柒號 二月十三日收文 清曆光緒六年正月初四日

為照稱曾京卿着派充出使俄國大臣事

第捌號 二月十四日收信

承總署王大臣函復賀晤日時事

第玖號 二月十六日發文 清曆正月初七日

為照覆袁書京卿着派充出使俄國大臣事

第拾號 二月十九日收文 清曆正月初十日

為照稱李前尚書艮着仍在總署行走事

第拾壹號 二月二十三日發文 清曆正月十四日

為照復李前尚書着仍在總署行走事

第拾貳號 三月十八日收信

為本大臣函訂賀晤日時事

第拾叄號 三月二十八日發信

為要覆英使森安臣日晤事

8 第拾肆號三月十六日發文 清曆二月初六日

為照會代辦牛莊本國領事更換姓名字樣

事

9 第拾伍號三月二十四日收文 清曆二月十四日

為照覆代辦牛莊本國領事更換姓名字樣

事

10 第拾陸號三月二十四日發信 清曆二月十四日

為函請山根武亮發照事

11 第拾柒號三月二十七日收信 清曆二月十七日

2/13

為函送山根武亮給諭照事

13 第拾捌號四月五日收文 二十六日（清曆二月）

為照柳閣者烏石一帶山地禁止私租買事

14 第拾玖號四月五日發信 二十六日（清曆二月）

為函請花坂圖護照事

16 第貳拾號四月七日發文 二十八日（清曆二月）

為照復柳閣者烏石一帶山地禁止私租買事

18 第貳拾壹號四月九日收信 三十日（清曆二月）

為函送花坂圖護照事

23 第貳拾貳號五月三日發信 二十四日（清曆三月）

為函請山野一介簽護照事

24 第貳拾叁號五月五日收信 清歷三月二十六日

為函送山野一介簽護照事

25 第貳拾肆號五月十二日發信 清歷四月初四日

為函請簽新地秀言護照事

26 第貳拾伍號五月十四日收信 清歷四月初六日

為函送新地秀言護照事

27 第貳拾陸號五月二十六日發信 清歷四月十八日

為函稱梶山達事以佐附駐本館事

第貳拾柒號六月十三日收信

3/18

此上諭抄本
請照寫

為劉大臣函訂會晤日時事

第貳拾捌號 本月十四日發信

為函請將覆函轉送劉大臣事

28 第貳拾玖號 七月三日收信 清歷五月二十六日

為函送崇大臣暫免罪名之上諭抄件事

28 第叁拾號 七月四日發信 清歷五月二十七日

為函覆崇大臣暫免罪名之上諭業已欽悉事

第叁拾壹號 七月九日收信

為函復寄劉大臣信並請代為轉交事

30 第叁拾貳號七月二十三日發信 清曆六月十七日
為函繳刷地秀言護照並請將名片兩張煩
致書中丞任方伯事

31 第叁拾叁號七月二十五日發文 清曆六月十九日
為照稱竹添領事著管理天津通商事

32 第叁拾肆號七月二十五日發文 清曆六月十九日
為照稱栽撤厦門領事館該口通商事宜著
上海總領事兼管事

34 第叁拾伍號七月二十八日收文 清曆六月二十二日
為照復竹添領事著管理天津通商事宜事

38、39、40

此上諭抄本請照寫

42

36 第叁拾陆號七月二十八日收文 清曆六月二十二日

為照復裁撤廣府領事館設口通商事宜著

上海總領事兼管事

38 第叁拾柒號八月一日收信 清曆六月二十六日

為函復大片兩張當即封寄署中丞任方伯

原給蕭地秀言之護照亦經收到事

40 第叁拾捌號八月十二日收信 清曆七月初七日

為函送崇大臣即行開釋之上諭抄事

42 第叁拾玖號八月十三日發信 清曆七月初八日

為函請函查詢官護照事

第肆拾號八月十四日發信 清歷七月初九日

為函復崇大臣即行開釋之上諭業已欽悉事

第肆拾壹號八月十四日收信 清歷七月初九日

為函送西書記官諮照事

第肆拾貳號八月十五日發信 清歷七月初十日

為函請將護照轉交西書記官事

第肆拾叁號八月十八日收信 清歷七月十三日

為函復將護照轉交西書記官事

第肆拾肆號九月三十日發信 清歷八月二十六日

為函緘津海關於發之護照事

64 第肆拾伍號十月十日發信（清曆九月初七日）

為函送條約稿本並請閱後送回事

68 第肆拾陸號十月十七日發信（清曆九月十四日）

為函緘津海關於發之護照事

74 第肆拾柒號十一月五日發信（清曆十月初三日）

為函緘花旗人護照事

68 第肆拾捌號十一月二十二日收文（清曆十月二十日）

為照稱毛前當書著仍在總署行走事

第肆拾玖號十一月二十二日收信

83

為毛大臣承訂稱晤日時事

82 第伍拾號十一月二十三日發文（清歷十月二十一日）

為照復毛前尚書著仍在總署行走事

第伍拾壹號十一月二十三日發信

為照復拱候毛大臣日晤事

第伍拾貳號十一月二十五日發信

為照稱現因患病不克拱候毛大臣事

84 第伍拾叁號十二月二日發信（清歷十一月初一日）

為照請晤面事

85 第伍拾肆號十二月六日發文（清歷十一月初五日）

為函稱許編修著派充出使日本國大臣事

86 第伍拾伍號 十二月七日發文 清曆十一月初六日

為照復許編修著派充出使日本國大臣事

第伍拾陸號 十二月八日發信

為函稱前已安排當與侯毛大臣事

第伍拾柒號 十二月十日收信

為毛大臣函復約晤日期事

89 第伍拾捌號 十二月十四日收信 清曆十一月十三日

為函稱現已行查崔倫大臣確查西書記官消息事

第伍拾玖號十二月十五日收信

為許大臣西訪會晤時事

第陸拾號十二月十七日發信

為函復與俟許大臣會晤事

88 第陸拾壹號十二月十八日收信 清曆十一月十七日

為函復時憲書散放無存事

88 第陸拾貳號十二月二十二日收信 清曆十一月二十一日

為函稱洪昌胡同空房一節事

99 第陸拾叁號十二月二十三日發信 清曆十一月二十二日

為函復洪昌胡同空房一節事

第陸拾肆號 十二月二十五日發信
為函訂答拜毛許兩大臣日時事

第陸拾伍號 十二月二十六日收信
為許大臣函復擬俟日晴事

第陸拾陸號 十二月二十七日收信
為毛許兩大臣函稱誤會日時致失迎迓不敢再勞事

91 第陸拾柒號 十二月二十七日收信 清歷十一月二十六日
為函繳條約類纂并請檢送一部事

12 三月二十九日發信 清曆二月十九日

15 四月五日收信 清曆二月二十六日

17 四月七日發信 清曆二月二十八日 祢

19 四月十日發信 清曆三月初一日 祢

20 四月十一日收信 清曆三月初二日 度

21 四月十九日收信 清曆三月初十日 祢

22 四月二十日發信 清曆三月十一日 度

23 七月二十六日發信 清曆六月二十日 祢

24 七月二十六日發文 清曆六月二十日 祢

28 八月五日收信 清曆六月三十日 度

45 八月五日收文 清曆六月三十日 度

46 八月七日發信 清曆七月初二日 祢

47 八月十三日收信 清曆七月初八日 祢

48 八月十四日發信 清曆七月初九日 度

49 八月十九日發信 清曆七月十四日 祢

50 八月三十一日發信 清曆七月二十六日 祢

51 九月一日收信 清曆七月二十七日 度

52 九月四日發信 清曆七月三十日 祢

53 九月八日收信 清曆八月初四日 度

54 九月十三日收信 清曆八月初九日 祢

55 九月二十日發信 清曆八月十六日 復

56 九月二十二日收信 清曆八月十八日 復

57 九月二十六日發信 清曆八月二十二日 復

58 九月三十日收信 清曆八月二十六日 復

60 十月一日發信 清曆八月二十七日 復

61 十月四日發信 清曆九月初一日 秣

62 十月五日收信 清曆九月初二日 復

63 十月八日發信 清曆九月初五日 復

65 十月十日收信 清曆九月初七日 復

66 十月十日收文 清曆九月初七日 秣

9/13

64 十月十一日發信 清曆九月初八日 復

68 十月十一日收信 清曆九月初八日 復

77 十月十九日發信 清曆九月十六日 復

71 十月十九日收信 清曆九月十六日 復

72 十月十九日發信 清曆九月十六日 復

93 十月二十四日收信 清曆十月二十一日 復

34 十月二十五日發信 清曆十月二十二日 復

76 十一月七日收信 清曆十月初五日 復

77 十一月十七日收文 清曆十月十五日 移

78 十一月十八日發信 清曆十月十六日 移

79 十一月十八日收信（清曆十月十六日） 復

89 十一月十九日發信（清曆十月十七日） 復

83 十一月二十三日發文（清曆十月二十一日） 署

92 十二月二十七日發文（清曆十一月二十六日） 照社

93 十二月二十七日發信（清曆十一月二十六日） 照社

以上均係琉球事件另有成書妥不復錄

雄識

10/10

明治十四年發收文信録總目

交際官試補中島雄編次

第壹號十二月二十日收信

爲總署王大臣函賀新年並預訂賀年日期事

第貳號十二月廿六日收信

爲許大臣函賀新年並預訂賀年日時事

第叁號十二月廿七日發信

爲函復總署王大臣預訂賀年日時事

第肆號十一月七日發信

為照復事大臣預訂賀年日時事

4

第伍號 一月十一日發文 清曆十二月十二日

為照復吳戶大臣奉咨同國田邊參贊暫作

署理欽差事

第陸號 一月十二日收文 清曆十二月十三日

為照復吳戶大臣奉咨同國田邊參贊暫作

署理欽差事

第柒號 一月十三日發信

為再訂話別許大臣日時事

第捌號 一月十三日收信

13 12 11 10

為許大臣函復接候日時事

第玖號 一月十四日發信 清曆十二月十五日

為函請戶大臣回國沿途妥為照料事

第拾號 一月十七日收信

為總署大臣函訂答拜日時事

第拾壹號 一月十七日收信

為許大臣函請送往日時事

14 第拾貳號 一月十八日收信 清曆十二月十九日

為函復戶大臣回國沿途妥為照料事

15 第拾叁號 一月二十五日收信 清曆十二月二十五日

為函稱駐寄各督撫飭屬加意保護宍戶大臣回國沿途事

第拾肆號十一月三十日發信

為咨覆貴國新年並請訂賀年日期事

第拾伍號十二月十一日發信

為咨覆許大臣新年並請訂賀年日期事

第拾陸號十二月十一日收信

為許大臣函復賀年日期事

第拾柒號十二月三日收信

為總署王大臣函復賀年日期事

16 第拾捌號二月七日收文 清曆光緒七年正月初九日

為照稱沈中堂溘逝事

17 第拾玖號二月九日發文 清曆正月十一日

為照復沈中堂溘逝事

第貳拾號二月十六日收信

為許大臣函訂話別日期事

第貳拾壹號二月十七日發信

為函復按依許大臣日期事

18 第貳拾貳號二月二十五日發信 清曆正月二十七日

為函繳西書記官照會兩張並謝照拂事

19 榜貳拾叁號二月二十五日收信 清曆正月二十七日

為函送西書記官原信事

榜貳拾肆號二月二十七日發信

為函請許大臣即擬出謹事以便得見茱遊艱事

榜貳拾伍號二月二十八日收信

為許大臣函覆茱遊艱字事

不列號二月二十八日發信

為函請擬出謹事以便狩訪茱遊艱字時事

不列號二月二十八日收信

為葉游擊與訂恭候梶山陸軍少佐日時事

20 第貳拾陸號三月一日發信 清曆二月初二日

為照復西書記官原信為經收悉並謝多承周折事

21 第貳拾柒號三月二日收文 清曆二月初三日

為照稱左中堂著在總署行走事

22 第貳拾捌號三月四日發文 清曆二月初五日

為照復左中堂著在總署行走之事

第貳拾玖號三月九日收信

為左中堂函訂拜晤日時事

23 第叄拾號三月十二日發信 清曆二月十三日

為照請西書記官護照事

24 第叄拾壹號三月十三日收信 清曆二月十四日

為照送西書記官護照事

第叄拾貳號三月十九日發信

為照送宗方大臣致總署王大臣照信事

25 第叄拾叄號四月八日收文 清曆三月初十日

為照稱黎道員派充出使日本國大臣事

26 第叄拾肆號四月八日收文 清曆三月初十日

為照送中外往來儀式節略事

此儀式節略亦請照寫

4/14

27 第叁拾伍號四月十日發文 清曆三月十二日
為照覆茲遣員派充出使日本國大臣事

28 第叁拾陸號四月十日發文 清曆三月十二日
為照覆中外往來儀式節略業已領悉事

29 第叁拾柒號四月十一日收文 清曆三月十三日
附抄
為照稱本年慈安皇太后鸞馭上賓事

30 第叁拾捌號四月十一日收文 清曆三月十三日
附抄
為照稱本年慈安皇太后鸞馭上賓設常事
件不得不稍緩時日事

31 第叁拾玖號四月十一日收文 清曆三月十三日

為照拜李道員老爺兼充出使奧義和各國大
臣事

32 房肆拾號四月十三日發文（清曆三月十五日）

為照復大行慈安皇太后慈馭上賓薄海哀
悼事（前此）

33 房肆拾壹號四月十三日發文（清曆三月十五日）

為照復大行慈安皇太后慈馭上賓貿易常事
件不得不稍緩時日事（前此）

34 房肆拾貳號四月十四日發文（清曆三月十六日）

為照復李道員老爺兼充出使奧義和各國大

臣事

35 第肆拾叁號四月十五日收文 清曆三月十七日

為照稱許大臣丁憂事

36 第肆拾肆號四月十八日發文 清曆三月二十日

為照復許大臣丁憂事

第肆拾伍號四月二十四日收信

為紹署大臣西溪安貞大臣呈信事

37 第肆拾陸號四月二十九日收文 清曆四月初二日

為照稱粵督擬派留糧道專辦交涉事件事

38 第肆拾柒號五月二日發文 清曆四月初五日

為照覆欽命督撫派督糧道專辦交涉事件事

39 第肆拾捌號五月四日發信（清曆四月初七日）

為函請山本陸軍少佐護照事

40 第肆拾玖號五月九日發文（清曆四月十二日）

為照稱奉旨申諭恭奉慈安皇太后懿旨（前此）賞事

41 第伍拾號五月九日收信（清曆四月十二日）

為函送山本陸軍少佐護照事

42 第伍拾壹號五月十八日發信（清曆四月二十一日）

為函請將護照轉交山本陸軍少佐事

43 第伍拾貳號六月十四日收信 清曆五月十八日

為函復將護照轉交山本達雪以佐事

44 第伍拾叁號六月二十五日收文 清曆六月二十九日

為照稱鄭道員著派充出使美日秘魯國大臣事

45 第伍拾肆號六月二十八日發文 清曆六月初三日

為照復鄭道員著派充出使美日秘魯國大臣事

46 第伍拾伍號七月九日發信 清曆六月十四日

為函請三河卧水護照事

47 第伍拾陸號七月十日收信 清曆六月十五日

為函送三河卧水護照事

48 第伍拾柒號七月二十八日收文 清曆七月初三日

為照送美國續修條約事 附清曆十三日

49 第伍拾捌號七月三十日發文 清曆七月初五日

為照復美國續修條約准此閱悉事

50 第伍拾玖號七月三十一日發信 清曆七月初六日

為函請提山陸軍少佐等護照事

51 第陸拾號八月二日收信 清曆七月初八日

為函送提山陸軍少佐等護照事

第陸拾壹號八月十二日收信
為鄭大臣函訂書辦由晤事
第陸拾貳號八月十七日發信
為函詢何拜鄭大臣日晤事
第陸拾叁號八月十八日收信
為鄭大臣覆會晤誤日時事
く2
第陸拾肆號八月十八日發信 清曆七月二十四日
為函繳津海關所發之護照事
く3
第陸拾伍號八月二十六日發信 清曆閏七月初二日
為函請發勝許等護照事

〢〤 第貳拾肆號八月二十九日收信 清曆閏七月初五日
為函送齋藤幹筆談事

〢〥 第貳拾伍號九月三日收信 清曆閏七月初十日
為函送中俄改訂條約事

〢〦 第貳拾陸號九月四日發信 清曆閏七月十一日
為函覆中俄改訂條約業經閱悉事

〢〧 第貳拾柒號九月十九日收文 清曆閏七月二十六日
為照送德國續修條約事

〢〨 第貳拾捌號九月二十一日發文 清曆閏七月二十八日
為照覆德國續修條約當即咨我外務事

59 第弍拾壹號十月八日發信 清曆八月十六日

為函復齋藤李等護照事

60 第弍拾弍號十月十七日發信 清曆八月二十五日

為函復山本陸軍少佐護照兩張並謝照料事

61 第弍拾叁號十月二十二日發信 清曆八月三十日

為函請山本陸軍少佐等護照事

62 第弍拾肆號十月二十五日收信 清曆九月初三日

為函送山本陸軍少佐等護照事

第弍拾伍號十月二十五日收信

為函請轉飭官民九月二十一二十二兩日如有
不情攔阻之處並勿前往事

第柒拾陸號十一月一日收信
為稟大臣函詢拜晤日時事

第柒拾柒號十一月五日發信
為函詢拜參大臣日時事

第柒拾捌號十一月六日收信
為稟大臣函復換候日時事

63 第柒拾玖號十一月十四日發信 清曆九月二十三日
為函謝山東地方官照料遇風難民事

第捌拾號十一月二十日收信

為秘大臣函訂話別日時事

第捌拾壹號十一月二十二日發信

為函訂拜晤秘大臣日時事

64 第捌拾貳號十一月二十四日收信 清曆十月初三日

為照復山東地方官照料遇難民事

65 第捌拾叁號十一月二十八日收文 清曆十月初七日

為照稱中俄新訂約章已在俄都互換事

66 第捌拾肆號十一月二十八日收信 清曆十月初七日

為函稱未經照復之照會一節事

67 第捌拾伍號十二月二日發文（清曆十月廿一日）
為照復中俄新訂條章已在俄都互換事

68 第捌拾陸號十二月二日發信（清曆十月十一日）
為發給礮臺山陸軍少佐寺護照事

69 第捌拾柒號十二月六日收信（清曆十月十五日）
為函稱查詢太平寺物件情形事

90 第玖拾號十二月二十四日收文（清曆十一月初四日）
為照稱周前府尹著仍在總署行走事

71 第捌拾玖號十二月二十七日發文（清曆十一月初七日）
為照復周前府尹著仍在總署行走事

卅外

1 一月三日收文 清曆光緒六年十二月初四日 復

2 一月三日收信 清曆十二月初四日 復

3 一月五日發文 清曆十二月初六日 復

5 一月十一日收文 清曆十二月十二日 復

7 一月十二日收信 清曆十二月十三日 復

8 一月十三日發信 清曆十二月十四日 復

10 一月十四日收信 清曆十二月十五日 復

11 一月十五日發文 清曆十二月十六日 復

12 一月十六日收文 清曆十二月十七日 復

13月十七日發文 清曆十二月十八日 度

以上均係琉球事件另有成案茲不復錄

雄識

11/14

明治十五年發收文信錄總目

交涉官試補 中島雄編次

第壹號 一月四日收信

爲總署王大臣函稱國服期內未便致賀事

即新年亦未致賀事

第貳號 一月八日收信

爲總署王大臣函送各部院大臣名片事

第叁號 一月九日收信

爲總署大臣函詢過晤日時事

第肆號 一月十一日發信

為照覆總署王大臣函稱國服期内未便致賀貴國新年亦未敢將儀並送各部院尤見多佳事

第伍號十一月十一日發信

為照覆接候總署大臣日時事

1 第陸號二月二十四日發信 清曆光緒八年正月初七日

為照繳山本陸軍少佐等護照之事

2 第柒號二月二十七日發信 清曆正月初十日

為照請核辦太平寺互爭物件事

3 第捌號三月五日收信 清曆正月十六日

1/8

為函復太平吉互爭物件諭知照辦並請傳
知王四隨弁領取事

4 第拾貳號三月十七日發信（清歷正月二十八日）
為函請鹽谷信好護照並繳三河卧水護照
事

5 第拾參號三月十八日收信（清歷正月二十九日）
為函送鹽谷信好護照並補三河卧水護照
業已銷訖事

6 第拾肆號三月二十八日發信（清歷正月二十九日）
為函請美浦持剛護照事

7 第拾貳號三月二十八日收文（清曆二月初十日）

為照稱輪船欲往閩省臺灣地方務須為知照以免致有疎虞事

8 第拾叁號三月三十一日收信（清曆二月十三日）

為函送美浦特聞護照事

9 第拾肆號四月一日發文（清曆二月十四日）

為照復輪船欲往閩省臺灣地方務須為知照以免致有疎虞事

10 第拾伍號四月七日收文（清曆二月二十日）

為照稱毛富書呈請照事

11 第拾陸號四月十一日發文 清曆二月二十四日
為照復毛尚書溘逝事
12 第拾柒號四月二十二日收文 清曆三月初五日
為照稱陳副憲着在總署行走事
13 第拾捌號四月二十五日發文 清曆三月初八日
為照復陳副憲着在總署行走事
第拾玖號四月二十五日收信
為陳大臣函訂拜晤日時事
14 第貳拾號五月六日發信 清曆三月十九日
為函請梶山陸軍少佐等護照事

此書章程
立請照寫

15 傍貳拾壹號五月八日收信（清歷三月二十一日）
為函送梶山陸軍少佐等護照事

16 傍貳拾貳號六月二十五日收文（清歷五月初十日）
為照送船貨保險記據事

17 傍貳拾叁號六月二十八日發文（清歷五月十三日）
為照復船貨保險記據事業經轉行知照事

18 傍貳拾肆號七月十二日收文（清歷五月二十七日）
為照送巴西國條約事

19 傍貳拾伍號七月十三日收文（清歷五月二十八日）

為照稱游歷照內一々註明所到之處事

20 第貳拾陸號七月十三日收信 清曆五月十八日

為函稱查找失去馬匹一事事

21 第貳拾柒號七月二十日發文 清曆六月初六日

為照復巴西國條約當即抄寄本國事

22 第貳拾捌號七月二十日發文 清曆六月初六日

為照復游歷照內一々註明所到之處一節

業已閱悉事

23 第貳拾玖號七月二十一日發信 清曆六月初七日

為函繳據山陸軍少佐菅野美浦拼函護照

並請佐杏敬心護照事

24 第叁拾號 七月二十四日收信 清曆六月初十日

為函送佐杏敬心護照並稱將梶山陸軍少佐并賢美浦持兩護照查銷事

第叁拾壹號 七月二十七日發信

為函詢李爵張大臣日晤事

30 第叁拾貳號 九月九日發信 清曆七月二十七日

為函請花坂圓護照事

71 第叁拾叁號 九月十一日收信 清曆七月二十九日

為函送花坂圓護照事

39 第叁拾肆號 九月十四日發文 清曆八月初三日
為照稱英人班廸諾以本國領事官銜辦理
牛莊通商事務事

38 第叁拾伍號 九月十九日收文 清曆八月初八日
為照復英人班廸諾以本國領事官銜辦理
牛莊通商事務事

35 第叁拾陸號 十月一日發文 清曆八月二十日
為照稱島村書記生補授駐劄天津副領事
並知照赴任視事
事

37 第叁拾柒號 十月四日收文 清曆八月二十三日

為照復島村書記生補授駐劄天津副領事

事

38 第叁拾捌號十月七日發信（清曆八月二十六日）

為函繳鹽谷信好護照事

39 第叁拾玖號十月二十五日發文（清曆九月十四日）

為照稱頃承大臣進京並請豫訂日期以便

前往晤會事

40 第肆拾號十月二十七日收文（清曆九月十六日）

為照復頃承大臣進京並請豫訂日期以便

前往晤會事

第肆拾壹號十月三十一日收信
為總署未申明訂各拜日時事

41 第肆拾貳號十一月十三日發信 清歷十月初三日
為函請已故石崎書記生之孫扶柩回國護照事

42 第肆拾叁號十一月十三日收信 清歷十月初三日
為函送已故石崎書記生之孫扶柩回國護照事

43 第肆拾肆號十一月二十七日收文 清歷十月十七日
為照稱中俄新訂茶稅一事

此章程按
照請照寫

44 第肆拾伍號十二月五日發文 清曆十月二十五日
為照復中俄新訂條稅一事

45 第肆拾陸號十二月十五日收文 清曆十一月初五日
為照稱洋商船隻完納鈔課一事

46 第肆拾柒號十二月十八日收信 清曆十一月初八日
為函送新舊漢洋兩文船鈔章程事

47 第肆拾捌號十二月十九日發信 清曆十一月初九日
為函謝新舊漢洋兩文船鈔章程並無不妥事

48 第肆拾玖號十二月二十五日發文 清曆十一月十五日

6/14

為照覆洋商船隻完納鈔課一事

此外

25 八月七日收文 清曆六月二十四日 移
26 八月十日發文 清曆六月二十七日 覆
27 八月十日收信 清曆六月二十七日 移
28 八月十七日發文 清曆七月初四日 移
29 八月十九日收文 清曆七月初六日 覆
34 九月三十日收文 清曆八月十九日 移
36 十月一日發文 清曆八月二十日 覆

以上均係朝鮮事件另有成書茲不復録

明治十六年發文信錄總目

交際官試補中島雄編次

第壹號　十一月二日收信

爲總署王大臣函訂敘晤日時並補申貴國新年尚在國服期內仍未敢遽詣賀事

第貳號　十一月三日發信

爲函復總署王大臣函訂敘晤日時並補申貴國新年尚在國服期內仍未敢遽詣賀事

第叁號　十一月四日收信

爲總署王大臣函稱擬改會晤日時事

第肆號一月五日發信

為照復接候總署王大臣日時事

1 第伍號一月十三日發信 清曆光緒八年十二月初五日

為照謝駐高清官款待花房公使一事

2 第陸號一月二十九日發信 清曆十二月二十一日

為照稱輕木板課稅一事

3 第柒號二月三日收信 清曆十二月二十六日

為照復輕木板課稅一事

第捌號二月十四日發信

為照訂會晤總署王大臣日時事

第玖號二月十四日收信

為總署王大臣函復候晤日時事

4 第拾號二月十七日收信 清曆光緒九年正月初十日

為函稱錢靜涵一案事

5 第拾壹號二月二十八日收文 清曆正月二十一日

為照稱吳府丞着在總署行走事

6 第拾貳號三月一日發文 清曆正月二十二日

為照復吳府丞着在總署行走事

第拾叁號三月九日收信

為吳大臣函訂拜晤日時事

第拾肆號三月十一日發信
為函復擬候吳大臣面晤事

7 第拾伍號三月十三日發信 清曆二月初五日
為函請楊澤新譯照事

8 第拾陸號三月十五日收信 清曆二月初七日
為函復款待花房公使等一節函達北洋轉
行飭知事

9 第拾柒號三月十六日收信 清曆二月初八日
為函送楊澤新譯照事

第拾捌號三月十九日發信

2/16

為西班牙欽差大臣日斯巴事

10 第拾玖號四月六日收信 清歷三月二十九日

為函稱輕木板課稅一事事

11 第貳拾號四月十六日發信 清歷三月初十日

為函復輕木板課稅一事事

12 第貳拾壹號五月一日收信 清歷三月二十五日

為函復錢靜涵一案事

13 第貳拾貳號五月三日發信 清歷三月二十七日

為函復錢靜涵一案事

14 第貳拾叁號五月四日收信 清歷三月二十八日

為函復輕木板課稅一事事
第貳拾肆號　五月十七日發信
為函詢有晤某親王日時事
第貳拾伍號　五月十九日發信
為某親王要復損傷日時事
第貳拾陸號　五月二十三日發信
為某親王暨宮宗謙周奢大臣函詢答拜日時
事
第貳拾柒號　五月二十三日發信
為函復接伏某親王暨宮宗謙周奢大臣日時

事

第貳拾捌號六月十八日發信

為呈請面商日晤事

15 第貳拾玖號六月二十一日收文 清曆五月十七日

為照復洋商船隻完納鈔課一事事

16 第叁拾號六月二十六日發信 清曆五月二十二日

為函稱福島陸軍大尉附駐本館事

17 第叁拾壹號六月二十八日發信 清曆五月二十四日

為函繳楊譯員護照事

18 第叁拾貳號六月二十九日收信 清曆五月二十五日

此日期抄單
主請並留

此改繕抄單存件
其誤照留

為函復福島陸軍大尉附駐本館事

19 係叁拾叁號七月二十一日收文 清曆六月十七日

為照稱中外令節應行慶賀並送日期抄單事

係叁拾肆號七月二十四日發信

為照請訂示面議日期事

20 係叁拾伍號七月二十五日收信 清曆六月二十一日

為函送附改繕抄單之原照會一件事

21 係叁拾陸號七月二十五日發文 清曆六月二十一日

為照復中外令節應行慶賀一層均已閱悉

22 第叁拾叁號七月二十五日發信 清曆六月二十一日

事

為函繳佑香故心護照事

第叁拾肆號七月二十六日收信

為函復會訊日期事

23 第叁拾伍號八月二十二日發信 清曆七月二十日

為函請收字護照事

24 第肆拾號八月二十五日收信 清曆七月二十三日

為函送收字護照事

25 第肆拾壹號八月三十日收信 清曆七月二十八日

此四件今抄本
未請照寫

為函送前復法國羅大臣照會抄本一件事

26 第肆拾貳號 十一月八日發信 清曆十月初九日
為函請井上陳啟議照事

27 第肆拾叁號 十一月十日收信 清曆十月十一日
為函送井上陳啟議照事

28 第肆拾肆號 十一月十四日收信 清曆十月十五日
為函稱朝鮮運商章程尚未核准俟奏准後
再行函佈事

29 第肆拾伍號 十一月十六日收文 清曆十月十七日
為照稱清法現在事件事

北京子花砂布
在請照會

30 第肆拾陸號十一月二十一日發文 清曆十月二十二日
為照稱本省行走派駐芝罘代理領事事
第肆拾柒號十一月二十一日發信
為函請訂明會晤日時事

31 第肆拾捌號十一月二十四日收文 清曆十月二十五日
為照復本省行走派駐芝罘代理領事事

32 第肆拾玖號十一月二十四日收信 清曆十月二十五日
為函送朝鮮通商章程抄本事

33 第伍拾號十一月二十五日發信 清曆十月二十六日
為照復輕木板課稅一事事

34 第伍拾壹號 十一月二十五日發信 清曆十月二十六日
為函謝朝鮮通商章程抄本事

35 第伍拾貳號 十一月二十六日發文 清曆十月二十七日
為照稱町田本省行走派駐香港代理領事
兼管廣州汕頭瓊州事宜事

36 第伍拾叁號 十二月一日收文 清曆十一月初二日
為照復町田本省行走派駐香港代理領事
兼管廣州汕頭瓊州事宜事

37 第伍拾肆號 十二月六日收文 清曆十一月初七日
為照稱張副憲著在總署行走之事

38 第伍拾捌號 十二月六日發文（清曆十一月初七日）
為照稱榎本大臣暫時回國本館公務暫交吉田書記官署理事

39 第伍拾玖號 十二月七日發文（清曆十一月初八日）
為照復派員謁見者在總署行之事
第陸拾號 十二月七日發信
為函謝周函大臣枉顧並祖餞事

40 [illegible]號 十二月七日收信（清曆十一月初八日）
為函稱接奉奏請賞給榎本大臣寶星先行函知事

41 不利號十二月八日發信 清曆十一月初九日

為承貸按察奏請賞給澤率某名感謝事

42 第伍拾捌號十二月十一日收文 清曆十一月十二日

為照復接承大臣暫時回國本館公務予鄭郎交

吉田書記官署理事

第伍拾玖號十二月十六日收信

為張大臣函訂存晤日時事

43 第陸拾號十二月二十日發信 清曆十一月二十一日

為承派收字錯謬事

第陸拾壹號十二月二十日發信

弟子[illegible]張大臣[illegible]

佛[illegible]十二月二十日[illegible]信

為張大臣[illegible]相[illegible]

1100

此處封照面狀
亦請照寫

明治十七年發收文信錄

交際官試補中島雄編次

第壹號 十月二十日收信

爲總署王大臣函賀新年並預訂賀年日時事

第貳號 十一月三十日發信

爲函復總署王大臣預訂賀年日時事

第叁號 一月十三日收信 十二月十六日 清曆光緒九年

爲函送致榎本大臣之賀年各件暨彙封照會事

2

第肆號一月十七日發信 陰曆十二月二十日

為函覆寄還各件暨密封照會抄敷撥款記附

便轉達複本大臣事

3

第伍號一月十八日發文 陰曆十二月二十一日

為照稱京太政官行文派充駐箚天津領事

並請發給文憑事

第陸號一月二十九日發信

為照覆貴國新年並請訂賀年日時事

第柒號二月三日發信

為照覆大臣晤面訂賀年日時事

1/17

此文源紙缺本
承請照會

4 第捌號二月八日收文 清國光緒十年正月十二日
為照復原大政官行之派充駐劄天津領事
並請轉交文憑事

5 第玖號二月十五日收信 清曆正月十九日
為函稱天津領事文憑一節事

6 第拾號二月十六日發信 清曆正月二十日
為函復天津領事文憑一節事

7 第拾壹號二月十九日發文 清曆正月二十三日
為照稱天津領事文憑式樣不符應候外務
大臣聲覆事

8 第拾貳號 二月二十一日收文 清歷正月二十五日

為照復天津領事文憑式樣並無不符知照、黎大臣轉達外務省事

9 第拾叁號 三月十六日發信 清歷二月十九日

為函請收字護照事

10 第拾肆號 三月十九日收信 清歷二月二十二日

為函送收字護照事

11 第拾伍號 三月二十七日發文 清歷三月初一日

為照復天津領事文憑事

12 第拾陸號 三月二十九日發信 清歷三月初三日

2/17

為函請歷年改編監獄清冊事

13 第拾柒號四月三日發文 清曆三月初八日

為與各國大臣達衙照請查核上海重件事

14 第拾捌號四月十五日收文 清曆三月二十日

為照稱慶親王暨周學士著在總署行走事

15 第拾玖號四月十八日發文 清曆三月二十三日

為照復慶郡王暨周學士著在總署行走事

16 第貳拾號四月二十一日收文 清曆三月二十六日

為照復收記天津領事文憑事

17 第貳拾壹號四月二十一日收文 清曆三月二十六日

為照稱閣部書許侍郎均著在總署行走事

18 第貳拾貳號 四月二十二日發文 清曆三月二十七日

為照覆閣部書許侍郎均著在總署行走事

19 第貳拾叁號 四月二十二日發信 清曆三月二十七日

為函繳井上陳政護照事

20 第貳拾肆號 五月二日收文 清曆四月初七日

為照稱許侍講張允出使法德兼駐義和奧

各國大臣事

21 第貳拾伍號 五月五日發文 清曆四月初十日

為照覆許侍講張允出使法德兼駐義和奧

3/17

等國大臣事

第貳拾陸號五月七日收信

為閣許周大臣函訂論晤日時事

第貳拾柒號五月八日發信

為函復擬俟閣許周大臣日時事

第貳拾捌號五月十二日發信

為函請訂明來署閣許周大臣日時事

第貳拾玖號五月十二日收信

為閣許周大臣函復擬俟日時事

第叁拾號五月十四日收信

為許大臣函訂拜晤日時事

第叁拾壹號五月十五日發信

為函復屆擬候許大臣日時事

第叁拾貳號五月十七日收信

為慶郡王函訂拜晤日時事

第叁拾叁號五月十八日發信

為函復屆擬候慶郡王日時事

第叁拾肆號五月二十二日收文 清曆四月二十七日

為照復請查上海軍件事

第叁拾伍號五月二十三日發信

為咨請答拜許大臣日時事

第叁拾陸號五月二十六日發信

為咨請詳明答拜慶郡王日時事

第叁拾柒號五月二十八日收信

為慶郡王函復相候日時事

23 第叁拾捌號五月三十日發信 清曆五月初六日

為函稱輕木板課稅一事

24 第叁拾玖號六月三日收信 清曆五月初十日

為函復輕木板課稅一事

25 第肆拾號六月六日收信 清曆五月十三日

為函送面議節略事
第肆拾壹號六月十日收信
為許大臣函訂辭行日時事
第肆拾貳號六月十一日發信
為函復擬往許大臣日時事
第肆拾叁號六月十二日收信
為函訂往談日時事
第肆拾肆號六月十二日發信
為函復前往日時事
第肆拾伍號六月十三日發信

為函達送許大臣之意事

26 第肆拾陸號六月十四日發文 清歷五月二十一日

為照稱洋商船隻完納鈔課一事事

27 第肆拾柒號六月十五日收信 清歷五月二十二日

為函稱東請民一節事

28 第肆拾捌號六月十六日發信 清歷五月二十三日

為函復東請民一節事

29 第肆拾玖號六月十六日收文 清歷五月二十三日

為照稱咨派通員著往總署學習行走事

30 第伍拾號六月十七日發文 清歷五月二十四日

為照復張道員若在總署會晤行之事

71 第伍拾壹號 六月十七日發文 清曆五月二十四日

為與各國大臣連銜照請查核上海案件事

32 第伍拾貳號 六月十九日收文 清曆五月二十六日

為照復洋商船隻完納鈔課一事

第伍拾叁號 六月二十日收信

為張大臣函訂預晤日時事

33 第伍拾肆號 六月二十日發文 清曆五月二十七日

為照稱安藤書記官派充駐紮上海領事兼管鎮江漢口九江寧波事宜事

係伍拾伍號六月二十一日發信
為函復務探候張大臣日時事

附

係伍拾陸號六月二十四日收文 清曆閏五月初二日
為照復委派藤書記官派充駐劄上海領事兼管鎮江漢口九江寧波事宜事

係伍拾柒號六月二十七日發信
為照訂約務與張大臣會晤時事

孫

係伍拾捌號六月三十日收文 清曆閏五月初八日
為照稱福寬西尚書錫總憲孫侍郎廖學士明
均著在總署行走之事

此係材料底抄
本請照寫

38 第伍拾玖號七月一日發文 清曆閏五月初九日
為照復福寬西當書錫鑑總憲徐侍郎慶學士
並著在總署行走事

37 第陸拾號七月十日發信 清曆閏五月十八日
為函送複本大臣給寄之叙封恩得事

第陸拾壹號七月十五日收信
為福寬謙大臣函訂拜晤日時事

第陸拾貳號七月十六日發信
為函復拱候福寬謙大臣日時事

38 第陸拾叁號七月十九日收文 清曆閏五月二十七日

為照稱清官法現在仕事件事

39 第唯拾壹號 七月二十二日收文 清曆六月初一日
為照稱法國兵船進口擬暫行諸寔事

40 第唯拾伍號 七月二十二日發信 清曆六月初一日
為照詢置買房地應辦之處事

41 第唯拾陸號 七月二十三日發信 清曆六月初二日
為照稱素清民一節事

42 第唯拾柒號 七月二十四日收信 清曆六月初三日
為照復置買房地應辦之處事

43 第唯拾捌號 七月二十六日收信 清曆六月初五日

為平復東寧民一節事

44 第陸拾玖號七月二十七日發文 清曆六月初六日

為照得清法現在事件事

第柒拾號七月二十八日發信

為照請示諒察并福島尚太宰日時事

45 第柒拾壹號七月三十日收信

為福島尚太宰垂覆拙候日時事

第柒拾貳號八月七日收文 清曆六月十七日

為照請轉飭福州兵船毋令兵丁登岸事

46 第柒拾叁號八月八日發文 清曆六月十八日

為照稱英人崇利代辦駐劄廈門李德領事
事務事

47 第肆拾柒號八月十日發文（清歷六月二十日）
為照會轉飭福州兵船毋令兵丁登岸事

48 第肆拾捌號八月十三日收文（清歷六月二十三日）
為照復英人崇利代辦駐劄廈門李德領事
事務事

49 第肆拾玖號八月十四日收文（清歷六月二十四日）
為照稱清法現在事件事

50 第伍拾號八月十八日發文（清歷六月二十八日）

為照復遵清法現在事件事
51 第柒拾捌號八月十八日收文 清曆六月二十八日
為照稱清法現在事件事
52 第柒拾玖號八月二十一日發文 清曆七月初一日
為照復清法現在事件事
53 第捌拾號八月二十五日收文 清曆七月初五日
為照稱清法現在事件事
54 第捌拾壹號八月二十六日收文 清曆七月初六日
為照請清法現在事件未完飭商毋得僱給
煤火事

55 傍捌拾貳號八月二十七日收文 清曆七月初七日

為照得閩省現將堵塞水路各國兵商各船

自應暫緩出入事

56 傍捌拾叁號八月二十九日收信 清曆七月初九日

為函請撥送應行更換之照會事

57 傍捌拾肆號八月二十九日發信 清曆七月初九日

為函送應行更換之照會事

傍捌拾伍號八月二十九日收信

為鈔錄各參大臣函訂會晤日時事

傍捌拾陸號八月三十日發信

此照會只送一件
未請照會

為函覆本大臣進京，在適不便，於館中候
錫侍郎大臣事

58 第捌拾柒號 八月三十一日發文 清曆七月十一日
為照稱復承大臣同往事

第捌拾捌號 九月十一日發信
為函訂前往日晤事

59 第捌拾玖號 九月三日收文 清曆七月十四日
為照復承大臣同往事

60 第玖拾號 九月三日收信 清曆七月十四日
為函送事摺照會暨存照會各壹件事

10/17

61 第玖拾壹號　九月三日收文 清歷七月十四日

為照稱清法現在事件遵奉諭旨妥爲保護

各國商民事

第玖拾貳號　九月六日收信

為總署王大臣函訂會辨日時事

第玖拾叁號　九月六日發信

為照復擬候總署王大臣日時事

62 第玖拾肆號　九月八日收文 清歷七月十九日

為照復上海事件事

63 第玖拾伍號　九月十一日發文 清歷七月二十二日

為照覆看有法現在事件遵奉諭旨盡力保護

各國商民事

64 係玖拾陸號九月十一日發信（清啟七月二十二日）

為函覆照會一件業經領收事

係玖拾柒號九月十八日發信

為函訂拜晤慶郡王閣中堂許大臣日時事

65 係玖拾捌號九月十八日收信

為慶郡王閣中堂許大臣函覆相候日時事

係玖拾玖號九月三十日收文（清啟八月十六日）

為照稱鄧京卿著在總署行走之事

66 第百號十月三日收信

為徐廖鄧大臣函訂會晤日時事

第百壹號十月四日發文 清曆八月廿六日

為照復黎京卿著在總署行走事

67 第百貳號十月八日發信 清曆八月二十日

為函稱擬以陸軍少佐[illegible]附

駐在館事

68 第百叁號十月八日收文 清曆八月二十日

為照稱孫道員派充出使日本國大臣事

69 第百肆號十月十三日發文 清曆八月二十五日

為照覆徐道員派充出使日本國大臣事
係百伍號十月十九日發信
為函訂會晤慶郡王日時事
係百陸號十月二十日收信
為總署王大臣函覆相候日時事
係百柒號十月二十日發信 清歷九月初二日
為函繳牧亨護照事
係百捌號十月二十二日發信
為函請慶郡王赴祝萬壽聖節之宴事
係百玖號十月二十五日發信

90

12/17

為函請閻中堂赴萬壽吉辰之宴事

第百拾號十月二十二日發信

為函請錫福不許徐廖鄧大臣赴萬壽吉辰之宴事

第百拾壹號十月二十九日收信

為總署王大臣函復赴宴並聲明有差之大臣未克偕往事

71 第百拾貳號十月三十日發信 清曆九月十二日

為函請仁禮敬之護照事

72 第百拾叁號十月三十一日收信 清曆九月十三日

為函送仁禮敬之護照事
第百拾肆號 十一月八日發信
為函訂答拜徐廖鄭徐大臣日時事
第百拾伍號 十一月九日發信
為徐廖鄭徐大臣函復相晤日時事
第百拾陸號 十一月十四日發信
為函請慶郡王赴餞徐大臣之宴事
第百拾柒號 十一月十四日發信
為函請總署大臣赴餞徐大臣之宴事
第百拾捌號 十一月十四日發信

為函請孫大臣與隨員赴祖餞之宴事

傍右拾玖號十一月十五日收信

為慶郡王函復適值齋戒未克赴宴事

傍右貳拾號十一月十五日收信

為總署大臣函復適值齋戒未克赴宴事

傍右貳拾壹號十一月十五日收信

為孫大臣函復帶領隨員赴宴事

傍右貳拾貳號十一月二十日發信

為函訂會晤慶郡王日時事

傍右貳拾叁號十一月二十一日收信

為慶郡王迎娶候晤日時事
係百貳拾肆號十二月二日收信
為豐請赴皇太后萬壽聖節之宴事
係百貳拾伍號十二月五日發信
為豐依赴宴事
73 係百貳拾陸號十二月五日發信 清曆十月十八日
為豐緩仁禮敬之護照事
此外

74 十二月十一日收信 清曆十月二十四日 社

75 十二月十二日發信 清曆十月二十五日 復

76 十二月十五日收信 清曆十月二十八日 [illegible]

77 十二月十五日發信 清曆十月二十八日 復

78 十二月十六日發信 清曆十月二十九日 [illegible]

79 十二月十九日發信 清曆十一月初三日 [illegible]

80 十二月二十一日發文 清曆十一月初五日 [illegible]

81 十二月二十一日發信 清曆十一月初五日 [illegible]

82 十二月二十二日收信 清曆十一月初六日 復

83 十二月二十二日收文 清曆十一月初六日 復

84 十二月二十三日發文 清曆十一[illegible]月初七日 復

85 十二月二十五日發信 清曆十一月初九日 復

86 十二月二十五日收信 清曆十一月初九日 復

87 十二月二十八日收文 清曆十一月十二日 復

88 十二月二十九日發文 清曆十一月十三日 沼

89 十二月二十九日發信 清曆十一月十三日 詠

90 十二月三十一日收信 清曆十一月十五日 復

以上均係朝鮮事件，另有成書，茲不贅錄。

雄識

明治十六年至二十二年在清我公使館與總署往來信目錄　卷三

明治十八年發收文信録總目　交際官試補中島雄編次

第壹號十二月三十日收信

為總署各王大臣函賀新年並預訂拜年日時

事

6 第貳號一月三十一日發文 清曆十二月十六日

為照辦拘禁傭工一案事

7 第叁號二月二日發文 清曆十二月十八日

為照辦拘禁傭工一案事

8 第肆號二月二日收信 清曆十二月十八日

為照復拘禁僱工一案事

9 房伍號二月五日發文 清曆十二月二十一日

為照構拘禁僱工一案事

10 房陸號二月五日收文 清曆十二月二十一日

為照復拘禁僱工一案事

11 房柒號二月七日發文 清曆十二月二十三日

為照復拘禁僱工一案事

12 房捌號二月九日收文 清曆十二月二十五日

為照復拘禁僱工一案事

13 房玖號二月十一日發文 清曆十二月二十七日

為照覆拘禁僱工一案並請出示申明公例以防事端於未萌事

第拾號十二月十九日發信

為照覆英國新年並請訂賀年日時事

第拾壹號二月十九日收信

為總署王大臣函復賀年日時事

14

第拾貳號二月二十一日收文 韓曆光緒十一年正月初七日

為照稱開港五處口內准輪帆船沿海卸載事

15

第拾叁號二月二十五日發文 韓曆正月十一日

為照復隘港五虎口內准輸帆船灣泊卸載一節未便轉行遵照事

19 第拾肆號三月三日發文 清曆正月十七日

為照請撤銷廣東洋務局員以符定議事

20 第拾伍號三月五日收文 清曆正月十九日

為照復撤銷洋務局員一節照數奧督應俟覆到再為佈達事

24 第拾陸號三月十八日收文 清曆二月初二日

為照詢張洪是否病痊並請見復以便轉行結案事

36 俟拾柒號三月二十六日發信 順府二月初十日

為函請野津陸軍少將等護照事

37 俟拾捌號三月二十七日收信 順府二月十一日

為函送野津陸軍少將等護照事

38 俟拾玖號三月二十八日發信 順府二月十二日

為函請仁禮海軍少將等護照事

39 俟貳拾號三月二十九日收信 順府二月十三日

為函送仁禮海軍少將等護照事

44 俟貳拾壹號四月九日發文 順府二月二十四日

為照復催工張漢偶態並請轉行提署結案

事

45 第貳拾貳號四月十一日發信 清歷二月二十六日
為照送稿本大臣照會事

46 第貳拾叁號四月十一日收文 清歷二月二十六日
為照復僱工賡仍由原人帶回事

48 第貳拾肆號五月七日發信 清歷三月二十三日
為照稱張淑一案未結現准丁憂俾其不日
奔喪事

49 第貳拾伍號五月七日發信 清歷三月二十三日
為照請暫借廛事府原地存留草木不拿事

40 第貳拾肆號五月八日發文 清曆三月二十四日
為照請查覆錢拾載目醫建會費經費事

51 第貳拾柒號五月九日收信 清曆三月二十五日
為函覆張洪一案既經擬結毋庸再行到案
事

53 第貳拾捌號五月十八日收信 清曆四月初四日
為函復萍事附並無隙地可借事

58 第貳拾玖號六月四日發信 清曆四月二十一日
為函致仁禮海軍少將肯諾照事

59 第叁拾號六月八日發信 清曆四月二十五日

為函稱黑田陸軍中將擬先來京並請示減前往會晤日時事

60 第叁拾壹號 六月十日收信 清曆四月二十七日

為函復候晤黑田陸軍中將日時事

61 第叁拾貳號 六月十日發信 清曆四月二十七日

為函請黑田陸軍中將寄護照事

62 第叁拾叁號 六月十一日收信 清曆四月二十八日

為函稱慶郡王本日有事未能入署候晤黑田陸軍中將事

63 第叁拾肆號 六月十一日收信 清曆四月二十八日

為函送熏田陸軍中將等護照事

64 傍奉拾伍號 六月十六日發信 清曆五月初四日

為函請新地陸軍中尉等護照事

65 傍奉拾陸號 六月十九日收信 清曆五月初七日

為函送新地陸軍中尉等護照事

66 傍奉拾柒號 六月二十日發信 清曆五月初八日

為函請將寄新地陸軍中尉之信寄遞熏龍江將軍轉遞事

67 傍奉拾捌號 六月二十三日發信 清曆五月十一日

為函繳熏田陸軍中將等護照事

68 第叁拾玖號 六月二十六日收文 清曆五月十四日
為照送中法新立條約事

69 第肆拾號 六月二十七日發文 清曆五月十五日
為照復中法新立條約抄寄外務事

70 第肆拾壹號 六月二十七日發信 清曆五月十五日
為函請中法新約兩部事

71 第肆拾貳號 六月二十八日收信 清曆五月十六日
為函送中法新約兩部事

72 第肆拾叁號 七月四日收文 清曆五月二十二日
為照稱飭派瑞運司辦理廣州一口洋務委

件事

93 傍肆拾叁號七月四日發文 清麻五月二十二日
為照稱派多野本省行走派充天津領事事

94 傍肆拾伍號七月六日收文 清麻五月二十四日
為照復派多野本省行走派充天津領事事

75 傍肆拾陸號七月十七日收文 清麻六月初六日
為照送鈐蓋數目等各清單事

96 傍肆拾柒號七月十七日收文 清麻六月初六日
為照稱許侍講兼充比國大臣事

98 傍肆拾捌號八月一日收文 清麻六月二十一日

為照稱張道員派充出使美日秘等國大臣
事

79 勞肆拾玖號八月一日收文 清曆六月二十一日
為照稱劉瑞芬派充出使英俄等國大臣曾
大臣着回京供職事

80 勞伍拾號八月一日收文 清曆六月二十一日
為照稱孫侍郎沈府尹續京堂派在總署行
走事

82 勞伍拾壹號八月四日發文 清曆六月二十四日
為照復許侍講張道員劉瑞芬派充出使各

此章程亦
請照抄寫

83

國大臣著同京供職事

第伍拾貳號八月五日發文（派冊六月二十五日）
為照復孫侍郎沈府尹續京堂派在總署行走事

84

第伍拾叁號八月九日收文（清冊六月二十九日）
為照送各員試辦小輪船章程事

第伍拾肆號八月九日收信
為孫沈續大臣函訂會晤日時事

第伍拾伍號八月十五日發信
為函訂會晤孫沈續大臣日時事

第伍拾陸號八月十六日收信
爲孫沈續大臣亟須相候晤事

85 第伍拾柒號八月十八日發文 清曆七月初九日
爲照復飭派瑞運司辦理廣州一口洋務要
件與前例有礙事

86 第伍拾捌號八月十八日發文 清曆七月初九日
爲照復試辦小輪船章程轉飭各口領事核
稟事

87 第伍拾玖號八月二十二日發信 清曆七月十三日
爲照請轉行提督衙門發給告示彈壓新館

地面事

88 第陸拾號 八月二十五日收信 清歷七月十六日

為函須行知提督衙門出示曉諭並飭知彈壓新館地面事

89 第陸拾壹號 九月一日發信 清歷七月二十三日

為函請分撥朝陽門外沙土事

90 第陸拾貳號 九月四日收信 清歷七月二十六日

為函須取用正陽門外河岸沙土事

91 第陸拾叁號 九月四日發文 清歷七月二十六日

為照稱駐劄香港南領事著兼轄廣州汕頭

瓊州事宜事

92 第陸拾肆號　九月八日收信（清歷七月三十日）
為函送新地陸軍中尉卑信事

93 第陸拾伍號　九月十一日收文（清歷八月初三日）
為照復駐劄香港南領事著兼轄廣州汕頭（附件）
瓊州事宜事

94 第陸拾陸號　九月十一日發文（清歷八月初三日）
為照稱本大臣請假回國交涉事宜暫交
島田泰藏署理事

95 第陸拾柒號　九月十一日發信（清歷八月初三日）

96

為函覆前地陸軍中尉原信業經接收並請
代謝黑龍江將軍事

勞障格擱號九月十二日收文 清曆八月初四日
為照復本大臣請假回國交涉事宜暫交
島田參贊署理事

不列號十月二日發信
為函請李中堂訂示日時以便前往辭晤事

不列號十月二日收信
為李中堂函復公冗無暇容稍遲再訂期會
晤事

97 第陸拾玖號 十月十二日發信 清曆九月初五日

爲函繳鄂津陸軍弁將等護照事

98 第柒拾號 十月十四日發文 清曆九月初七日

爲照稱敝工與看門鬬毆並請飭查懲辦事

99 第柒拾壹號 十月十六日收文 清曆九月初九日

爲照復行文提署查辦敝工與看門鬬毆一案事

第柒拾貳號 十月二十日收信

爲張大臣函訂拜晤日時事

100 第柒拾叁號 十月二十五日收文 清曆九月十八日

為照稱將看門吳二送交以憑質訊事

101 第貳拾肆號 十月二十五日收信 清曆九月十八日

為函請轉飭官民慎勿輕入各管關防處所

事

102 第貳拾伍號 十月二十八日發文 清曆九月二十一日

為照送看門吳二以便轉送事

103 第貳拾陸號 十月二十九日發信 清曆九月二十二日

為函復轉飭官民慎勿輕入各管關防處所

事

第貳拾柒號 十月三十一日發信

為函訂答拜張大臣日時事

104 第柒拾捌號 十一月二日收文 清曆九月二十六日

為照稱趙二行與吳三鬪毆完案事

105 第柒拾玖號 十一月四日發文 清曆九月二十八日

為照稱河上領事著派駐劄上海兼轄鎮江寧波事宜事

106 第捌拾號 十一月六日發文 清曆九月三十日

為照稱小輪船領牌應由領事轉知海關事

107 第捌拾壹號 十一月七日收文 清曆十月初一日

為照復河上領事著派駐劄上海兼轄鎮江

審訟事宜事

108 傍捌拾弐號 十一月二十日發文 清曆十月十四日

為照復趙二行與吳二關毆訟案事

109 傍捌拾叁號 十一月二十日發信 清曆十月十四日

為函催新館地面出示曉諭事

傍捌拾肆號 十一月二十六日收信

為劉大臣函訂拜晤日時事

110 傍捌拾伍號 十一月二十八日收信 清曆十月二十二日

為函稱統領衙門即日在新館地面張貼告示事

第捌拾陸號十二月一日發信
為照詢參拜劉大臣日時事

111 第捌拾柒號十二月四日收文 清曆十月二十八日
為照請轉飭未繳領牌之小輪船赴領事署領牌事

112 第捌拾捌號十二月十日發文 清曆十一月初五日
為照稱町田領事著派駐劄漢口兼轄九江事宜事

113 第捌拾玖號十二月十二日收文 清曆十一月初七日
為照復町田領事著派駐劄漢口兼轄九江

事宜事

114 第玖拾號十二月二十五日發文（清曆十一月二十日）

為照稱盟田正五位派充出使清國大臣事

115 第玖拾壹號十二月二十八日收文（清曆十一月二十三日）

為照復盟田正五位派充出使清國大臣事

116 第玖拾貳號十二月二十九日發文（清曆十一月二十四日）

為照稱松延本省行走著派駐芝罘代理領事事

此外

1 一月一日收信（清曆光緒十年十一月十六日） 林

2	一月八日收信	清歷十一月二十三日	祢
3	一月十六日發信	清歷十二月初一日	祢
4	一月十七日收信	清歷十二月初二日	復
5	一月二十三日發信	清歷十二月初八日	祢
16	二月二十六日發文	清歷正月十二日	
17	二月二十七日收文	清歷正月十三日	復
18	二月二十七日發信	清歷正月十三日	祢
21	三月九日發文	清歷正月二十三日	祢
22	三月九日發信	清歷正月二十三日	祢
23	三月十一日收文	清歷正月二十五日	復

12/18

25	三月二十一日發信	清曆二月初五日	沵
26	三月二十一日收信	清曆二月初五日	浚
27	三月二十一日發文	清曆二月初五日	沵
28	三月二十二日收文	清曆二月初六日	浚
29	三月二十二日發信	清曆二月初六日	沵
30	三月二十三日發文	清曆二月初七日	沵
31	三月二十五日發信	清曆二月初九日	沵
32	三月二十六日收文	清曆二月初十日	浚
33	三月二十六日發信	清曆二月初十日	沵
34	三月二十六日收信	清曆二月初十日	浚

35 又 清府二月初十日覆

40 三月二十日發文 清府三月十四日補

41 三月二十日發信 清府三月十四日補

42 三月二十日收文 清府三月十四日覆

43 三月二十日收信 清府三月十四日覆

47 四月二十五日發信 清府三月十一日補

52 五月十二日收信 清府三月十八日補

54 五月二十一日發文 清府四月初七日補

55 五月二十一日發信 清府四月初七日補

56 五月二十二日收信 清府四月初八日覆

37 五月二十三日收文 隨廠四月初九日發

97 八月一日發文 隨麻六月二十一日稱

81 八月四日收文 隨麻六月二十四日明發

以上均係朝鮮事件另有成書茲不復録

明治十九年發收文信錄總冊

交際官試補中島雄編次

第壹號一月一日收文清曆光緒十一年十二月二十七日

為照復松延本省行之著派駐芝罘代理領事事

第貳號一月三日收信

為總署王大臣函賀新年並預訂賀年日時事

第叁號一月五日發信

為函謝賀年並稱改造使館開拆房屋未便

沿海事

2 傍肆號一月二十三日發信（清曆十二月十九日）
為函稱雇工被拿一案事

3 傍伍號一月二十三日收信（清曆十二月十九日）
為函覆雇工被拿一案事

4 傍陸號一月二十四日發信（清曆十二月二十日）
為函覆雇工被拿一案事

傍柒號二月五日發信
為函賀清國新年並請訂賀年日期事

傍捌號二月八日收信

爲總署王大臣函覆約定日晤事

第玖號三月十一日發信

爲函訂面談日晤事

第拾號三月十一日收信

爲函覆相候日晤事

第拾壹號三月十六日發文 清曆光緒十二年二月十一日

爲照補許天送騙逃民婦武富氏子女一案事

第拾貳號三月十九日收信

爲函請轉飭官商十一月二十六七日及三十日

初六七日允有布幛攔阻之處，辛勿前往

事

6 第拾叁號 三月二十一日收信 清曆二月十六日

為照復許天送一案事

第拾肆號 三月二十八日發信

為函覆轉飭官府二月二十六七日及三月初六七日允有布幛攔阻之處，辛勿前往

事

7 第拾伍號 四月二十三日發文 清曆三月二十日

為照稱松延代理領事衙門事務撥駐劄之眾不另副領

事事

8 第拾陸號四月二十五日收文 清曆三月二十二日

為照復松延代理領事補授駐箚芝罘副領

事事

9 第拾柒號五月一日發文 清曆三月二十八日

為照請濬治吳淞口撤去廣東省河攔阻事

10 第拾捌號五月三日發文 清曆三月三十日

為照補鹽田大臣到京並請訂示日晤以便

前往會晤事

11 第拾玖號五月六日收文 清曆四月初三日

為照復臨益田大臣到京並請訂示日期以便
前往會晤事

節事咨行南洋

12 第貳拾號五月七日收文 清曆四月初四日
為照復咨行南洋辦飭挑挖吳淞口淤沙至
於廣東省河攔阻無庸妄議開通事

13 第貳拾壹號五月十五日收文 清曆四月十二日
為照送中法會議陸路通商章程事

14 第貳拾貳號五月十六日發文 清曆四月十三日
為照復中法會議陸路通商章程收寄外務
事

1

15 第貳拾叁號 五月十六日發信 清曆四月十三日

為照請中法會議陸路通商章程兩部事

第貳拾肆號 五月十七日收信

為總署王大臣函訂答拜日時事

16 第貳拾伍號 五月十九日收信 清曆四月十六日

為函送中法會議陸路通商章程兩部事

19 第貳拾陸號 五月二十日發信 清曆四月十七日

為函繳蕭地陸軍中尉并護照事

22 第貳拾柒號 五月三十日發信 清曆四月二十七日

為函謝臺灣地方官照料遭風難民事

此咨抄亦請照一寫

此譯文亦請照寫

28 第貳拾捌號六月二十四日發信 清歷五月二十三日

為照稱匠王姓挑唆學徒辭工又毆傷木工請為究治事

[illegible] 第貳拾玖號七月七日收信 清歷六月初六日

為照送閩督咨復辦結許天送騙逃一案咨抄事

38 第叁拾號八月三日收信 清歷七月初四日

為照復匠王姓毆傷木工一案完結事

29 第叁拾壹號八月十五日發文 清歷七月十六日

為照送松延副領事狀夲爾書譯文事

47

41 第叁拾貳號八月十九日收文 清曆七月二十日

為照復松延副領事所奉爾書譯文業已行

知事

44 第叁拾叁號八月三十日發信 清曆八月初二日

為函請轉行閩省密訪許天送嚴訊懲辦事

46 第叁拾肆號九月六日收信 清曆八月初九日

為函復許天送既經出洋一時恐難訪獲再

咨行閩省事

47 第叁拾伍號九月十五日收文 清曆八月十八日

為照請轉飭領照前往吉林省分必由官道

以便保護事

48 第叁拾陸號九月十七日發文 清曆八月二十四日

為照復轉飭領照前往吉林省分必由官道

以便保護事

51 第叁拾柒號九月二十八日收文 清曆九月初一日

為照稱長崎一案事

52 第叁拾捌號十月二日發文 清曆九月初五日

為照復長崎一案事

53 第叁拾玖號十月八日發文 清曆九月十一日

為照稱長崎一案事

54 第肆拾號 十月十一日收文 陰曆九月十一日

為照復長崎一案事

55 第肆拾壹號 十月十三日收信 陰曆九月十六日

為函請交出毆死王二之王四事

56 第肆拾貳號 十月十四日發文 陰曆九月十七日

為照復長崎一案事

57 第肆拾叁號 十月十四日發信 陰曆九月十七日

為函復王四業已辭工不知去向事

60 第肆拾肆號 十一月八日發信 陰曆十月十三日

為函稱遷居新館所有舊館作為屬館事

61 第肆拾伍號十一月十二日收信 清曆十月廿七日

為函復遷居新館舊館作為屬館並覓喬遷事

第肆拾陸號十一月二十五日發信

為函訂面談日時事

62 第肆拾柒號十一月二十七日收信

為函復相候日時事

第肆拾捌號十二月九日發信 清曆十一月十四日

為函請尾河改二麻利渦護照事

63 第肆拾玖號十二月十一日收信 清曆十一月十六日

6/19

為函送尾河改二麻剌閘請照事

64 第伍拾號 十二月十七日收文 （清歷十一月二十二日）

為照稱貴侍郎派在總署行走事

65 第伍拾壹號 十二月十七日收文 （清歷十一月二十二日）

為照稱凡由滇邊赴緬越者一律停止前往事

66 第伍拾貳號 十二月十八日發文 （清歷十一月二十三日）

為照覆貴侍郎派在總署行走事

第伍拾叁號 十二月二十一日收信

為函請飭詢呂嵩十二月二十六七等日函

18

陽明沿途均應迴避事

第伍拾肆號十二月二十一日發信

為函復飭該官届十一月二十六七等日迎

陽明沿途均應迴避事

第伍拾伍號十二月二十一日收信

為貴大臣函訂在署會晤日期事

第伍拾陸號十二月二十二日發信

為函復會晤貴大臣日期事

此外

五月二十二日發信 清歷四月十九日 孫

7/19

19 五月二十三日收信 清曆四月二十八日 復

20 五月二十三日發信 清曆四月二十日 称

21 五月二十六日收信 清曆四月二十三日 復

23 六月五日發信 清曆五月初四日 称

24 六月七日收信 清曆五月初六日 復

25 六月十二日發信 清曆五月十一日 称

26 六月十三日收信 清曆五月十二日 復

27 六月二十二日收信 清曆五月二十一日 称

29 七月一日發信 清曆五月三十日 称

30 七月二日收信 清曆六月初一日 復

32	七月七日發信	清曆六月初六日	补
33	七月十日發文	清曆六月初九日	补
34	七月十三日收文	清曆六月十二日	復
35	七月十六日發文	清曆六月十五日	復
36	七月二十日收文	清曆六月十九日	復
37	七月三十日發文	清曆六月二十九日	復
40	八月十七日收文	清曆七月十八日	復
42	八月二十日發文	清曆七月二十一日	復
43	八月二十七日收文	清曆七月二十八日	復
45	九月四日發文	清曆八月初七日	復

8/19

49	九月二十三日發信　清廊八月二十六日旅
50	九月二十五日收信　清廊八月二十八日發
58	十月十六日發信　清廊九月十九日旅
51	十月十八日收信　清廊九月二十一日發

以上均係修約事件另有成案不須登錄

9/19

明治二十年發收文信錄總目

交際官試補中島雄編次

第壹號 十月十二日收信

為總署王大臣函賀新年並預訂賀年日時事

第貳號 十月二十日發信

為函復總署王大臣預訂賀年日時事

3 第叁號 一月十五日收文 清曆十二月二十二日

為照稱洋藥稅釐併徵並開辦日期事

4 第肆號 一月二十日發文 清曆十二月二十七日

為照復凡由滇遣赴緬越者一律停止前往事

發伍號 一月二十日發文 法歷十二月二十七日

為照復洋藥稅釐併徵並開辦日期事

發陸號 一月二十六日發信

為函賀貴國新年並請訂賀年日時事

發柒號 一月二十九日收信

為總署王大臣函復賀年日時事

發捌號 二月十七日收信

為函請轉飭管帶官於正月十二十三等日勿庸

出入正陽門事

第玖號二月十二日發信

為要復轉飭官商正月十二十三等日初庫

出入正陽門事

8

第拾號二月九日發文 請麻光緒十三年正月十七日

為照稱長崎一案業經了結事

7

第拾壹號二月十三日發信 請麻正月二十一日

為函繳尾河政二麻打潤護照事

9

第拾貳號二月十四日收文 請麻正月二十二日

為照復長崎一案業經了結事

10 第拾叁號二月十七日發文（清曆正月二十五日）

為照催濬治吳淞口事

11 第拾肆號二月二十一日收文（清曆正月二十九日）

為照覆濬治吳淞口一節咨催南洋轉飭辦理事

第拾伍號三月二日收信

為照請轉飭當局三月十二十三等日勿庸在地安門附近地方游歷事

第拾陸號三月四日發信

為照復轉飭當局三月十二十三等日勿庸

20

在地安門附近地方游歷事

第拾柒號三月十九日收信

為函請轉飭官弁三月初七十六等日毋庸出入阜成西安二門事

第拾捌號三月二十四日發信

為函復轉飭官弁三月初七十六等日毋庸出入阜成西安二門事

第拾玖號四月十三日發信 諸麻三月二十日

為函請提究毛二事

第貳拾號四月十四日收信

為亟請轉飭官商三月二十二二十三等日
勿庸出入正陽門事

21

第貳拾壹號四月十五日發文 清歷三月二十二日
為照稱崇代辦領事開去差使上野書記生
派駐福州代理副領事兼轄（管）厦門事宜事

第貳拾貳號四月十五日發信
為亟復轉飭官商三月二十二二十三等日
勿庸出入正陽門事

22

第貳拾叁號四月十八日收信 清歷三月二十五日
為亟須提究毛二一節片行統領衙門事

24 第貳拾肆號 四月二十二日收文 清曆三月二十九日

為照復崇代辦領事開去，着使上野書記生

派駐劄福州代理副領事兼轄廈門事宜事

2分 第貳拾伍號 四月二十五日發文 清曆四月初三日

為照稱洋藥稅釐併徵事，竟清英所訂與本

國無涉事

第貳拾陸號 五月六日收信

為函請轉飭官商四月十八、十九兩日毋庸

並入士商開事

第貳拾柒號 五月九日發信

為照復轉飭官商四月十八十九等日毋庸
牛入本陽門事

26 第貳拾陸號五月十三日發信 清曆四月二十一日
為函請宮島大八護照事

27 第貳拾玖號五月十五日收信 清曆四月二十三日
為函送宮島大八護照事

33 第叁拾號六月六日收信 清曆閏五月十五日
為函稱統領衙門審辦毛二並先行擬結事

34 第叁拾壹號六月十一日發信 清曆閏五月二十日
為函請將毛二再行訊究事

42

為函請將包三再行訊究事

第叁拾貳號 六月十六日收信

為函請轉飭官吏於五月初三日拘虜在安定門附近地方行兇之事

第叁拾叁號 六月二十日發文 清辰閏四月二十九日

為照稱臨田大臣請假回國交涉事宜暫交杞山參贊署理事

第叁拾肆號 六月二十日發信

為函訂辭行日時事

第叁拾伍號 六月二十一日發信

為西寧鎮飭官商五月初二日初膚在安定
門附近地方行走事

43 第叁拾陸號六月二十三日收文 清曆五月初三日

為照濼鹽田大臣請假回國交涉事宜暫交
掘山參贊署理事

44 第叁拾柒號六月二十八日收文 清曆五月初八日

為照稱李適員派充出使日本國大臣事

45 第叁拾捌號六月二十八日收文 清曆五月初八日

為照稱洪閣學派充出使俄德奥和等
國大臣劉京卿派充出使英法兼駐義比

等國大臣事

46 第叁拾玖號七月二日發文 清曆五月十二日

為照復李道員派充出使日本國大臣事

47 第肆拾號七月二日發文 清曆五月十二日

為照復洪閣學派充出使俄德兼駐奥和等國大臣劉京卿派充出使英法兼駐義比等國大臣事

48 第肆拾壹號七月六日發信 清曆五月十六日

為函請宗方小太郎諮照事

49 第肆拾貳號七月九日收信 清曆五月十九日

為函送宗方小太郎護照事
第肆拾叁號七月廿六日收信
為洪大臣函詢拜晤日時事
第肆拾肆號七月二十七日發信
為函訂答拜洪大臣日時事
20 第肆拾伍號九月十四日發信（清曆七月二十七日）
為函繳宮島大八護照事
21 第肆拾陸號九月十五日收信（清曆七月二十八日）
為函請發給傳郎中顧主事護照事
22 第肆拾柒號九月十八日發信（清曆八月初二日）

為函復傳郎中顧主事請照應由外務大臣
發給事

63 第肆拾捌號九月二十日收文 清曆八月初四日
為照稱參通員派充出使日本國大臣事

第肆拾玖號九月二十一日收信
為參大臣函訂稍晤日時事

64 第伍拾號九月二十二日發文 清曆八月初六日
為照復參通員派充出使日本國大臣事

第伍拾壹號九月二十七日發信
為函訂參贊稍參大臣日時事

第伍拾貳號九月二十九日收信

為蔡大臣亟須挾倭目睹事

第伍拾叁號十一月十九日發文 清曆十月初五日

為照稱林副領事派駐芝罘事

第伍拾肆號十一月二十六日收文 清曆十月十二日

為照復林副領事派駐芝罘事

第伍拾伍號十一月二十八日發文 清曆十月十四日

為照稱鹽田大臣假滿回任事

第伍拾陸號十十月二十八日發信

為亟請訂示日期以便前往叙謁事

46

第伍拾柒號十二月二十九日收信
為總署王大臣函復相候日時事
第伍拾捌號十一月三十日收文 清曆十月廿六日
為照復盤田大臣假滿回任事
第伍拾玖號十二月五日收信
為總署王大臣函訂答拜日時事
第陸拾號十二月七日收信
為函請轉飭官役十二月二十五日勿庸在醇
府附近地方行走事
第陸拾壹號十二月八日發信

為函復轉飭官商十一月二十五日仰康在醇府附近地方行走事

第陸拾貳號十二月十五日收信
為函請轉飭官商十一月三日仰康在醇府附近地方行走事

第陸拾叁號十二月十六日發信
為函復轉飭官商十一月三日仰康在醇府附近地方行走事

44
第陸拾肆號十二月十七日發文（十一月初三日）
為照稱高平領事著派駐劄上海兼轄鎮江

8/20

甯波事宜事

第陸拾伍號十二月十八日收信

為函請轉飭官商十一月初七初八等日勿

庸出入正陽門事

第陸拾陸號十二月十九日發信

為函復轉飭官商十一月初七初八等日勿

庸出入正陽門事

第陸拾柒號十二月二十日發信

為函請慶郡王赴宴事

第陸拾捌號十二月二十日發信

80

為函請閩福兩中堂赴宴事

第陸拾玖號十二月二十日發信

為函請錫許曾繼廖孫徐大臣赴宴事

第柒拾號十二月二十日發信

為函請鄧大臣赴宴事

第柒拾壹號十二月二十日收文（照曆十一月初六日）

為照復高平領事著派駐劄上海兼轄鎮江（各口）

寧波事宜事

第柒拾貳號十二月二十三日收信

為總署王大臣函依赴宴事

9/20

61 第柒拾叁號 十二月二十四日發信 清曆十一月初十日

為函請永山陸軍少將等護照事

62 第柒拾肆號 十二月二十七日收信 清曆十一月十三日

為函送永山陸軍少將等護照事

此外

1	一月十日發信	清曆光緒十二年十二月十七日	添
2	一月十日收信	清曆十二月十七日	復
8	二月十三日發信	清曆正月二十一日	添
12	二月二十三日發信	清曆二月初一日	添
13	二月二十三日收信	清曆二月初一日	復

14	二月二十七日發信	清曆二月初五日	赫
15	三月一日發信	清曆二月初七日	赫
16	三月二日收信	清曆二月初八日	復
17	三月三十一日發信	清曆三月初七日	赫
18	四月十一日發信	清曆三月十八日	赫
19	四月十二日收信	清曆三月十九日	復
23	四月二十日收信	清曆三月二十七日	赫
28	五月十七日發信	清曆四月十五日	赫
29	五月二十日發信	清曆四月二十八日	赫
30	五月二十一日收信	清曆四月二十九日	復

10/28

31	六月三日發信	清曆閏四月十二日	祢
32	六月五日收信	清曆閏四月十四日	復
35	六月十一日發信	清曆閏四月二十日	祢
36	六月十三日發信	清曆閏四月二十二日	祢
37	六月十三日收信	清曆閏四月二十二日	復
38	六月十七日收信	清曆閏四月二十六日	祢
39	六月十七日收文	清曆閏四月二十六日	祢
40	六月二十日發信	清曆閏四月二十九日	復
41	六月二十日發文	清曆閏四月二十九日	復

以上均係修約事件另有成書茲不復錄

明治二十一年發收文信錄總冊

交際官試補中島雄編次

第壹號十月十日收信

為總署王大臣函賀新年並預訂賀年日時事

第貳號十一月一日收信

為函請轉飭宮部十一月十九日毋庸枉顧府附近地方行走之事

第叁號十一月二十日發信

為函復總署王大臣預訂賀年日時事

第肆號十二月二日發信
為函復轉飭官商十一月十九日毋庸在醇
府附近地方行走之事
1
第伍號一月十一日發信 清光緒十三年十一月二十八日
為函請芝由吉護照事
第陸號十二月十三日收信
為函請轉飭官商十二月初二日而廣在醇西
府附近地方行走之事
2
第柒號一月十四日收信 清歷十二月初二日
為函送芝由吉護照事

3 第捌號 一月十四日發文 清曆十二月初二日

為照稱伊東副領事着附駐上海事

第玖號 一月十四日發信

為函復轉飭官府十二月初十日仍應在醇

府附近地方行走事

6 第拾號 一月二十七日發文 清曆十二月十五日

為照稱長江各處存票專抵進口半稅不適情

苦累請為變通事

9 第拾壹號 一月三十日發信 清曆十二月十八日

為函請河原彥太郎護照事

8 第拾貳號 一月三十一日發信 清曆十二月十九日
為懇請河原彥太郎照內添寫山口外三姓
名或另發給護照事

第拾叁號 一月三十一日收信
為函請轉飭官商十二月三十日初廣作醉
府附近地方往者事

9 第拾肆號 二月二日收信 清曆十二月二十一日
為函送河原彥太郎山口外三護照事

10 第拾伍號 二月三日發文 清曆十二月二十二日
為照稱輕木板課稅一事事

2/21

第拾陸號 二月四日發信

為函復轉飭官弁十二月二十日勿庸在醇府附近地方行走事

第拾柒號 二月九日收文（洪歷十二月二十八日）

為照復輕木板課稅一事

第拾捌號 二月十八日收信

為函請轉飭官弁正月初八日毋庸在祈穀壇附近地方行走之事

第拾玖號 二月二十一日收信

為總署王大臣函訂賀年日時事

12

第貳拾號三月二十四日發信

為亟須轉飭官府正月初八日毋庸在祈穀

壇附近地方行走事

第貳拾壹號三月二十六日收信

為亟請轉飭官府正月十六日毋庸在醇府

附近地方行走事

第貳拾貳號三月二十八日發信

為亟須轉飭官府正月十六日毋庸在醇府

附近地方行走事

第貳拾叁號三月一日收文 清曆光緒十四年正月十九日

為照請轉飭各口領事按照約章會同嚴禁
水手私販外洋槍礮事

13 第貳拾肆號 三月十二日發信 清歷正月三十日
為函繳永山陸軍少將護照事

14 第貳拾伍號 三月十五日收信 清歷二月十三日
為函送四不像獸事

第貳拾陸號 三月十九日收信
為函請轉飭官商二月初八日毋庸在朝陽

17 第貳拾柒號 三月二十日發信 清歷二月初八日
門內外行走事

為函謝四不像獸並請示以食法事

第貳拾捌號 三月二十一日發信

為函覆轉飭官兵十一月初八日毋庸在朝陽

門內外行走事

第貳拾玖號 三月二十三日收信

為函請轉飭官兵二月十三四等日毋庸在

地安門附近地方行走事

第叁拾號 三月二十三日發信

為函復轉飭官兵二月十三四等日毋庸在

地安門附近地方行走事

18 第叁拾壹號三月二十五日收信（消底二月十五日）

為函復蚕養出不像獸方法事

19 第叁拾貳號三月二十五日收文（諮底二月十五日）

為照復長江各處存票等抵進口半稅各情

苦累請為變通事

第叁拾叁號三月二十八日收信

為函請轉飭官商二月十七日仍庸在醇府

附近地方行走事

第叁拾肆號三月三十日發信

為函復轉飭官商三月十七日仍庸在醇府

20

附近地方衙老事

第叁拾伍號三月三十日發文（清歷二月十八日）

為照復轉飭各口領事按照約章會同嚴禁

水手私販外洋鎗礮事

第叁拾陸號四月六日收信

為照請轉飭官兵二月二十九日毋庸出入

正陽門事

第叁拾柒號四月七日發信

為照復轉飭官兵二月二十九日毋庸出入

正陽門事

22 第叁拾捌號四月九日發信 清曆二月二十八日

為函繳芝由吉護照事

23 第叁拾玖號四月十四日發文 清曆三月初四日

為照復杉木板課稅一事

24 第肆拾號四月十四日發文 清曆三月初四日

為照復長江土貨存棧准其統抵本關各項稅銀足徵體恤商情之意事

第肆拾壹號五月十一日收信

為函請轉飭官商四月初三四等日勿庸在正陽門附近一帶地方行走之事

28 第肆拾貳號五月十二日發信 清曆四月初三日

為函繳河原彥太郎山口外三護照事

第肆拾叁號五月十三日發信

為函復轉飭官商四月初三四等日西庫在

亦陽門附近一帶地方行走之事

32 第肆拾肆號六月十二日收文 清曆五月初三日

為照送葡萄牙國條約事

33 第肆拾伍號六月十五日發文 清曆五月初六日

為照復葡萄牙國條約收訖外務事

34 第肆拾陸號六月十五日發信 清曆五月初六日

35

為函請葡萄牙國條約兩部事

第肆拾柒號 六月十八日收信 清曆五月初八日

為函送葡萄牙國條約兩部事

第肆拾捌號 六月十九日收信

為函請轉飭官兵五月十二日毋庸在地安定二門附近一帶地方游歷事

第肆拾玖號 六月二十日發信

為函復轉飭官兵五月十二日毋庸在地安定二門附近一帶地方游歷事

36

第伍拾號 七月九日發文 清曆六月初一日

為照稱鶴原領事着派駐劄天津事

37 第伍拾壹號 七月九日發信 清曆六月初一日

為函稱四不像獸現已到國飭動物園飼養事

40 第伍拾貳號 七月十四日收文 清曆六月初六日

為照復鶴原領事着派駐劄天津事

第伍拾叁號 八月十七日收信

為函請轉飭官爲七月廿三日毋庸在醇府附近地方待差事

第伍拾肆號 八月二十一日發信

爲函復轄飭管商七月十三日毋庸在醇府
附近地方行走事

43 第伍拾伍號八月二十六日發信 清曆七月十九日
爲函稱煤油一事事

44 第伍拾陸號八月二十七日收信 清曆七月二十日
爲函復煤油一事事

45 第伍拾柒號九月五日發信 清曆七月二十九日
爲函稱煤油一事事

46 第伍拾捌號九月十日收信 清曆八月初五日
爲函復煤油一事事

47 第伍拾玖號九月十二日發信 清曆八月初七日
為函稱煤油一事事

48 第陸拾號九月二十一日收信 清曆八月十六日
為函復煤油一事事

50 第陸拾壹號十月九日發文 清曆九月初五日
為照稱坪野副領事著派駐劄廣東事

51 第陸拾貳號十月十二日發信 清曆九月初八日
為函稱令立參贊附駐本館事

52 第陸拾叁號十月十五日收文 清曆九月十一日
為照復坪野副領事著派駐劄廣東事

第陸拾肆號 十月十七日收信 清曆九月十三日

為函復令立參贊附駐本館事

第陸拾伍號 十月二十三日收信

為函請轉飭官商九月二十二、二十三、二十四、二十五等日毋庸出入西安阜成西直門事

第陸拾陸號 十月二十四日收信

為函復轉飭官商九月二十二、二十三、二十四、二十五等日毋庸出入西安阜成西直門事

第陸拾柒號十月二十七日發信
為函請慶郡王赴萬壽吉辰之宴事
第陸拾捌號十月二十七日發信
為函請福中堂赴萬壽吉辰之宴事
第陸拾玖號十月二十七日發信
為函請錫訥孫善慶大臣赴萬壽吉辰之宴
事
第柒拾號十月二十九日收信
為總署王大臣函依赴宴事
第柒拾壹號十月三十日發信 清用九明 二十六日

此請示稿
諸照一寫

7

為函詳隨使司員銜名清單事

第柒拾貳號十一月四日收信 清歷十月初一日

為照復隨使司員銜名清單均經閱悉事

第柒拾叁號十二月十八日收信

為函請轉飭官商十一月十八十九兩日毋

在正陽門附近地方行走事

第柒拾肆號十二月二十二日發信

為函復轉飭官商十一月十八十九兩日毋

在正陽門附近地方行走事

此外

4	一月十八日發信	清曆十二月初六日	祢
5	一月二十日收信	清曆十二月初八日	復
15	三月十七日發信	清曆二月初五日	祢
16	三月十九日收信	清曆二月初七日	復
21	四月一日發信	清曆二月二十日	祢
25	四月十六日收信	清曆三月初六日	[illegible]
26	四月二十四日發信	清曆三月十四日	[illegible]
27	四月二十六日收信	清曆三月十六日	[illegible]
29	五月十四日發信	清曆四月初四日	[illegible]
30	五月十八日收信	清曆四月初八日	[illegible]

10/21

31 五月二十四日收信 清曆四月十四日

38 七月十一日發信 清曆六月初三日

39 七月十三日收信 清曆六月初五日

41 八月七日發信 清曆六月三十日

42 八月十九日收信 清曆七月十二日

48 九月十二日發文 清曆八月初七日

54 十月二十八日收文 清曆九月二十四日

以上均係修約事件另有成書茲不復錄

雄識

明治二十三年
至二十七年
駐清我公使館與総署往還来信目録　巻四

明治二十二年發收文信錄總目

交際官試補中島雄編次

第壹號一月十日收信

為總署王大臣函賀新年並預訂賀年日時事

第貳號一月十三日發信

為函復總署王大臣預訂賀年日時事

第叁號一月二十四日發文 清曆光緒十四年十二月二十三日

為照稱採野副領事兼管汕頭潮州事宜事

第肆號一月二十八日收信

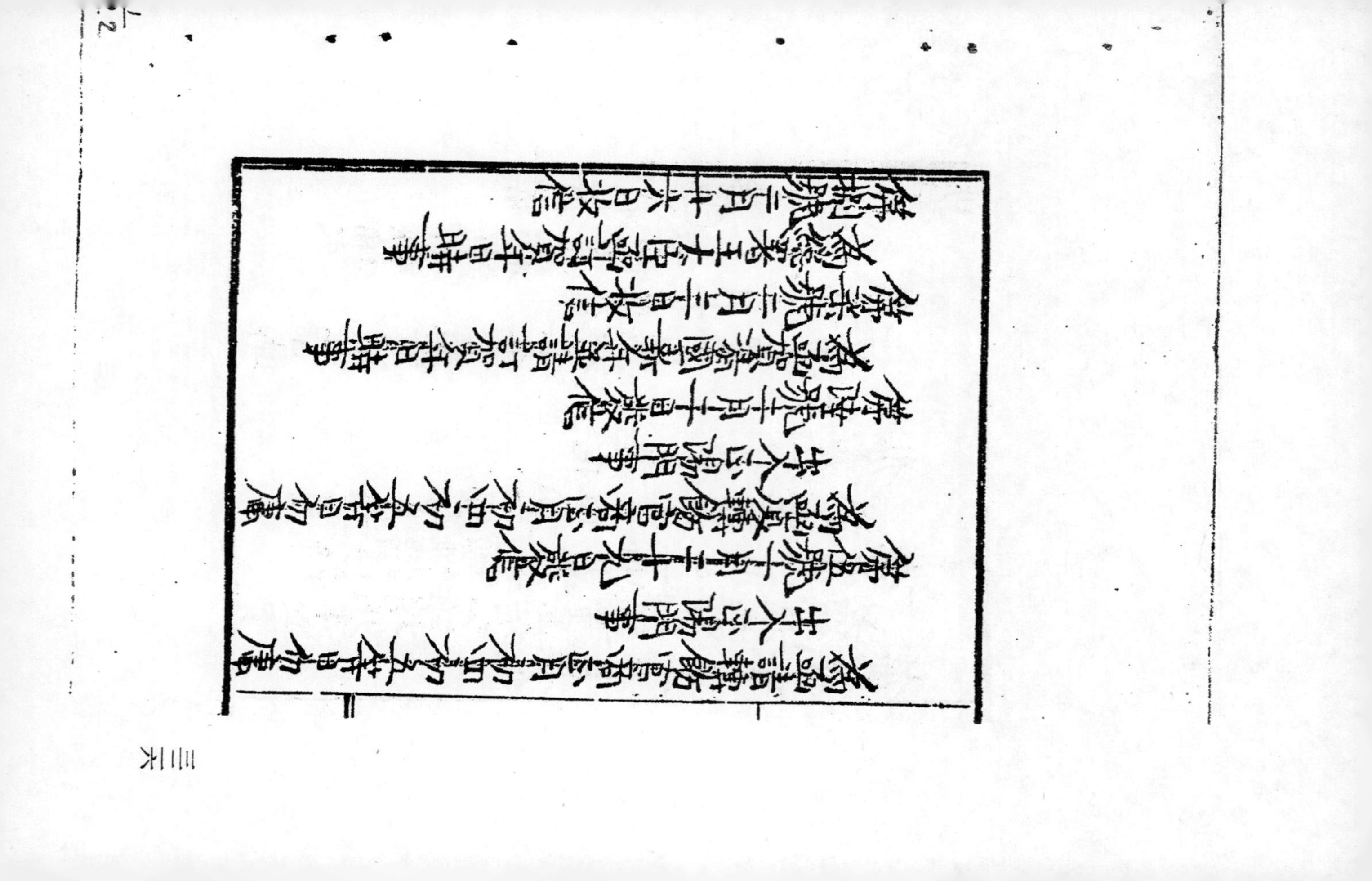

[illegible]

為函請轉飭官商正月十八日仍令行走朝陽門東四牌樓一帶事

第玖號 二月十八日發信

為函復轉飭官商正月十八日仍令行走朝陽門東四牌樓一帶事

2 第拾號 二月二十日收文 清歷光緒十五年正月二十一日

為照稱大婚吉期事

3 第拾壹號 二月二十二日發文 清歷正月二十三日

為照復大婚吉期並稱屆時在館挂旗事

4 第拾貳號 二月二十二日收文 清歷正月二十三日

為照稱設安欵待各國駐京使臣並須給如
意等件事

第拾叁號 三月二十二日收信
為函請轉飭官廳正月二十四二十五三十
大三十七等日初令行走宣陽東安地安
等門附近一帶事

5 第拾肆號 二月二十四日發文 舊曆正月二十五日
為照復設安欵待各國駐京使臣並須給如
意等件事

6 第拾伍號 二月二十四日收文 舊曆正月二十五日

為照稱教士商民等西字原名於執照內華
文姓名旁一併添入事

第拾陸號二月二十五日發信

為西復轉飭官商正月二十四二十五二十
六二十七等日勿令行走正陽東安地安
等門附近一帶事

7

第拾柒號二月二十五日發文 清曆正月二十六日

為照稱上野代理副領事前赴臺灣淡水事

8

第拾捌號二月二十五日發文 清曆正月二十六日

宜事

為曬漂散士商民等硒字原名於執照内華
文姓名另一併添入事

9 第拾玖號二月二十六日發文（清歷正月二十七日）
為照稱致賀清國皇帝之御旨事

第貳拾號二月二十七日收信
為照請赴宴事

第貳拾壹號二月二十八日發信
為照依赴宴事

第貳拾貳號三月二日收信
為照請偕同參謀官赴宴事

10 第貳拾叁號 三月二日收文 清曆二月初一日

為照稱歸政吉期事

11 第貳拾肆號 三月三日發文 清曆二月初二日

為照復歸政吉期並稱屆時在館挂旗事

12 第貳拾伍號 三月六日收文 清曆二月初五日

為照復設宴一款待云云等因事

13 第貳拾陸號 三月六日收文 清曆二月初五日

為照復致賀之御旨並大婚吉期在館懸旗等因業經轉奏事

14 第貳拾柒號 三月八日收信 清曆二月初七日

為函送如意等件事

15 第貳拾捌號三月十日發信（清曆二月初九日）

為函覆如意等件祇領之下實深銘感事

16 第貳拾玖號三月十一日收文（清曆二月初十日）

為照覆上野代理副領事兼轄臺灣淡水事（竹巳）亘事

第參拾號三月十一日收信

為照請轉飭官府三月十三日毋庸在地安門附近一帶地方行走事

第參拾壹號三月十三日發信

為照復轉飭官商二月十三日毋庸在地安
門附近一帶地方行走事

17

第叁拾貳號三月三十日收文（洋歷二月二十九日）
為照復歸政吉期在館掛旗等因實為欣慰
事

第叁拾叁號四月一日收信
為函請轉飭官商三月初六日勿庸出入正
陽門事

第叁拾肆號四月三日發信
為照復轉飭官商三月初六日勿庸出入正

陽明事

18 第叁拾伍號 四月八日收文 清曆三月初九日
為照稱崔侍講派充出使美國兼駐日秘等
國大臣事

19 第叁拾陸號 四月十日發文 清曆三月十一日
為照復崔侍講派充出使美國兼駐日秘等
國大臣事

20 第叁拾柒號 四月十日收文 清曆三月十一日
為照稱薛臬司派充出使英法義比等國大
臣事

21 第叁拾捌號 四月十二日發文（清曆三月十三日）

為照復陳欽差派充出使英法義比等國大臣事

22 第叁拾玖號 四月十三日收文（清曆三月十四日）

為照復伊東副領事著附駐上海事

23 第肆拾號 四月十三日收文（清曆三月十四日）

為照復坪野副領事兼管汕頭瓊州事宜事

第肆拾壹號 四月十六日收信

為崔大臣函訂拜晤日時事

第肆拾貳號 四月十六日發信

為咨稱現由寒叛不充奉迎崔大臣事
傍肆拾叁號四月二十日收信
為咨請轉飭官商三月二十三至二十七日
勿庸出入西安皇城二門事
傍肆拾肆號四月二十三日發信
為咨復轉飭官商三月二十三至二十七日
勿庸出入西安皇城二門事
傍肆拾伍號五月一日收信
為咨請轉飭官商四月初六七等日勿庸出
入正陽門事

第肆拾陸號五月三日發信
為照復轉飭官商四月初六七等日初庫出
入三湯門事

24 第肆拾柒號五月十二日發文 清曆四月十三日
為照摘鹽田大臣濫逮事

25 第肆拾捌號五月十四日收文 清曆四月十五日
為照覆鹽田大臣濫逮事

第肆拾玖號五月十四日收信
為總署大臣呈訴席哈自晤事

26 第伍拾號五月二十二日發信 清曆四月二十三日

為函請河原彥太郎護照事

27 第伍拾壹號五月二十四日收文（清曆四月十五日）
為照稱薛京堂派充出使英法義比等國大臣事

第伍拾貳號五月二十四日收信
為薛大臣函訂拜晤日時事

28 第伍拾叁號五月二十六日收信（清曆四月二十七日）
為函送河原彥太郎護照事

29 第伍拾肆號五月二十七日發文（清曆四月二十八日）
為照復薛京堂派充出使英法義比等國大

7/22

30

白事

第伍拾伍號 六月十一日發信

為照請訂示拜晤日時事

第伍拾陸號 六月十一日發信

為照訂本宥薛大臣日時事

第伍拾柒號 六月十一日收信

為薛大臣照復擬候日時事

第伍拾捌號 六月十一日發信 清曆五月初三日

為照請豫飭護照事

第伍拾玖號 六月十二日收信

此款封照會
亦請照寫

為函覆相候日時事

31 第陸拾號 六月四日發信 清曆五月初六日
為函送大隈外務大臣密封照會事

32 第陸拾壹號 六月四日發信 清曆五月初六日
為函謝護送臨田大臣靈柩諸凡照顧周至事

33 第陸拾貳號 六月四日收信 清曆五月初六日
為函送淺山鉄雄護照事

第陸拾叁號 六月七日收信
為函訂見公會日時事

此照頂亦
請照寫

34 第陸拾肆號 六月七日發文 清曆五月初九日
為照詢海軍改定長方形旗是否通國一律
遵行事

35 第陸拾伍號 六月七日收信 清曆五月初九日
為函送致大限外務大臣照復事

36 第陸拾陸號 六月八日發文 清曆五月初十日
為照稱大鳥元老院議官派充出使清國大
臣事

37 第陸拾柒號 六月十一日收文 清曆五月十三日
為照復大鳥元老院議官派充出使清國大

38

呈事

第陸拾捌號六月十八日收信

爲照請轉飭官商五月二十三日勿在地安

安定二門附近一帶地方行走之事

第陸拾玖號六月十九日收文（清曆五月二十一日）

爲照復海軍改定長方形旗是否通國一律

遵挂事

第柒拾號六月二十三日收信

爲函復轉飭官商五月二十三日勿在地安

安定二門附近一帶地方行走之事

9/22

39 第柒拾壹號九月十四日發文 清曆八月十日

為照稱宮川副領事派駐廣東兼管汕頭瓊州事宜事

第柒拾貳號九月二十日收信

為照請轉飭雷瓊道將八月二十九日初康在西安阜成門附近一帶地方待走事

第柒拾叁號九月二十三日發信

為照復轉飭官員將八月二十九日初康在西安阜成門附近一帶地方待走事

40 第柒拾肆號九月二十四日收文 清曆八月三十日

為照覆嘉川副領事派駐廣東兼管汕頭瓊州事宜事

41 第二拾伍號九月二十八日發信 清曆九月初四日

為照會緣河原彥太郎及豫鉄雄護照事

42 第二拾陸號十月十五日收文 清曆九月二十一日

為照覆稱錫滿書法逝事

43 第二拾柒號十月十六日發文 清曆九月二十二日

為照覆錫滿書法逝事

44 第二拾捌號十一月十日發文 清曆十月十八日

為照稱大隈大臣到京並請訂日期以便晤

45 第柒拾玖號 十一月十三日收文（清曆十月二十一日）
為照復大鳥大臣到京並請訂日期以便前往晤會事

46 第捌拾號 十一月十五日發信（清曆十月二十三日）
為函請横田三郎荒賀直順護照事

47 第捌拾壹號 十一月十九日發信（清曆十月二十七日）
為函催横田三郎荒賀直順護照事

48 第捌拾貳號 十一月二十日收信（清曆十月二十八日）
為函送横田三郎荒賀直順護照事

此副本係漢文
亦請照寫

49

第捌拾叁號十一月二十六日收信
為晤訂相候日時事
第捌拾肆號十一月三十日收信
為晤訂答拜日時事
第捌拾伍號十二月七日發文 清曆十一月十五日
為照送國書副本並請代奏事
第捌拾陸號十二月十七日收信
為函請轉飭官役十一月二十八九等日勿
庸在正陽門附近地方行走事
第捌拾柒號十二月十八日發信

為亟須嚴飭官吏十一月二十八九等日仍
廣布正陽門附近地方行走事

50 第捌拾捌號 十二月二十三日發信 清曆十二月初二日
為函請防城等處地方官照料遣風難民事

51 第捌拾玖號 十二月二十七日收文 清曆十二月初六日
為照復國書副本恭為代進事

是年日本廢以陰曆十二月為閏清曆乃以二月為閏今從之

明治二十三年發收文信錄總目

交際官試補中島雄編次

第壹號 一月一日收信

為總署王大臣函賀新年並預訂賀年日時事

第貳號 一月二日發信

為函復總署王大臣預訂賀年日時事

1 第叁號 一月八日發信 清曆光緒十五年十二月十八日

為函請宗方小太郎護照事

2 第肆號 一月十五日收信 清曆十二月二十五日

為函送宗方小太郎護照事

第伍號十二月二十七日發信

為函賀清國新年並請訂賀年日時事

第陸號十二月二十五日收信

為總署王大臣函訂賀年日時事

第柒號二月五日收信 清曆光緒十六年正月十六日

為照覆防城等處地方官照料遭風難民事

第捌號二月五日收信

為函請轉飭官民於月十九二十等日加屬

出入正陽門事

第玖號三月六日發信
為準滇撫飭會閏五月十九二十等日劫虜
廿人出陽門事
第拾號十月十五日發信
為照請見滇鹽敘日時事
第拾壹號十月十八日收信
為照候晤日時事
第拾貳號二月二十五日發信
為照請總督王大臣赴寓事
第拾叁號二月二十五日收信

4

爲函請轉飭官民二月十三十六等日仍屬
出入地安門事

第拾肆號二月二十六日發信
爲函達轉飭官民二月十三十六等日仍屬
出入地安門事

第拾伍號二月二十七日收信
爲總署王大臣函訂赴宮事

第拾陸號三月二日收信
爲函稱今日赴宮之王大臣事

第拾柒號三月十七日發信 陰曆二月二十七日

為函稱遭難船隻照會底稿現已抄送外務
事

第拾捌號三月十七日發信

為函請撥餉官民三月三十日初出入來安
朝陽三門事

第拾玖號三月十八日發信

為函覆撥餉官民三月三十日初出入來安
朝陽三門事

第貳拾號三月二十日發文 清曆二月三十日

為照稱電報撥綫事宜事

第貳拾壹號三月二十一日收信
為照覆英文朝鮮來書論議事
第貳拾貳號三月二十二日發信 清曆閏二月初二日
為照覆宗方小太郎護照事
第貳拾叁號三月二十七日發信
為照請許式晤叙日時事
第貳拾肆號三月二十八日收信
為照覆面候日時事
第貳拾伍號三月三十日收信
為照請轉飭沿岸民間三月二十五日至二十七八日事

仰康出入東安朝陽西門事

第貳拾陸號三月二十一日發信

為照復事酌西官民閏三月十五日二十三日

仍康出入東安朝陽西門事

7 第貳拾柒號三月三十一日收文 清曆閏二月十一日

為照稱張京卿著在總署行走事

8 第貳拾捌號四月一日發文 清曆閏二月十二日

為照復張京卿著在總署行走事

9 第貳拾玖號四月二十日收文 清曆三月初二日

為照稱曾侍郎法盃遊事

第叁拾號四月二十日收信

為張大臣函稱拜謁日期事

10 第叁拾壹號四月二十二日發文 請府三月初四日

為照復曾侍郎溘逝事

第叁拾貳號四月二十二日發信

為函稱答拜張大臣日期事

第叁拾叁號四月二十三日收信

為張大臣函復會晤日期事

11 第叁拾肆號四月二十九日發信 請府三月十一日

為函請出口外三護照事

12 第叁拾伍號五月三日收信 閏曆三月十五日
為照送山口外三護照事
第叁拾陸號五月三日收信
為照稱前往內定書遣雜務並照會底稿日時事
第叁拾柒號五月四日收信
為照復相候日時事
13 第叁拾捌號五月七日收文 淸曆三月十九日
為照稱土貨三聯報單一事
第叁拾玖號五月七日收信

為函請轉飭官民月二十七日至三十七日仍庫出入西安門子城西門事

14 房肆拾號五月八日發信 清曆三月二十日

為函請北御門松次郎護照事

15 房肆拾壹號五月十二日收信 清曆三月二十四日

為函送北御門松次郎護照事

16 房肆拾貳號五月十二日發文 清曆三月二十四日

為照復土貨三聯報單一事

房肆拾叁號五月十二日發信

為函復轉飭官民月二十七日至三十七

17

日切庫出入西安皇城兩門事

第肆拾肆號五月十三日發信 消府三月二十五日

為函綫横田三郎弐賀直順護照事

第肆拾伍號五月十七日收信

為函請轉飭官民四月初一初二等日切庫

出入兩門事

第肆拾陸號五月十九日發信

為函復轉飭官民四月初一初二等日切庫

出入兩門事

18

第肆拾柒號五月二十日發信 消府四月初二日

為函稱遭難船隻照會底稿一事事

19 第肆拾捌號 五月二十四日 收信 清歷四月初六日

為函復遭難船隻照會底稿一事事

20 第肆拾玖號 五月二十六日 發文 清歷四月初八日

為照稱救護遭難船隻章程事

21 第伍拾號 五月二十六日 發信 清歷四月初八日

為函復遭難船隻照會底稿一事事

22 第伍拾壹號 五月三十一日 收文 清歷四月十三日

為照復救護遭難船隻章程事

第伍拾貳號 五月三十一日 收信

23

為函請裁奪事

第伍拾叁號六月二日發信

為函依裁事

第伍拾肆號六月十七日收信

為函請轉飭管民五月初五日勿庸出入迴

安安定一門事

第伍拾伍號六月十七日發文 清歷五月初一日

為與各國大臣聯銜照稱合撫新定子口稅

章一事事

第伍拾陸號六月十八日發信

為照復飭知官民各員五月初五日勿庸出入地方每每逢三開事

24 第伍拾叁號七月五日收文（清曆五月十九日）

為照復與各國大臣聯銜照稱古撫新定子口稅章一事事

25 第伍拾捌號七月十五日發文（清曆五月二十九日）

為照稱[illegible]領事派駐上海兼管鎮江寧波事宜事

26 第伍拾玖號七月十五日發文（清曆五月二十九日）

為照稱荒川副領事派駐天津代理領事事

7/23

27 第肆拾陸號七月二十三日收文 清歷六月初七日
為照復鶴原領事派駐上海兼管鎮江寧波事宜事

28 第肆拾柒號七月二十三日收文 清歷六月初七日
為照復紫川副領事派駐天津代理領事事

29 第肆拾捌號七月三十一日發文 清歷六月十五日
為與各國大臣聯銜照稱台撫勒定子口稅章一事事

30 第肆拾玖號八月二十八日收文 清歷七月十三日
為照復與各國大臣聯銜照稱台撫勒定子

口稅章一事

31 第陸拾肆號 九月十三日收文 請歷七月二十九日 為照稱李道員派充出使日本國大臣事

32 第陸拾伍號 九月十三日收文 請歷七月二十九日 為照稱許侍講派充出使俄德奧和等國大臣事

33 第陸拾陸號 九月十七日發文 請歷八月初四日 為照復李道員派充出使日本國大臣事

34 第陸拾柒號 九月十七日發文 請歷八月初四日 為照復許侍講派充出使俄德奧和等國大

孫

臣事

第陸拾捌號九月十七日發信（滿府八月初四日）

爲函繳山口外三督北御門松次郎護照事

第陸拾玖號九月二十九日收信

爲許大臣函稱晤敘日時事

第柒拾號九月三十日收信

爲李大臣函稱拜晤日時事

第柒拾壹號十月四日發信

爲函稱送拜許大臣日時事

第柒拾貳號十月四日發信

76

為函稱定拜李大臣日時事

第柒拾叁號十月十四日收信

為李大臣函復拜候日時事

第柒拾肆號十月十一日發文（清曆八月二十八日）

為照稱吉田副領事附差派赴滬上海事

第柒拾伍號十月十四日收信

為李大臣函稱得暇日時事

第柒拾陸號十月十四日發信

為函請李大臣赴宴事

第柒拾柒號十月十四日收信

9/23

為照請轉飭官民九月初三日至十九日初
庚出入西安阜成二門事
房柒拾捌號十月十五日收信
為李大臣函依其亨事
房柒拾玖號十月十五日收文附 清廉九月初二日
為照得石田副領事著派駐劄上海事
房捌拾號十月十六日發信
為照得轉飭官民九月初三日至十九日初
庚出入西安阜成二門事
房捌拾壹號十月二十一日發信

37

為呈請見覆必待日晴事

傍捌拾貳號十月二十一日兆信

為呈復恭候日晴事

傍捌拾叁號十月二十七日兆信

為總署王大臣函稱趕之宴日晴事

傍捌拾肆號十月二十八日兆信

為呈復現經北京啟請航希屆期賞晤事

傍捌拾伍號十月二十八日兆信

為呈請慶郡王赴萬壽吉辰之宴事

傍捌拾陸號十月二十八日兆信

為函請福中堂赴萬壽吉辰之宴事
第捌拾柒號十月二十八日發信
為函請孫續徐廖張大臣赴萬壽吉辰之
宴事
第捌拾捌號十月二十八日發信
為函請李大臣赴萬壽吉辰之宴事
第捌拾玖號十月二十九日收信
為李大臣函依赴萬壽吉辰之宴并詢是否
晚間事
第玖拾號十月三十日發信

為函復李大臣詢宴是否晚間事
第玖拾壹號十一月二十一日收信
為函稱萬壽慶辰赴宴之王大臣事
第玖拾貳號十一月十七日發信
為函請本日必待事
38
第玖拾叁號十一月二十日發文 清曆十月初九日
為與各國大臣聯銜照稱上海撫照款充子口稅
章一事事
39
第玖拾肆號十一月二十一日發信 清曆十月初十日
為函稱片賀一節事

11/23

40 第玖拾伍號 十一月二十三日發文 清曆十月十二日

為與各國大臣聯銜照稱土貨三聯報單一事

〇 不列號 十一月二十六日收文 清曆十月十五日 德館

為總署王大臣照復吉撫豁免子口稅章一事

〇 不列號 十一月二十八日收文 德館 清曆十月十七日

為總署王大臣照復土貨三聯報單一事

41 第玖拾陸號 十一月二十九日發信 清曆十月十八日

為函稱兵費一節事

〇不列號 十二月四日發文 清曆十月二十三日

為德國大臣照復大貨三聯報單一事事

42 第玖拾柒號 十二月九日發文 清曆十月二十八日

為照稱裁撤廣東領事館設處暨汕頭瓊州府事宜著駐劄香港宮川者領事兼管事

43 第玖拾捌號 十二月十三日收文 清曆十一月初二日

為照復裁撤廣東領事館設處暨汕頭瓊州府事宜著駐劄香港宮川者領事兼管事

44 第玖拾玖號 十二月十四日收文 清曆十一月初三日

為照稱再裁見一節事

此清單亦請照寫

45
第百號 十二月十六日發文 陰曆十一月初九日
為照復覲見一節事
第百壹號 十二月十六日收信
為恭請轉飭官民十二月初十十一兩日仍
准出入山陽門事
第百貳號 十二月十七日發信
為照覆轉飭官民十二月初十十一兩日仍
准出入山陽門事

46
第百叁號 十二月二十五日發信 陰曆十一月十四日
為函送隨使司員銜名清單事

47

第百肆號　十二月二十八日收信　臘月十七日

為照復通使司員銜名清單並繕閱憑事

第百伍號　十二月二十九日收信

為總署王大臣函賀新年並預訂拜賀年日時事

第百陸號　十二月三十日發信

為照復總署王大臣預訂拜賀年日時事

13/27

明治三十四年發受文信錄總目

公使館書記官中島雄 編次

第壹號 十月十二日收信

為總署王大臣函稱現值醇親王薨逝均有要尊不克前往賀年事

1

第貳號 一月九日發文 清曆光緒廿六年十一月二十九日

為照稱茲因醇親王薨逝宮中喪服六日並在館即挂半旗表哀事

2

第參號 一月九日發文 清曆廿六年十一月十九日

為照送呈清國皇帝之御電狀事

此御電報

亦請照覆

第肆號 一月十三日收文 陰曆十二月初三日

為照謝宮中衆服六日在館掛旗表示並送

吊唁之御電抄事

第伍號 一月二十三日收信

為照謝吊唁並預訂赴館道謝日時事

第陸號 一月三十日收信

為函送張紹十函事

第柒號 一月三十日收信

為總署王大臣函訂賀年日時事

第捌號 二月八日收信

4

爲函請轉飭官廳於二月初五初六等日勿庸
出入函陽門事

第玖號二月十日發信
爲函復轉飭官廳二月初五初六等日勿庸
出入函陽門事

第拾號二月十日發信
爲函賀清國新年並請訂賀年日時事

第拾壹號二月十四日收信
爲總署王大臣函復賀年日時事

第拾貳號二月二十五日發信 清曆光緒十七年正月十七日

此抄本亦請照寫

為函送諫詞譯文抄本事 [illegible]

第拾叁號 二月二十八日收文 清曆正月二十日

為照稱覲見日期事

第拾肆號 二月二十八日收信

為函請轉飭官弁於三月二十一二十二二十三等日仍派在安定門附近一帶地方待差事

6 第拾伍號 三月一日收信 清曆正月二十一日

為函稱覲見當日派弁赴館導引事

7 第拾陸號 三月二日發文 清曆正月二十二日

2/24

8

為照復覲見日期事

第拾柒號 三月二十日發信

為函復擬於官曆正月二十一二十二二十三等日

仍應在西安西直二門附近一帶地方行走事

第拾捌號 三月二十二日發信 清曆正月二十二日

為函復覲見當日派弁赴館導引事

第拾玖號 三月二十日收信

為函請隨同覲見之各員赴宴事

第貳拾號 三月二十四日發信

清照會
照會

為照依陪同覲見之各員赴宴事

9 第貳拾壹號 三月七日收信 清曆正月二十七日

為函送答詞抄本事

10 第貳拾貳號 三月九日發信 清曆正月二十九日

為函復謹存答詞抄本事

第貳拾叁號 三月二十五日發信

為照請見復晤叙日時事

第貳拾肆號 三月二十六日收信

為函復係晤日時事

11 第貳拾伍號 三月二十七日發信 清曆二月十八日

12

為函請仲正一護照事

第貳拾陸號 三月二十九日收信

為照請轉飭官府二月二十一二十四等日勿庸在西安西直三門附近一帶地方行走事

第貳拾柒號 三月二十九日收信 清曆二月二十日

為函送仲正一護照事

第貳拾捌號 三月三十日發信

為函復轉飭官府二月二十一二十四等日勿庸在西安西直二門附近一帶地方行

14 15

走事

第貳拾玖號四月五日收信

為劉大臣函稱晤日時事

第叁拾號四月十七日發信

為函復接候劉大臣日時事

第叁拾壹號四月九日發信

為函謝劉大臣枉顧代送行事

第叁拾貳號四月二十二日發文 清曆三月廿四日

為照稱橋口副領事派駐漢口代理領事事

第叁拾叁號四月二十六日收文 清曆三月廿八日

4/24

為照復漢口副領事派駐漢口代理領事事

15 佛叁拾肆號四月二十七日收文（清曆三月十九日）

為照稱各省大吏咨各國兵船管帶官辦法事

16 佛叁拾伍號五月九日發信（清曆四月初二日）

為函繳仲正一護照事

17 佛叁拾陸號五月九日發信（清曆四月初二日）

為函請深堀理事中尉護照之事

佛叁拾柒號五月九日收信

為函請轉飭營局四月初六、初七兩日借庫

在正陽門一帶地方行走之事

第叁拾捌號五月十二日發信

為照復轉飭官府四月初六初七兩日仍庸

在正陽門一帶地方行走事

18 第叁拾玖號五月十二日收信 請廢四月初五日

為函稱深堪遺憾中尉照內難載明松花江

字樣事

19 第肆拾號五月十三日發信 請廢四月十六日

為函復深堪遺憾中尉照內不載明松花江

字樣亦無不可事

此件節略亦
請照寫

20 第肆拾壹號五月十七日收信 清曆四月初十日
為函送深堀陸軍中尉護照事

21 第肆拾貳號五月二十日發文 清曆四月十三日
為與各國大臣聯銜照稱教匪一案事

22 第肆拾叁號五月三十日收文 清曆四月二十三日
為照覆教匪一案事

○ 不列號五月三十日德館收信 清曆四月二十三日
為函繳密翻譯面交節略事

○ 不列號六月二日德館發文 清曆四月二十六日
為德國大臣照稱節略視為公文事

第肆拾肆號六月二日收信

為函請轉飭宮甯四月二十八日至五月初

一二等日毋庸出入西安省城二門事

第肆拾伍號六月四日發信

為函覆轉飭宮甯四月二十八日至五月初

一二等日毋庸出入西安省城二門事

不列號六月四日德館收信 清歷四月二十八日

為總署王大臣函稱教匪一案事

不列號六月五日德館收文 清歷四月二十九日

為總署王大臣照復節略稱為公文事

23 第肆拾陸號六月八日發文 清曆五月初二日
為與各國大臣聯銜照稱教匪一案事
○不列號六月八日德館發文 清曆五月初二日
為德國大臣照復節略視為公文事
○不列號六月十二日德館收信 清曆五月初六日
為總署王大臣函稱教匪一案事
24 第肆拾柒號六月十五日收文 清曆五月初九日
為照復教匪一案事
25 第肆拾捌號六月十六日發文 清曆五月初十日
為照稱上野代理領事著仍兼辦福州一職事 箚 結

廈門臺灣淡水運宜事

第肆拾玖號六月十七日收信

為照請轉飭官船五月十六日初康出入地

安安定三關事

20

第伍拾號六月二十一日發文（清歷五月十五日）

為與各國大宫聯銜照稱嗣者違例背約爲一

節事

27

第伍拾壹號六月二十二日收文（清歷五月十六日）

為照復上野代理領事著仍駐劄福州兼辦

廈門臺灣淡水事宜事

28 第伍拾貳號六月二十三日發文 清曆五月十七日

為與各國大臣聯銜照稱教匪一案事

第伍拾叁號六月二十四日發信

為函復轉飭官府五月十六日勿庸出入也

毋每定二開事

29 第伍拾肆號七月四日收文 清曆五月二十八日

為照覆各省違例背約一節事

〇 不列號七月四日德英法館發文 清曆五月二十八日

為德英法等國大臣聯銜照稱教匪一案事

30 第伍拾伍號七月四日收文 清曆五月二十八日

為照覆教匪一案事

○ 不列號七月四日德館收信 清厯五月二十八日

為總署王大臣函稱教匪一案事

31 第伍拾肆號七月五日收文 清厯五月二十九日

為照稱教匪一案事

32 第伍拾柒號七月七日發文 清厯六月初二日

為照覆教匪一案事

○ 不列號七月八日德英法等館收文 清厯六月初三日

為總署王大臣照覆教匪一案事

33 第伍拾捌號七月十一日收文 清厯六月初六日

為照稱上海命案事

34 第伍拾玖號七月十三日發文 清曆六月初八日

為照復上海命案事

35 第陸拾號七月二十七日發信 清曆六月二十二日

為函請福島陸軍少佐護照事

36 第陸拾壹號七月三十日收文 清曆六月二十五日

為照稱李大臣丁憂在編修著派接署事

37 第陸拾貳號七月三十一日收信 清曆六月二十★日

為函送福島陸軍少佐護照事

38 第陸拾叁號八月一日發文 清曆六月二十七日

○ 39

為照復李大臣丁憂在編修者派接署事

第陸拾肆號 八月十二日發文 清曆七月初八日

為與各國大臣聯銜照稱教匪一案事

不列號 八月十八日德館收文 清曆七月十四日

為總署王大臣照復教匪一案事

第陸拾伍號 八月二十一日收信

為函請轉飭宮寓七月二十日二十九日毋

庸出入西安早成二門事

第陸拾陸號 八月二十四日發信

為函復轉飭宮寓七月二十日二十九日毋

9/24

此間清單亦
請照會

庫出入無安卓成二門事

40 第陸拾柒號八月二十五日發文（清歷七月二十一日）

為與奧國大臣聯銜照稱教匪一案事

不列號八月二十六日德館發信（清歷七月二十二日）

為德國大臣函送出示諭旨日期清單事

〇 第陸拾捌號八月二十七日發信

為爭訂面談日時事

第陸拾玖號八月二十八日收信

為出復相談日時事

41 第柒拾號九月三日收文（清歷八月初一日）

0 為照稱上海命案事

不列號 九月三日德館收文 清曆八月初一日

為總署王大臣照復教匪一案並稱不煩再行聯銜照會事

42 第柒拾壹號 九月四日發文 清曆八月初二日

為照復上海命案事

43 第柒拾貳號 九月十日發文 清曆八月初八日

為與各國大臣聯銜照稱教匪一案並關繫數國交涉事件仍須得用聯銜照會事

44 第柒拾叁號 九月十一日收文 清曆八月初九日

為照稱上海命案事

45 第柒拾肆號九月十二日發文 清曆八月初十日

為照覆上海命案事

46 第柒拾伍號九月十八日收文 清曆八月十六日

為照稱上海命案事

○ 不列號九月十八日德館收文 清曆八月十六日

為總署王大臣照稱教匪一案事

47 第柒拾陸號九月二十六日收文 清曆八月二十四日

為照稱私運洋槍一案事

48 第柒拾柒號九月三十日發文 清曆八月二十八日

49 50

為照復上海命案事

第柒拾捌號九月三十日發文（清歷八月二十八日）

為照復私運洋槍一案事

第柒拾玖號十月五日發文（清歷九月初三日）

為照復各省大吏保護各國兵船管帶官辦法事

第捌拾號十月七日收信

為照請轉飭官署九月初七二十一兩日仍准康生入西安省城三門事

第捌拾壹號十月八日收信

為照會[?]轉飭官商九月初七三十一兩日仍
庸出入西安亭成[?]二門事

○不列號十月十三日德館來文（清歷九月十一日）
為總署王大臣照稱教匪一案事

○不列號十月十九日德館來文（清歷九月十七日）
為總署王大臣照稱教匪一案事

行 第捌拾貳號十月二十一日發文（清歷九月十九日）
為照稱鶴原領事著仍在上海代理總領事
事

行 第捌拾叁號十月二十一日發文（清歷九月十九日）

為照稱駐漢口橋口副領事回國事

第捌拾肆號十月二十一日發文 清曆九月[illegible]

為照稱龍執事記生署代理芝罘領事事

第捌拾伍號十月二十四日收文 清曆九月二十二日

為照復鎮原領事著仍駐上海代理總領事事

事

第捌拾陸號十月二十四日收文 清曆九月二十二日

為照復駐漢口橋口副領事回國事

第捌拾柒號十月二十四日收文 清曆九月二十二日

為照復龍執事記生著代理芝罘領事事

2/24

此清單亦
有照會

57 第捌拾捌號十月二十六日發文 清曆九月二十四日

為照稱駐劄福州上野書記生回國事

58 第捌拾玖號十一月二日收文 清曆十月初一日

為照覆駐劄福州上野書記生回國事

59 第玖拾號十一月二日發信 清曆十月初一日

為函送隨使司員銜名清單事

60 第玖拾壹號十一月十日收信 清曆十月初九日

為函覆隨使司員銜名清單均已閱悉事

第玖拾貳號十一月十六日發信

為函請慶郡王赴萬壽吉辰之宴事

第玖拾叁號十一月十六日發信
爲函請福中堂赴萬壽吉辰之宴事
第玖拾肆號十一月十六日發信
爲函請許孫續廖孫張大臣赴萬壽吉辰之
宴事
第玖拾伍號十一月十八日收信
爲慶郡王函覆依赴之宴事
第玖拾陸號十一月十八日收信
爲福中堂及許孫廖孫張大臣函覆依赴之宴事
第玖拾柒號十一月十八日收信

為續大臣函復近感風寒不克赴宴事

第玖拾捌號　十一月二十七日收信

為函請赴宴事

第玖拾玖號　十一月三十日發信

為函依赴宴事

61 第壹百號　十二月四日收文（清曆十一月初四日）

為照稱中國官員如有借用洋商銀兩須令該商先行稟報問明事

62 第壹百壹號　十二月五日收文（清曆十一月初五日）

為照稱洋人欲赴熱河者暫緩前往事

第壹百貳號十二月十五日收信

為函請轉飭官商九月十七日毋庸出入每

安西直三門事

第壹百叁號十二月十六日發文（請廢十二月十六日）

為照復中國官員如有借用洋商銀兩須令

該商先行稟報問明事

第壹百肆號十二月十六日發文（請廢十二月十六日）

為照復洋人欲赴熱河者暫緩前往事

第壹百伍號十二月十六日發信

為函復轉飭官商九月十七日毋庸出入每

安西直三門事

第壹百陸號十二月十六日收信

為亟請轉飭官商十一月二十一二等日毋庸出入正陽門事

65 第壹百柒號十二月十七日發信

為亟須轉飭官商十一月二十一二等日毋庸出入正陽門事

第壹百捌號十二月十八日收文（清曆十一月十八日）

為照稱崇洪兩侍郎著在總署行走之事

66 第壹百玖號十二月十九日發文（清曆十一月十九日）

為照覆崇洪兩侍郎若在總署行文事

第壹百拾號 十二月二十二日收信

為崇洪兩大臣函訂拜晤日時事

第壹百拾壹號 十二月二十八日發信

為函訂答拜崇洪兩大臣日時事

第壹百拾貳號 十二月二十八日收信

為崇洪兩大臣照覆答候晤日時事

明治二十五年發受文信錄總目

公使館書記官中島雄　編次

乙

第壹號　十一月二十日　收信

爲總署王大臣函賀新年並預訂賀年日時事

第貳號　十一月四日　發信

爲函復總署王大臣預訂賀年日時事

第叁號　一月四日　發文　請於光緒十七年十二月初五日

爲照稱漢口暨福州事宜暫著總領事代辦事

乙

第肆號一月九日收文（清曆十二月初十日）

為照復漢口暨福州事宜暨著領事著總領事代辦事

第伍號一月十一日發信

為照會清國新年並請訂賀年日時事

第陸號一月十四日收信

為總署王大臣照復賀年日時事

第柒號一月十六日收信

為照請轉飭官商已月初十十一兩日毋庸出入正陽門事

3 第捌號二月九日發信 清历光绪十八年正月十一日

為函線深堀陸軍中尉請照事

第玖號二月九日發信

為照復轉飭官兵正月初十十二兩日仍庸

出入正陽門事

4 第拾號三月三日收文 清历二月初五日

為照稱教匪一案事

第拾壹號三月五日發文 清历二月初七日

為照復教匪一案事

5 第拾貳號三月八日發信

爲函請慶郡王明日撤兑必務事

第拾叁號三月九日收信

爲函復本衙門大臣今日相候事

第拾肆號三月十二日收信

爲函請轉飭官商二月十六十八兩日毋庸出入地安門二十二日毋庸出入東安朝陽二門事

第拾伍號三月十四日發信

爲函復轉飭官商二月十六十八兩日毋庸出入地安門二十二日毋庸出入東安朝

陽二門事

6 第拾陸號三月十九日發信（清曆二月二十一日）

為函請代購滿蒙及地方制度各書事

7 第拾柒號三月二十八日收信（清曆三月初一日）

為函復地方制度未有彙刻之書並送清文啟蒙及彙書事

第拾捌號三月二十八日收信

為函請轉飭官商三月初五日無庸出入宮陽門事

8 第拾玖號四月十一日收信（清曆三月十九日）

為函覆節略所詢及之中外臣民願將畫書
物件進呈或贈政府一事事
第貳拾號四月十二日發信
為函覆轉飭官商三月初五日無庸出入函
蹕門事
9
第貳拾壹號四月十二日發信 清歷三月十六日
為函謝送清文啟蒙及案書並請見償值
幾何事
第貳拾貳號四月十五日收信
為函請轉飭官商三月二十五月初一晉

10

仍虜在西安阜成二門附近一帶地方游擊事

條貳拾叁號四月十六日收信（附在三月二十日）

為亟復清文啟蒙及掌書無需總督事

條貳拾肆號四月二十日發信

為亟復練兵防營第三月二十五月初一等日仍虜在西安阜成二門附近一帶地方游擊事

條貳拾伍號五月一日收信

為亟請練兵防營第四月初九初十兩日仍虜

出入正陽門事

第貳拾陸號五月十日發信

為函復鍾殿官府四月初九初十兩日無庸

出入正陽門事

11 第貳拾柒號五月十日發文（准府四月十四日）

為照稱林領事派駐上海代理總領事事

12 第貳拾捌號五月十日發文（准府四月十四日）

為照稱久水書記生署代理芝罘領事事

13 第貳拾玖號五月十五日收文（准府四月十九日）

為照復林領事派駐上海代理總領事事

14 第叁拾號五月十五日收文 清曆四月十九日

為照復久水書記生著代理芝罘領事事

15 第叁拾壹號五月十九日發文 清曆四月二十三日

為照稱林代理總領事兼管鎮江寧波事宜 署名

事

16 第叁拾貳號五月二十六日收文 清曆五月初一日

為照復林代理總領事兼管鎮江寧波事宜 署名

事

17 第叁拾叁號五月二十六日收文 清曆五月初一日

為照稱教匪一案事

18 第叁拾肆號六月一日發文 清曆五月初七日

為照覆緝匪一案事

第叁拾伍號六月十九日收信

為照請轉飭官兵五月二十七日毋庸往地

保安定三門附近一帶地方行走事

第叁拾陸號六月二十日發信

為照覆轉飭官兵五月二十七日毋庸往地

保安定三門附近一帶地方行走事

19 第叁拾柒號六月二十日發信 清曆五月二十六日

為照請按送地方官與各國兵船管帶官注

來章程若成案事

20 第叁拾捌號 六月二十二日收信 清曆五月二十八日

為函復各國兵船統帶官員與地方官往來拜詞並無章程成案事

21 第叁拾玖號 七月十四日收文 清曆六月二十一日

為照稱汪編修派充出使日本國大臣事

22 第肆拾號 七月十五日發文 清曆六月二十二日

為照復汪編修派充出使日本國大臣事

第肆拾壹號 七月二十四日收信

為汪大臣晤訂奉拜日時事

第肆拾貳號七月二十五日發信

為照覆敘候汪大臣日晴事

第肆拾叁號七月二十八日發信

為照詢辭拜汪大臣日晴事

第肆拾肆號七月三十日收信

為汪大臣照覆敘候日晴事

23

第肆拾伍號八月三日收文（清歷閏六月十一日）

為照稱私運軍火者請治以應得之罪以示

懲儆事

24

第肆拾陸號八月二十六日發信（清歷七月初五日）

為照請中島裁之護照事

25 第肆拾柒號八月二十六日發信 清曆七月初九日

為函請原田藤三郎護照事

26 第肆拾捌號八月三十一日收信 清曆七月初十日

為函送中島裁之及原田藤三郎護照事

第肆拾玖號九月十日收信

為函請轉飭官府七月二十二日無庸出入

西安草成二門事

第伍拾號九月十二日發信

為函復轉飭官府七月二十二日無庸出入

27

西安亭成二門事
第伍拾壹號九月二十日收信
為呈請轉飭官窑八月初三日勿庸出入西
安亭成二門事
第伍拾貳號九月二十九日發文（請麻八月初九日）
為照覆私運事大者請均以應得之罪以示
懲儆事
第伍拾叁號九月二十九日發信
為函覆轉飭官窑八月初三日勿庸出入西
安亭成二門事

北清單示
請照冩

第伍拾肆號十月二十日發信（清曆八月廿日）
為函送加藤總理大學事務所致之謝函暨
書籍事

29 第伍拾伍號十月二十四日收信（清曆九月初四日）
為函謝加藤總理大學事務所致之書籍事

30 第伍拾陸號十月二十七日發信（清曆九月初七日）
為函送隨使司員銜名清單事

31 第伍拾柒號十月二十九日收信（清曆九月初九日）
為函復隨使司員銜名清單均已閱悉事

第伍拾捌號十一月九日發信

為函請慶郡王赴萬壽吉辰之宴事

第伍拾玖號十一月九日發信

為函請福中堂赴萬壽吉辰之宴事

第陸拾號十一月九日發信

為函請許孫徐廖崇張洪大臣赴萬壽吉辰之宴事

第陸拾壹號十一月十三日收信

為總署王大臣函依赴宴事

第陸拾貳號十一月十三日收信

為孫大臣函復現在請假不克赴宴事

第陸拾叁號十一月十四日收信

為崇大臣函復偶患感冒不克赴宴事

第陸拾肆號十二月二日發信

為函請見復晤叙日時事

第陸拾伍號十二月三日收信

為函復來候日時事

32 第陸拾陸號十二月八日發信 清曆十月二十日

為函請通飭各地方官福島陸軍少佐一切

需用各物暨人馬驛店妥為照料保護事

33 第陸拾柒號十二月十四日收信 清曆十月二十六日

此次之文底稿
未請照會

為照復轉行福島陸軍少佐所過地方官員
安為照料保護並送還文底稿事

第陸拾捌號十二月十五日收信
為照請轉飭官商十一月初二初三等日勿
庸出入正陽門事

第陸拾玖號十二月十七日發信
為照復轉飭官商十一月初二初三兩日勿
庸出入正陽門事

第柒拾號十二月十九日發信 臘月初一日
為照稱安達操一閲演戲法一節事

35 第柒拾壹號十二月二十四日收信 清曆十一月初六日

為照復安達操一開演戲法一節事

36 第柒拾貳號十二月二十六日收文 清曆十一月初八日

為照送南洋男隶艦隊旅滬事

37 第柒拾叁號十二月二十八日發文 清曆十一月初十日

為照復南洋男隶艦隊旅滬已經聞悉事

明治二十六年發收文信錄總目

公使館書記官中島雄　編次

第壹號　一月二日收信

為總署王大臣函賀新年並預訂賀年日時事

第貳號　一月三日發信

為函復總署王大臣預訂賀年日時事

1 第叁號　一月十日發信　清歷光緒十八年十二月二十三日

為函請飭送總署譯漢洋書目錄事

2 第肆號　一月十二日收信　清歷十一月二十五日

為函復總署何無漢洋兩書目録事

第伍號 一月十七日發信 清曆十一月三十日

為函請飭送同文館漢洋兩書目録事

第陸號 一月二十二日收信 清曆十二月初五日

為函復同文館所存漢文書籍係通行之經史其洋文書籍購自外洋並送自行繙譯刷印之書目事

第柒號 一月二十八日發信 清曆十二月十一日

為函復不拘漢文洋文購自何方仍請開示總署並同文館所存兩書目録事

此自行翻譯刷印之書目亦請照寫

6 第捌號一月三日收信 清曆十二月十七日

為函請轉飭上海總領事勿令安達操一前往寧波事

7 第玖號二月三日收信 清曆十二月十七日

為函送總署並同文館所存漢洋書目事

8 第拾號二月六日發信 清曆十二月二十日

為函請將給李大臣之寶星應如何轉達之處預先示復事

9 第拾壹號二月八日發信 清曆十二月二十二日

為函復同文館所存洋文書目並伸謝事

10 第拾貳號 二月十一日收信 清曆十二月十五日

為函復特給李大臣之費呈應由總署代收轉寄並請致謝事

11 第拾叁號 二月十三日收文 清曆十二月十七日

為照稱揚道員張充出使美國兼駐日秘等國大臣事

12 第拾肆號 二月十四日發信 清曆十二月十八日

為函請行令津海關道准令安達探一前往甯波事

13 第拾伍號 二月十五日發文 清曆十二月二十九日

2/26

為照復楊道咨派充出使美國兼駐日秘等
國大臣事
第拾陸號二月十九日收信
為函請轉飭官商正月初六初七等日毋庸
出入正陽門事
第拾柒號二月二十日發信
為函賀清國新年並請訂賀年日時事
第拾捌號二月二十日發信
為函復轉飭官商正月初六初七等日毋庸
出入正陽門事

第拾玖號二月二十一日收信
為總署王大臣函覆賀年日時事
第貳拾號二月七日收信
為楊大臣函訂拜晤日時事
第貳拾壹號二月八日發信
為函覆拱候楊大臣日時事
第貳拾貳號二月十二日收信 清光緒十九年正月二十四日
為函稱福島陸軍中佐游歷一事已電達吉林將軍事
第貳拾叁號二月十三日發信

為函請示復發給楊大臣日時事

傑貳拾肆號三月十四日收信

為楊大臣函復擇候日時事

傑貳拾伍號四月一日收信

為函請轉飭官商二月十七日勿庸在地安

門一帶地方行走事

傑貳拾陸號四月三日發信

為函復轉飭官商二月十七日勿庸在地安

門一帶地方行走事

傑貳拾柒號四月七日收信

為函請轉飭官商二月二十二日初庸出入
正陽門二十七日初庸出入西安亭成二
門事

第貳拾捌號四月十日發信
為函復轉飭官商二月二十二日初庸出入
正陽門二十七日初庸出入西安亭成二
門事

第貳拾玖號四月二十二日發信
為函訂面談日時並稱特給李大臣之覆呈
自帶親交事

第叁拾號四月二十二日收信
為函復特給李大臣之賓星有帶親交並面訣日時事

第叁拾壹號四月二十五日收信
為函請赴餞宴事

15 第叁拾貳號四月二十六日發信 清曆三月十一日
為函請電飭江海關准軋花機器進口事

第叁拾叁號四月二十七日發信
為函依赴餞宴事

16 第叁拾肆號四月二十八日收信 清曆三月十三日

為函復軋花機器業已放行事

17 第叁拾伍號四月三十日發信 情厰三月五日

為函請飭淮安速撥一前往當收事

18 第叁拾陸號五月三日收信 情厰三月十八日

為函送李大臣記名之票照空領憑票並請轉達

外務大臣代奏申謝事

第叁拾柒號五月十三日收信

為函討送待日時事

第叁拾捌號五月二十三日發信

為函請見繳本日照會遵照擲明日不敢奉座

事

第叁拾玖號五月四日收信

為函總京照會事

第肆拾號五月十一日收信

為函請轉飭官商四月初二三日勿庸出入

正陽門事

第肆拾壹號五月十二日發信

為函復轉飭官商四月初二三日勿庸出入

正陽門事

不列號五月二十三日發信

為函致李中堂代謝厚意事

19 第肆拾貳號五月二十五日發信 洒曆四月初十日

為函請酌定話別日時並稱偕同川上陸軍

中將前往事

20 第肆拾叁號五月二十七日收信 洒曆四月十二日

為函復俟晤日時並請偕同川上陸軍中將

來署事

第肆拾肆號五月二十八日發信

為函請改定前往日時事

第肆拾伍號五月二十九日收信

6/76

為函復候晤日時事

21 第肆拾陸號 六月一日發文 清曆四月十七日

為照稱大烏大臣請假回國橋口參贊代辦交涉事宜事

22 第肆拾柒號 六月三日收文 清曆四月十九日

為照復大烏大臣請假回國橋口參贊代辦交涉事宜事

第肆拾捌號 六月十九日收信

為函請轉飭官商五月初八日無庸在地安安定二門附近地方行走事

第肆拾玖號六月二十二日發信
為照覆轉飭官府五月初八日無庸在地安
安定二門附近地方行走事

23 第伍拾號七月六日發信 清曆五月二十三日
為函請仲臣一護照事

24 第伍拾壹號七月九日收信 清曆五月二十六日
為函送仲臣一護照事

25 第伍拾貳號七月十八日發文 清曆六月初六日
為照稱大島大臣兼充出使朝鮮國大臣事

0 不列號七月二十二日美館發文 清曆六月初十日

為美國大臣照稱機器一節事

26 第伍拾叁號七月二十三日收文 清曆六月廿一日

為照復大島大臣兼充出使朝鮮國大臣事

〇 不列號八月二日美館收文 清曆六月二十一日

為總署王大臣照復機器一節事

〇 不列號八月九日美館發文 清曆六月二十八日

為美國大臣照稱宋埠命案事

〇 不列號八月十四日美館收文 清曆七月初三日

為總署王大臣照復宋埠命案事

27 第伍拾肆號八月十九日發信 清曆七月初八日

為照請圖寫美術館總官等護照事

28 第伍拾伍號八月二十四日發信 清曆七月廿三日

為函催圖寫美術館總官等護照事

29 第伍拾陸號八月二十四日發信 清曆七月廿三日

為函送圖寫美術館總官等護照事

0 不列號八月二十九日美館發文 清曆七月十八日

為美國大臣照覆機器一節事

第伍拾柒號九月十一日發信

為函請轉飭官弁七月二十二、二十三兩日無庸在

安[illegible]成[illegible]門附近地方行走之事

○不列號九月二日美館發文（清曆七月二十二日）

為美國大臣照復宋埠命案事

第伍拾捌號九月四日發信

為照覆轉飭官府七月二十三日無庸在西安寧威二門附近地方行走事

○不列號九月七日美館收文（清曆七月二十七日）

為總署王大臣照復機器一節事

○不列號九月七日美館收文（清曆七月二十七日）

為總署王大臣照復宋埠命案事

○不列號十月二十一日美館發文（清曆九月十二日）

為美國大臣照復機密一節事

〇 不列號十一月十日美館收文 清曆十月初三日

為總署王大臣照請速發給護照游歷人報到辦法事

30 第伍拾玖號十一月十六日收文 清曆十月初九日

為照稱英侍郎派充出使英法義比等國大臣事

〇 不列號十一月十八日美館收文 清曆十月十一日

為總署王大臣照復機密一節事

31 第陸拾號十一月二十二日發文 清曆十月十五日

為照稱小村頭等參贊署理交涉事宜事

32 第陸拾壹號 十一月二十二日發文 清歷十月十五日

為照覆華若侍郎派充出使英法義比等國大臣事

第陸拾貳號 十一月二十二日發信

為函請見復稍暇日晤事

33 第陸拾叁號 十一月二十三日收文 清歷十月十六日

為照復小村頭等參贊署理交涉事宜事

第陸拾肆號 十一月二十三日收信

為函復稍候日晤事

第陸拾伍號十一月二十八日收信
為函英大臣要請拜晤日時事
第陸拾陸號十一月二十九日發信
為函覆接候英大臣日時事
第陸拾柒號十二月一日收信
為函訂拜晤日時事
第陸拾捌號十二月二日發信
為函覆接候日時事
第陸拾玖號十二月二日發信
為函請示覆答拜英大臣日時事

10/26

佰柒拾號十二月二日收信

為龍共大臣函復恭候日晤事

不列號十二月三日美館發文（清曆十月二十六日）

為美國大臣照復准請領照游歷人報到辦法事

不列號十二月十一日美館發文（清曆十一月初四日）

為美國大臣照復機器一節事

不列號十二月十五日美館收文（清曆十一月初八日）

為總署王大臣照復准等請領照游歷人報到辦法事

此清單亦請照寫

第叁拾壹號十二月十八日收信
為照請轉飭官宿十一月十三、四等日無庸
出入山場門事

第叁拾貳號十二月十九日發信
為照覆轉飭官宿十一月十三四等日無庸
出入山場門事

34
第叁拾叁號十二月二十六日發信（請曆十一月十九日）
為照送臨使司員銜名並繙譯學生姓名清
單事

35
第叁拾肆號十二月二十九日收信（請曆十一月二十二日）

為照復隨使司員銜名並繙譯學生姓名清單存留備查事

○不列號十二月三十日美館發文清曆十一月二十三日

為美國大臣照復逮至請領照游歷人報到辦法事

明治二十七年發收文信錄総目

公使館書記官中島雄 編次

第壹號 一月十一日收信

爲總署王大臣函賀新年並預訂賀年日時事

不列號 一月一日美館收文 清曆光緒十九年十一月二十五日

爲總署王大臣照覆擬譯音一節事

第貳號 一月十一日發信

爲函復總署王大臣預訂賀年日時事

第叁號 一月四日發文 清曆十一月二十八日

為照稱荒川一等領事馳劄天津事

2 第肆號 一月四日發文（清歷十二月二十八日）

為照稱伊集院二等領事馳劄芝罘事

3 第伍號 一月四日發文（清歷十一月二十八日）

為照稱中川一等領事兼管廣東汕頭瓊州事宜事

0 不列號 一月十三日美館發文（清歷十二月初七日）

為美國大臣照復機器一節事

4 第陸號 一月十七日收文（清歷十二月十一日）

為照復伊集院二等領事馳劄芝罘事

5 第柒號 一月十七日收文 清曆十二月廿一日

為照復中川一等領事兼管廣東瓊州汕頭事宜事

6 第捌號 一月十七日收文 清曆十二月廿一日

為照稱轄飭兵商輪船兵丁水手人等勿得在廈門地方酗酒滋事事

7 第玖號 一月十八日發往信 清曆十二月廿二日

為函請荒川一等領事駐劄天津一節（照會）發給照復以便劄行事

8 第拾號 一月十八日收文 清曆十二月廿二日

為照復荒川一等領事駐劄天津事

9 第拾壹號 一月十八日發文 清曆十二月十二日

為照復轉飭兵商輪船兵丁水手人等勿得

在廈門地方酗酒滋事事

0 不列號 一月十九日美館收文 清曆十二月十三日

為總署王大臣照稱機器一節事

0 不列號 一月二十日美館收文 清曆十二月十四日

為總署王大臣照復美等請領照游歷人報到

辦法事

10 第拾貳號 一月二十一日收文 清曆十二月十五日

為照稱轉飭各口領事飭禁船隻勿裝運華
工前往西亞事

11 第拾叁號 一月二十二日發文 清曆十二月十六日

為照復轉飭各口領事飭禁船隻勿裝運華
工前往西亞事

12 第拾肆號 一月二十三日收文 清曆十二月十七日

為照稱機器一節事

○ 不列號 一月二十五日美館發文 清曆十二月十九日

為美國大臣照復機器一節事

○ 不列號 一月二十六日美館發文 清曆十二月二十日

為美國大臣照復達斐爾領照游歷人報到辦法事

13 第拾伍號 一月二十七日發文 清歷十二月二十一日

為照稱大婚二十五年冒期舉行慶典事

14 第拾肆號 一月二十七日發信 清歷十二月二十一日

為函稱本月初四日照內治字是係次字之誤事

0 不列號 二月二日美館發文 清歷十二月二十七日

為美國大臣照稱宋埠命案事

16 第拾柒號 二月三日收信 清歷十二月二十八日

為函復治字係次字之誤業已分行查照更
正事
第拾捌號二月七日發信
為函賀清國新年並請訂賀年日時事
第拾玖號二月十日收信
為總署王大臣函覆賀年日時事
第貳拾號二月十日收信
為函請轉飭官商正月十二十三等日勿庸
出入正陽門事
第貳拾壹號二月十三日發信

為函覆轉飭官衙正月十二十三等日勿庸
出入正陽門事

0 不列號 二月十三日美館收文 清歷光緒二十年正月初八日
為總署王大臣照覆示埠命案事

16 第貳拾貳號 二月十七日發文 清歷正月十二日
為照覆機器一節事

17 第貳拾叁號 二月十七日收文 清歷正月十二日
為照稱皇太后六旬萬壽舉行慶典事

18 第貳拾肆號 二月二十一日發文 清歷正月十六日
為照覆皇太后六旬萬壽舉行慶典業經欽

抄照錄來文咨送外務大臣事

19

第貳拾伍號　二月二十六日收文　清曆正月二十一日

為照覆大婚二十五年吉期舉行慶典需經

奏明備有國書禮物並請先行電達事

20

第貳拾陸號　二月二十八日發文　清曆正月二十三日

為照覆大婚二十五年吉期舉行慶典備有

國書禮物擬請電達外務大臣事

第貳拾柒號　三月十六日收信

為函請轉飭官商二月十八兩日毋庸

出入地安門十四日毋庸出入東安朝陽

21

○

三門事

第貳拾捌號三月十七日發德

為函覆轉飭官商二月十二十八兩日毋庸

出入地安門十四日毋庸出入東安朝陽

三門事

不列號三月十七日俄館發文 清歷二月十一日

為俄國大臣照稱機器一節事

第貳拾玖號三月二十四日發文 清歷二月十八日

為照稱福州漢口廈門臺灣淡水九江事宜

抄著歸駐劄上海總領事館兼管事

27

22

第叁拾號 三月二十六日收信

為函請轉飭官兵十月二十四日毋庸出入

西安皇城十門事

第叁拾壹號 三月二十七日發信

為照復轉飭官兵十月二十四日毋庸出入

西安皇城十門事

第叁拾貳號 三月三十日發文 清曆二月二十四日

為照稱飭禁飛集各州裝運華工前往巴西經

由遞信大臣劄飭管船局分行北海道廳

及沿海府縣一體知照事

23 第叁拾叁號 三月三十日收文 清曆二月二十四日

為照復福州漢口廈門臺灣淡水九江事宜均著歸駐劄上海總領事館兼管事

24 第叁拾肆號 四月五日發文 清曆二月三十日

為照稱大越一等領事派駐上海代理總領事兼管鎮江寧波福州漢口廈門臺灣淡水九江事宜事

25 第叁拾伍號 四月八日收文 清曆三月初三日

為照復大越一等領事派駐上海代理總領事兼管鎮江寧波福州漢口廈門臺灣淡

水九江事宜事

第叁拾陸號 四月初九日發信

為函詢西賠日子並詢是日何時能否結事

第叁拾柒號 四月十一日收信

為函復撰條日期事

第叁拾捌號 四月十三日收信

為函請轉飭官廠三月初十日毋庸出入口

陽門事

第叁拾玖號 四月十八日發信

為函復轉飭官廠三月初十日毋庸出入口

陽門事

20 房肆拾號 四月二十四日收信（清曆三月十九日）

為函稱手搖軋花小機器一節已經電飭上海道事

27 房肆拾壹號 四月二十五日收信（清曆三月二十日）

為函稱手搖軋花小機器一節必欲掌憲善復應由小村大臣人等達事

房肆拾貳號 五月五日收信

為函請轉飭官商四月初三初四兩日毋庸特入西陽門事

第肆拾叁號五月廿七日發信
為函復轉飭官商四月初三初四兩日毋庸出入金湯門事

28 第肆拾肆號五月十日發信 清曆四月初六日
為函請王置毅三郎護照事

29 第肆拾伍號五月十四日收信 清曆四月初十日
為函送王置毅三郎護照事

35 第肆拾陸號六月十六日發文 清曆五月十三日
為照稱領事衙班廸諾著在牛莊管理本國通商過船事宜事

36

第肆拾柒號 六月十六日發往信 清曆五月十三日

為函稱屠館東鄭姓信種種不法並請轉飭

查辦事

第肆拾捌號 六月十九日收信

為函請轉飭官府五月十八日毋在東安安

定等門附近一帶地方游歷事

第肆拾玖號 六月二十二日收文 清曆五月十九日

為照覆領事銜班廸諾著在牛莊管理本國

通商通航事宜事

第伍拾號 六月二十六日發往信

為函復轉飭官兵五月十八日毋任東安
定等閒附近一帶地方游歷事

47

第伍拾壹號六月二十六日發信（清歷五月二十三日）

為函謝劉道員等照料擱礁輪船用意周到
並請轉行各該官等事

48

第伍拾貳號六月三十日收信（清歷五月二十七日）

為函復救護擱淺輪船致謝已咨行北洋大
臣分別轉行事

第伍拾叁號七月二日發信

為函訂面晤日時事

此漢文亦
請照寫

第伍拾肆號 七月二日收信

為函復候晤日時事

45 第伍拾伍號 七月四日發文 清曆六月初二日

為照送國書副本及譯文並請復覲呈日期事

48 第伍拾陸號 七月八日收文 清曆六月初六日

為照復覲呈國書日期事

49 第伍拾柒號 七月九日收信 清曆六月初七日

為函稱覲見當日派兵赴館導引事

50 第伍拾捌號 七月九日收信 清曆六月初七日

為亟請覲見當日面陳之詞先期錄出並詢
是日有無參贊隨同事

第伍拾玖號 七月十日發信 清歷六月初八日
為亟退覲見當日派弁赴館導引並稱隨同
參贊等銜名且譯送陳詞事

此外

30 六月七日發文 清歷五月初四日 林
31 六月九日收文 清歷五月初六日 孫
32 六月九日收文 清歷五月初六日 孫
33 六月十二日發文 清歷五月初九日 [illegible]

此銜名及陳詞係抄來請照錄

六月十二日發文　係廢五月初九日　慶
六月十八日發信　係廢五月十五日　祥
六月十九日收信　係廢五月十六日　慶
六月二十日發信　係廢五月十七日　慶
六月二十二日發信　係廢五月十九日　慶
六月二十四日收信　係廢五月二十一日　慶
七月六日發信　係廢六月初四日　祥
七月七日收信　係廢六月初五日　慶
七月九日發信　係廢六月初七日　欽
七月九日收信　係廢六月初七日　慶

〥〤 七月十四日發文 陰曆六月十二日 沭

〥〥 七月十五日收信 陰曆六月十三日 沭

〥〦 七月十七日發信 陰曆六月十五日 瀋

〥〧 七月三十一日收文 陰曆六月二十九日 沭

〥〨 八月一日發文 陰曆七月初一日 瀋

以上均係朝鮮事件另有成書茲不繁錄

雄識

明治二十六年
至三十年
在清我公使館與總署往復文信目錄　卷五

序

自明治七年初開本館迨二十七年暫行撤回與総署往來文信前經按年類訂成二十一冊題曰發收文信録藏之於公事房矣自二十八年再開本館交涉案件屢見疊出非復歷年之比即如本年收發之文信其遥地並新約事件而外至年底既有壹百肆拾捌件之多以推將來諒必有增無減此時偶或除有彼此函賀若函訂晤會日期函稱某日某處往還出入等項亦非緊要之信外所有一切文信亦不須照録成冊其存本則仍按月日每年掛號分別存儲並作目録註各項之月日以便稽查而期簡易可繼焉

明治二十九年一月四日公使館書記官中島雄識

明治二十八年發收文信原存目録

公使館書記官中島雄 編次

第壹號六月二十三日（清曆光緒二十一年閏五月初一日）發文

為照覆林大臣到京並請訂日期以便前往晤會事

當日收覆文

第貳號六月二十三日（清曆閏五月初一日）收文

覆答當日發文

為照覆林大臣到京並請訂日期以便前往晤會事

第叁號六月二十四日（清曆閏五月初二日）發文

六月二十九日收覆文

此譯文亦
請照寫

為照稱珍田總領事駐劄上海事
第肆號 六月二十四日 清曆閏五月初二日 發文
六月二十九日收復文
為照稱荒川一等領事駐劄天津事
第伍號 六月二十六日 清曆閏五月初四日 發文
七月一日收復文
為照送國書副本各譯文並請派親王日期事
第陸號 六月二十六日 清曆閏五月初四日 發文
七月六日收復文
為照稱衛隊往返事宜並請迅速轉行事

第貳號六月二十六日（清曆閏五月初四日）發文
七月十日收覆文
為照詢如何飭在台之兵及辦理抗拒者等事
第捌號六月二十七日（清曆閏五月初五日）發信
不收覆信
為覆詢釋送跟役趙高吳三姓事
不列號六月二十七日（清曆閏五月初五日）收文
不發覆信
為兵馬司移送趙高吳三姓事
第玖號六月二十八日（清曆閏五月初六日）發信

六月二十九日收復信

為函稱軍隊往威事宜最要迅速並請見復事

第拾號 六月二十九日（清曆閏五月初七日）收信

復六月二十八日發信

為函復軍隊往威事宜已電飭辦理事

第拾壹號 六月二十九日（清曆閏五月初七日）收文

復六月二十四日發文

為照復珍田總領事離滬到上海事

第拾貳號 六月二十九日（清曆閏五月初七日）收文

復六月二十四日發文

為照復荒川一等領事駐劄天津事
第拾叁號七月一日（清曆閏五月初九日）收文
復六月二十六日發文
為照復覲呈國書日期事
第拾肆號七月四日（清曆閏五月十二日）收信
七月五日發復信
為照稱覲見當日派弁赴館導引事
第拾伍號七月五日（清曆閏五月十三日）發文
七月九日收復文
為照稱交俘虜之大約日期並詢我國俘虜現在何處其有

數幾何事

第柒陸號七月五日（清曆閏五月十三日）發信

復七月四日收信

為函復覲見當日派弁赴館導引事

第柒柒號七月六日（清曆閏五月十四日）收文

復六月二十六日發文七月九日發復文

為照復貴隊駐威事宜並稱該處地窄房少另築房未成以

前暫據帳房或緩前來事

第柒捌號七月八日（清曆閏五月十六日）發信

不必復信是以七月十一日再行發信

為函論管俄御揭內指我國稱為屬邦一節事

第拾玖號七月九日（清曆閏五月十七日）發文

復七月六日收文

為照復威海衛地界房屋審飭在旅事務趕緊前去俟其房

修成再行調往事

第貳拾號七月九日（清曆閏五月十七日）收文

復七月五日發文

為照復各役房之交納日期並稱貴國役房分别查查再

行轉達事

不列號七月九日（清曆閏五月十七日）收信

十月五日發復信

為李守堂函稱營口電線事宜事

第貳拾壹號七月十日清曆閏五月十八日收文

復六月二十六日發文七月十七日發復文

為照覆如何飭在台之兵及辦理抗拒者等事

第貳拾貳號七月十日清曆閏五月十八日收文

七月十一日發復文

為照稱裕京堂著派充出使日本國大臣事

第貳拾叁號七月十一日清曆閏五月十九日發文

復七月十日收文

為照復裕京堂著派充出使日本國大臣事

第貳拾肆號七月十一日清曆閏五月十九日發文

七月十五日收復文

為照稱珍田總領事暫赴鎮江蕪湖九江漢口宜昌寧波

溫州福州廈門事宜事

第貳拾伍號七月十一日清曆閏五月十九日發信

不收復信是以七月十二日再行發信

為函稱管侍御摺內指摘一節仍希函復事

第貳拾陸號七月十一日清曆閏五月十九日發文

七月十九日收復文

為照詢和約第九款第三項已否設法一體遵照事

第貳拾柒號七月十二日清曆閏五月二十日發信

不收復信是以七月十七日再行發信

為奉諭著侍御摺內指摘一節並請宜限日登於京報事

第貳拾捌號七月十五日清曆閏五月二十三日發文

七月十七日收復文

為照稱中川一等領事派轄廣東汕頭兼與烟臺管事

第貳拾玖號七月十五日清曆閏五月二十三日收文

復七月十一日發文

為照復珍島總領事兼轄鎮江蕪湖九江漢口宜昌寧波
溫州福州廈門事宜事
第叁拾號 七月十七日 二十五日 清曆閏五月 發信
七月二十三日收復文
為照詢見管偕御猪内指稱一節其應如何懲辦事
第叁拾壹號 七月十七日 二十五日 清曆閏五月 收文
復七月十五日發文
為照復中川一等領事兼轄廣東汕頭瓊州事宜事
第叁拾貳號 七月十七日 二十五日 清曆閏五月 發文
復七月十日收文七月二十一日收復文

、為照覆如何防在台之兵及辦理抗拒者等事

第叁拾叁號七月十九日清曆閏五月二十七日發文

七月二十一日收復文

為照稱應交俘虜之數並詢我國俘虜現在何處其數幾何事

第叁拾肆號七月十九日清曆閏五月二十七日收文

復七月十二日發文

為照復和約第九款第二項通行沿海事務者分一體設法辦理事

第叁拾伍號七月二十一日清曆閏五月二十九日收文

復七月十七日發文

為照覆德、意各停虜之數並有無未國停虜仍留各省查覆再行照會事

第叁拾陸號七月二十二日（清曆六月初一日）收文

復七月十一日發文

為照覆如何飭在台之兵及辦理抗拒者等事

第叁拾柒號七月二十三日（清曆六月初二日）收文

復七月十七等日發信

為照稱通行京外嗣後公文不得提書虜字事

第叁拾捌號八月一日（清曆六月十一日）發信

八月二日收復信

為亟請我國俘虜現在何處其數幾何從速見復事

第叁拾玖號八月二日清曆六月十二日收信

復八月一日發信

為函復查無貴國俘虜押致北洋轉營奉天一俟復到再

行照復事

第肆拾號八月二日清曆六月十二日收文

八月三日發復文

為照稱華人汪忠貴仍歸丙案辦理汪于二名照約保釋

事

第肆拾壹號八月三日清曆六月十三日發信

八月六日收覆信

為函詢江督奏准土貨就地徵稅是否可照辦事

第肆拾貳號八月三日清曆六月十三日發文

覆八月二日收文

為照復華人汪忠貴仍歸原案辦理汪子二名照約保釋

事

第肆拾叁號八月六日清曆六月十六日收信

覆八月三日發信

為函覆土貨就地徵稅應由中國自行整理與洋商無涉

事

第肆拾肆號八月七日清曆六月十七日 收文

八月十日發復文

為照稱宋魏兩軍均無日本俘虜惟該軍有二名裕長依

三軍營有無之已飭催速覆事

第肆拾伍號八月八日清曆六月十八日 收文

八月十日發復文

為照稱渝李兩總軍著存記著行之事

第肆拾陸號八月九日清曆六月十九日 發文

八月十四日收復文

爲照稱桂山陸軍中佐帶清國俘虜到大沽之日期事

第肆拾柒號八月十日清曆六月二十日發文

復八月七日收文

爲照復宋魏兩軍均無日本俘虜惟諜者有二名並請裕長依三將軍遵照劄飭立即見復事

第肆拾捌號八月十日清曆六月二十日發文

復八月八日收文

爲照復翁李兩尚書若在總署者行之事

第肆拾玖號八月十日清曆六月二十日發信

八月十五日收復信

為函詢函改贊皇亭程並佩帶專章事

第伍拾號八月十四日 清曆六月二十四日 收文

八月二十一日發復文

為照請預告駐威大英陸大隊到時嚴加約束事

第伍拾壹號八月十四日 清曆六月二十四日 收文

復八月九日發文

為照復村山陸軍中佐帶清國俘虜到大沽之日期事

第伍拾貳號八月十五日 清曆六月二十五日 收信

復八月十日發信

為函復贊皇亭程照舊遵行並未更改事

第伍拾叁號八月十六日 清曆六月二十六日 收文

八月二十一日發復文

為照詢依陳函事應遞日本係屬送至何處事

第伍拾肆號八月十七日 清曆六月二十七日 發文

八月二十日收復文

為照稱久水二等領事派駐劄芝罘事

第伍拾伍號八月二十日 清曆七月初一日 收文

復八月十七日發文

為照復久水二等領事派駐劄芝罘事

第伍拾陸號八月二十一日 清曆七月初二日 發文

復八月十六日收文八月二十四日收復文

為照復依諌兩事應還日本俘虜在朝鮮經費交付事

第伍拾貳號八月二十一日清曆七月初二日發文

復八月二十四日收文十月二十二日再行發信

為照復預告駐威大鳥侯大隊到時酌加約束事

第伍拾捌號八月二十四日清曆七月初五日收文

復八月二十一日發文

為照復應還貴國俘虜在朝鮮經費交付電知北洋轉飭奉

省事

第伍拾玖號八月三十日清曆七月十一日發信

不收復信是以九月九日再行發信

爲函詢前談之件已否商定事

第陸拾捌號九月一日清曆七月十三日收文

九月十三日發復文

爲照請劉公島鉄碼頭擇行入試官初行拆卸事

第陸拾壹號九月九日清曆七月二十一日發文

九月十二日收復文

爲照稱俘虜妥爲示收事

第陸拾貳號九月九日清曆七月二十一日發信

不收復信是以九月十二日再行發信

為照稱賠款事宜事

第伍拾叁號九月十二日（清曆七月二十四日）發信

九月十四日收覆信

為照稱賠款事宜事

第伍拾肆號九月十二日（清曆七月二十四日）發文

九月二十三日收覆文

為照稱江關所扣留之三井洋行旗紗即行繳還照約辦理事

第伍拾伍號九月十二日（清曆七月二十四日）收文

復九月九日發文

為照復俘虜另案辦理事
第陸拾陸號九月十三日清曆七月二十五日發文
復九月一日收文
為照復劉公島鐵碼頭特允留而不拆事
第陸拾柒號九月十四日清曆七月二十六日收信
復九月十二日發信
為函復賠款事宜事
第陸拾捌號九月十七日清曆七月二十九日發信
九月二十日收復信
為函送文部寄到各報摺事

72 第陸拾玖號 九月二十日 清曆八月初二日 收信

覆九月十七日發信

為與謝文部寄到本年報告書事

73 第柒拾號 九月二十三日 清曆八月初五日 收文

覆九月十二日發文

為驅逐江關次知留之三井洋行掃紗已運南洋禁飭與

領事為商辦理俟浚到日再行照會事

74 第柒拾壹號 九月二十五日 清曆八月初七日 發信

九月二十六日收覆信

為與稱照數查收事

12/28

78 第六拾貳號九月二十六日（清曆八月初八日）收信

復九月二十五日發信九月二十七日送信

為函復賠款事宜並稱面商日晤事

79 第六拾叁號九月二十七日（清曆八月初九日）發信

復九月二十六日收信

為函復面商賠款事宜日晤事

80 第六拾肆號九月二十九日（清曆八月十一日）發信

不收復信

為函稱賠款事宜事

81 第六拾伍號十月四日（清曆八月十六日）發信

不收復信

爲函稱照數事宜事

不列號　十月五日清曆八月十七日　發信

復七月九日收信

爲函復李中堂函稱營口電線事宜事

82　發第拾陸號　十月六日清曆八月十八日　發文

十月十二日收復文

爲照稱照用總領事處抵執沙市事慶處事

83　發第拾柒號　十月七日清曆八月十九日　發文

十月十二日收復文

87 86 85
1004

為照稱駐威海衛英兵事宜事

84
第八拾四號 十月八日 清曆八月二十日 收文

十月十四日發復文

為照稱慶常著派充出使法國大臣事

88
第八拾捌號 十月十二日 清曆八月二十四日 收文

復十月六日發文

為照復珍田總領事應按蘇州沙市重慶等處事

89
第八拾玖號 十月十二日 清曆八月二十四日 收文

復十月七日發文

為照復駐威海衛英兵事宜事

90 房字捌拾壹號 十月十四日 清曆八月二十九日發文

復十月八日收文

95 為照覆慶京堂業派充出使法國大臣事

房字捌拾貳號 十月十七日 清曆八月二十九日發文

十月二十一日收復文

96 為照稱宜闌處綫畫直事

房字捌拾叁號 十月十九日 清曆九月初二日收文

十月二十二日發復文

97 為照稱第一次賠款畫直事

房字捌拾肆號 十月二十一日 清曆九月初四日收文

復十月十七日來文

為照覆支開電綫事宜事

98 第捌拾捌號十月二十二日清曆九月初五日發文

復十月十九日來文

為照覆第一次賠款事宜事

99 第捌拾玖號十月二十二日清曆九月初五日發信

不收覆信

為函稱威海衛我水師兵一節展轉報稱想有些誤事

不列號十月二十二日清曆九月初五日發信

不收覆信

此清單亦請照覆

此清單亦請照覆

為照送占踞各地方長官及委員等銜名清單事

100 第捌拾柒號 十月三十日 清曆九月十三日 發信

十一月二日收信

為照送隨使司員銜名清單事

101 第捌拾捌號 十一月二日 清曆九月十六日 收信

復 十月三十日發信

為照覆隨使司員銜名清單均已閱悉事

102 第捌拾玖號 十一月二日 清曆九月十六日 收文

十一月四日林大臣前往總署面商此層

為照覆臺灣總督事宜事

103 第玖拾玖號十一月四日清曆九月十八日發文
十一月六日收覆文
為照會林大臣授男爵並敘勳一等事
104 第玖拾壹號十一月六日清曆九月二十日收文
復十一月四日發文
為照會孫大臣授男爵並敘勳一等事
107 第玖拾貳號十一月十二日清曆九月二十六日發文
十一月十三日收覆文
為照請轉飭收地各員辦理奉省南邊事宜事
108 第玖拾叁號十一月十二日清曆九月二十六日發文

十一月二十一日收復文

為照請轉飭在威名官曉諭該處公平租給以便張鳳注

駐事

109 僚移拾肆號十一月十三日清曆九月二十七日收文

復十一月十二日發文

為照覆轉飭收回各員辦理奉省寬邊畫界事

110 僚移拾伍號十一月十五日清曆九月二十九日收文

十一月十六日發復文

為照請吳府丞著在總署行走事

111 僚移拾陸號十一月十六日清曆九月三十日發文

16/28

復十一月十五日收文

為照復大府丞著存總署咨文之事

〨〢 第捌拾貳號十一月十六日（清曆九月三十日）收信

十一月二十三日發復信

為函稱閩省電綫事宜事

〨〨 第捌拾捌號十一月十八日（清曆十月初二日）發文

十一月二十六日收復文

為照稱珍島總領事兼轄[illegible]慶事宜事

〨〩 第捌拾玖號十一月十九日（清曆十月初三日）發文

十一月二十五日收復文

為照稱英美照運商行船事宜事

115 第壹百號十一月二十日清曆十月初四日收信

十一月二十三日發復信

為函稱閩上海線事宜事

116 第壹百壹號十一月二十一日清曆十月初五日收文

復十一月十二日發文

為照復威海民居無多負責甚重仍請裁撤兵房保衛接駐

事

117 第壹百貳號十一月二十二日清曆十月初六日收信

是係及英文發信

為函請鳳凰城海城二處酌留妥員候旨或交盛京金州
旅順已派黃道等擬派道事

118 第壹百叁號十一月二十三日清曆十月初七日發信
復十一月十六二十等日收信
為函復營口電線事

119 第壹百肆號十一月二十四日清曆十月初八日發信
不發復信
為函稱岫巖鳳凰城等處派張道員餘外派委員等各赴
遼陽海城等處候知會往妥辦接收事

120 第壹百伍號十一月二十五日清曆十月初九日發信

不收覆信書目另收覆文

121 第壹百廿壹號 十一月二十五日（清曆十月初九日）收文
為函稱蘇州通商行船章程事
復十一月十九日發文 十一月二十七日再行發文

122 第壹百廿貳號 十一月二十六日（清曆十月初十日）收文
為照覆蘇州通商行船章程事
復十一月十八日發文

123 第壹百廿參號 十一月二十七日（清曆十月十一日）發文
為照覆珍田總領事前轉蘇撫允於市廛章程事
復十一月二十五日收文 十二月三日收覆文

18
28

為照福蘇杭通商行船事宜事

124 第壹百玖號 十一月三十日 清曆十月十四日 發文

十二月二日收英文復信

125 為照請飭鐵山派安鐙人事

125 第壹百拾號 十二月二日 清曆十月十九日 發文

十二月七日收復文

為照請修理孚威電線事

126 第壹百拾壹號 十二月三日 清曆十月十七日 收文

復十一月二十七日發文

為照復蘇杭通商行船事宜事

127 第壹百拾貳號 十二月七日 清曆十一月二十一日收文

復十二月二日發文

為照覆承威電綫移行北洋迅速興修事

128 第壹百拾叁號 十二月九日 清曆十一月二十三日發文

十二月十三日收覆文

為照稱外國酒烟等項進出口皆准免稅並請嚴飭江關

照約辦理事

129 第壹百拾肆號 十二月十一日 清曆十一月二十五日發文

十二月十五日收覆文

為照稱蘇州租界畫定事

130 第壹百叁拾號 十二月十三日 清曆十一月二十七日 收文

復十二月九日發文

為照復外國酒烟等項完納進口稅並稱需飭江關查照

辦理事

131 第壹百叁拾壹號 十二月十五日 清曆十一月二十九日 收文

復十二月十一日發文 十二月十七日發復文

為照復蘇州租界事宜事

132 第壹百叁拾貳號 十二月十七日 清曆十一月初二日 發文

復十二月十五日收文 十二月二十三日收復文

為照復蘇州租界事宜事

136 第壹百叁拾陸號 十二月二十三日（清曆十一月初八日）收文

復 十二月十七日發文 十二月三十日發復文

為照復蘇州租界事

138 第壹百叁拾捌號 十二月二十九日（清曆十一月十四日）發信

明治二十九年一月一日收復信

137 第壹百叁拾柒號 十二月三十日（清曆十一月十五日）發文

為照請從事中書官補議事

復 十二月二十三日收文 明治二十九年一月三日收

復文

為照復蘇州租界事

20/28

此外

88 ○十月九日發信 請厰八月二十一日称

86 ○十月九日收信 請厰八月二十一日復

87 ○十月九日發文 請厰八月二十一日称

71 ○十月十五日發信 請厰八月二十七日称

92 ○十月十五日收文 請厰八月二十七日復

43 ○十月十六日發文 請厰八月二十八日称

95 ○十月十七日收文 請厰八月二十九日復

105 ○十一月十一日發文 請厰九月二十五日称

106 ○十一月十一日收文 請厰九月二十五日復

以上均係選此事件未有收發文不復錄（臺 匪）

又

68	○	九月十四日發信	清曆七月二十六日	示
67	○	九月十四日收信	清曆七月二十六日	復
70	○	九月十六日發文	清曆七月二十八日	示
77	○	九月二十七日收文	清曆八月初九日	復
78	○	九月二十八日發文	清曆八月初十日	復
79	○	九月二十八日收文	清曆八月初十日	復
133	○	十二月二十日發文	清曆十一月初五日	示
134	○	十二月二十一日收文	清曆十一月初六日	復

以上均係新發事件尚未有成案書故不錄

明治二十九年發收文信稿本目録

公使館書記官中島雄 編次

傍壹號一月一日清曆光緒二十一年十一月十七日收信

復明治二十八年十二月二十九日發信

爲函送隈陸軍監督補護照事

傍貳號一月三日清曆十一月十九日收文

復明治二十八年十二月三十日發文一月十四日發

、復文

爲照復蘇州租界事宜事

傍叁號一月十四日清曆十一月三十日發文

為照稱洋貨運入內地領照事宜事

第肆號 一月十四日（清曆十一月三十日）發文

復 一月三日收文 一月十七日收復文

為照復蘇州租界事宜事

第伍號 一月十四日（清曆十一月三十日）發文

一月二十二日收復文

為照稱私鑄銀錢事宜事

第陸號 一月十五日（清曆十二月初一日）發文

一月十七日收復文

1/24

為照稱領事衙班廸諾仍在牛莊管理本國通商行船事

宜事

第柒號一月十七日清曆十二月初三日收文

復一月十四日發文一月二十四日發復文

為照復蘇州租界事宜事

第捌號一月十七日清曆十二月初三日收文

復一月十五日發文

為照復領事衙班廸諾仍在牛莊管理本國通商行船事

10 第玖號一月二十二日清曆十二月初八日收文

宜事

覆一月十四日發文

為照覆私鑄銀錢事宜事

11 第拾號 一月二十四日（清曆十二月初十日）發文

覆一月十七日收文 二月三日收覆文

為照覆蘇州租界事宜事

12 第拾壹號 二月三日（清曆十二月廿日）收文

覆一月二十四日發文 二月四日發覆文

為照覆蘇州租界事宜並稱通商行船事宜事

13 第拾貳號 二月四日（清曆十二月二十一日）發文

覆二月三日收文 二月十日收覆文

2/29

為照復蘇州租界並通商行船事宜事

14 係拾叁號 二月十日（清曆十二月二十七日） 收文

復二月四日發文 二月十九日發復文

為照復蘇州租界並通商行船事宜事

15 係拾肆號 二月十二日（清曆十二月二十九日） 發文

二月十七日收復文

為照詢劉永福已降書所稱並據本所謂照函是否適確

杜撰事

17 係拾陸號 二月十七日（清曆光緒二十一年正月初五日） 收文

復二月十二日發文

為照復劉永福無甚事須不切再深懷事

18 第拾陸號 二月十九日（清曆正月初七日）發文

復二月十日收文 二月二十一日收復文

為照稱蘇州租界並通商行船事宜事

19 第拾柒號 二月二十一日（清曆正月初九日）發文

二月二十五日收復文

為照稱以一等領事駐劄蘇州兼轄（管）杭州事宜事

20 第拾捌號 二月二十一日（清曆正月初九日）收文

復二月十九日發文 二月二十三日發復文

為照復蘇州租界並通商行船事宜事

此件備案亦
請照寫

21 第拾玖號 二月二十一日清曆正月初九日收信
當日發覆信
爲辦理加冕年隨同入覲之參贊繙譯等員銜名事

22 第貳拾號 二月二十一日清曆正月初九日發信
覆當日收信

23 第貳拾壹號 二月二十二日清曆正月初十日收文
爲函送隨同入覲之參贊等員銜名清單事
二月二十四日發覆文

24 第貳拾貳號 二月二十三日清曆正月十一日發文
爲照稱加冕年覲見日期事

復二月二十一日收文三月十三日收復文

為照再蘇杭人船處通商行船事宜事

25 第貳拾叁號二月二十四日清曆正月十二日發文

復二月二十二日收文

為照復齊年觀見日期事

26 第貳拾肆號二月二十五日清曆正月十三日收文

復二月二十一日發文

為照復荒川一等領事派駐劄蘇州兼轄管杭州事宜事

27 第貳拾伍號二月二十五日清曆正月十三日收信

二月二十八日發復信

為函稱觀見當日派弁赴館導引事
28 係貳拾捌號 二月二十五日 清曆正月十三日 收信
二月二十八日 發復信
為函請隨同觀見之各員赴會事
29 係貳拾玖號 二月二十八日 清曆正月十六日 發信
復二月二十五日收信函件
為函復派弁導引並隨同觀見之各員赴會事
30 係叁拾號 三月一日 清曆正月十八日 發信
不收復信
為函稱駐津水師官員不克隨同觀見附駐津[illegible]貴領之事

31 第貳拾玖號 三月二日 清曆正月十九日 發信

三月四日收復信

為函稱蘇州租界每派加藤書記生請速定議之處事

32 第叁拾號 三月四日 清曆正月二十一日 收信

復三月二日發信

為函復蘇州地方官擬指定地界同加藤書記生往看員

開辦各節事宜仍俟荒川領事到後酌辦事

33 第叁拾壹號 三月七日 清曆正月二十四日 發文

三月九日收復文

為照稱鄭二等領事派駐天津事

29

36 35 34

37 係叁拾貳號三月九日清曆正月二十六日收文

復三月七日發文

為照復鄞二等鑲事並派劉天津事

38 係叁拾叁號三月十二日清曆正月二十九日收文

三月二十七日發復文

為照稱蘇杭等處通商行船章程事

39 係叁拾肆號三月十三日清曆正月三十日收文

復三月二十三日發文

為照復蘇杭等處通商行船章程事

40 係叁拾伍號三月十六日清曆二月初三日發信

不收復信

42 第參拾陸號 為函催限陸軍監督補發事 三月十八日 清曆二月初五日 發文

三月二十二日收復文

43 第參拾柒號 為照稱威海衛口滬沿岸中國軍隊不宜偏並或劃駐事 三月二十日 清曆二月初七日 發文

四月十五日收復文

44 第參拾捌號 為照稱駐威軍隊濫撤並照款扣負擔事 三月二十二日 清曆二月初九日 收文

復三月十八日發文 三月二十八日發復文

6/29

46 第叁拾玖號 三月二十四日 清曆二月十一日 發文
為照覆威海衛口及沿岸德國軍隊不宜停泊或劄駐事
三月二十九日 收受文

47 第肆拾號 三月二十七日 清曆二月十四日 發文
為照稱上野二等領事與劉廣商事
三月二十九日 收受文

48 第肆拾壹號 三月二十七日 清曆二月十四日 發文
為照稱永瀧二等領事與劉永弟事
三月二十九日 收受文
為照稱加藤二等領事與劉亭慶事

49 第肆拾貳號 三月二十七日 清曆二月十四日 發文
　　復 三月十二日收文 三月二十九日收發文
　為照吳蘇杭等處通商行船事

50 第肆拾叁號 三月二十八日 清曆二月十五日 發文
　　復 三月二十二日收文 九月十二日再行發文
　為照稱威海衛口灣沿岸中國軍隊不宜偏英藏樹駐事

51 第肆拾肆號 三月二十九日 清曆二月十六日 收文
　　復 三月二十四日發文
　為照復上野三等領事兼駐劄廈門事

52 第肆拾伍號 三月二十九日 清曆二月十六日 收文

7/29

復三月二十七日發文
為照復永瀧二等領事兼署沙市事
〡〤
併雜拾貳號三月二十九日清曆二月十九日收文
復三月二十七日發文
為照復加藤二等領事兼署重慶事
〡〥
併雜拾叁號三月二十九日清曆二月十九日收文
復三月二十七日發文三月三十日發文
為照復孫抗各處通商行船事宜事
〡〦
併雜拾肆號三月三十日清曆二月十七日發文
復三月二十九日收文

為照復韓民大有慶通商行船章程事
57 第肆拾玖號四月四日清曆二月二十二日收文
四月五日發文
為照詢落合是否寄駐撫州抑係暫代荒川事
58 第伍拾號四月五日清曆二月二十三日發文
復四月四日收文
為照覆落合駐撫是係新辦公務仍歸荒川專轄事
59 第伍拾壹號四月九日清曆二月二十七日發信
四月十一日收覆信
為照催搬運停房之租價事

63
101

60 第伍拾貳號四月十一日清曆二月二十九日收信
復四月九日發信四月十三日發復信
為函覆搬運停虜一事並詢查吳號川事

61 第伍拾叁號四月十三日清曆三月初一日發信
復四月十一日收信
為照覆搬運停虜之香吳號川事

62 第伍拾肆號四月十五日清曆三月初三日收文
復三月二十日發文
為照復駐威軍隊滋擾並賠款利息等事

64 第伍拾伍號四月十九日清曆三月初七日收文

五月十二日發復文
為照稱私鑄銀元比照私鑄制錢治罪事

65 第伍拾陸號四月十九日 清曆三月初七日 收信
復四月十三日發信
為函復撥運停厝之委員盤川知照北洋給發事

66 第伍拾柒號四月二十七日 清曆三月十五日 發文
四月二十八日收復文
為照稱第二次賠款之一半應在伯靈查收事

67 第伍拾捌號四月二十八日 清曆三月十六日 發文
五月四日收復文

9/29

為照攤賠款逾十以下之各縣亦為無庸示遵事

68 第伍拾玖號四月二十八日清曆三月十六日收文

復四月二十七日發文

為照覆第二次賠款之一半應在何處查收事

69 第陸拾號五月一日清曆三月十九日收文

五月二日發覆文

為照詢賠款利息並駐威軍隊需費是否亦在何處公交

事

70 第陸拾壹號五月二日清曆三月二十日發文

復五月一日發文五月四日收覆文

為照得贌餉欵利息並駐歲事隊需費具數仍在俻設充收
事

72 傍懐拾貳號五月四日清曆三月二十二日收文

復四月二十八日發文

為照得贌餉欵選士以下容數無多亦應充收事

73 傍懐拾叁號五月四日清曆三月二十二日收文

復五月二日發文

為照得贌餉欵利息並駐歲事隊需費濟智能充足屆期如
數充收事

76 傍懐拾陸號五月十二日清曆三月三十日發文

82 81　79 78

復四月十九日收文

為照復私鑄銀元比照私鑄制錢治罪事

97 第陸拾伍號五月十五日清曆四月初三日發往信

五月十八日收復信

為函稱官書局彙報內嗣後其稱我國仍用日本年號事

80 第陸拾陸號五月十八日清曆四月初六日收往信

復五月十五日發往信

為函復其稱我國仍用日本年號已轉行官書局照辦事

83 第陸拾柒號六月五日清曆四月二十四日收往信

復四月九十三等日發往信

此章程亦
請照寫

為照復搬運僑民之傳良並看賣盤川照案如數發給事

84 係陸拾捌號 六月十四日 清曆五月初四日 收文

九月二十六日發文

為照送起出沈船章程事

85 係陸拾玖號 六月十七日 清曆五月初七日 收信

不發復信

為照摘劉雨田並馬公函案事

86 係柒拾號 六月二十四日 清曆五月十四日 收文

八月二十二日發文

為照摘設郵遞推廣並與各國聯絡事

11/29

89 第柒拾壹號 六月二十六日（請曆五月十六日）收文

七月十一日發文

為照稱敝村偽銀出口尤應申明告示事

90 第柒拾貳號 六月二十八日（請曆五月十八日）發文

六月三十日收文

為照稱入覲面奉全權大臣轉達事

91 第柒拾叁號 六月三十日（請曆五月二十日）發文

七月五日收文

為照稱上野二等領事兼轄福州汕頭事宜飛龍二等領事兼轄淡口宜蘭事宜事

此件電抄亦請照寫

92 第六拾肆號 六月三十日 清曆五月二十日 收文

復六月二十八日發文

為照覆營口大臣轉電本館并仍應奏明事

93 第六拾伍號 六月三十日 清曆五月二十日 發文

復營口日收文

為照送營口大臣轉電抄事

94 第六拾陸號 七月二日 清曆五月二十二日 收文

七月四日發文

為照稱榜房二次照款並列忽駐城等事係需費甚宜事

95 第六拾柒號 七月三日 清曆五月二十三日 收文

七月二十八日發覆文

為照稱烟台設立碼頭斷收捐費事

96 第二拾捌號 七月四日（請曆五月二十四日）發文

覆七月二日收文

為照覆第二次照會利息駐威軍隊等事宜事

97 第二拾玖號 七月五日（請曆五月二十五日）收文

覆六月三十日發文

為照覆上野二等領事兼轄福州汕頭事宜永瀧二等領（管）

事兼轄漢口宜昌事宜事

98 第三拾號 七月十一日（請曆六月初一日）發文

106 105 104 103 102 101

復六月二十六日收文

爲照覆嚴杜僞銀出口尤應申明告示事

99 牌照拾壹號七月十一日 諸曆六月初一日 發文

七月十六日收覆文

100 牌照拾貳號七月十六日 諸曆六月初六日 收文

爲照稱小田切二等領事寄駐杭州事

復七月十一日發文

101 牌照拾叁號七月二十八日 諸曆六月十八日 發文

爲照覆小田切二等領事寄駐杭州事

復七月三日收文七月三十一日收覆文

13/29

為照復烟台設立碼頭收規費事

108 房捌拾肆號 七月三十一日 清曆六月二十一日 收文

復七月二十八日來文

為照摘烟台碼頭所收規費亦係照、成案辦理事

109 房捌拾伍號 八月四日 清曆六月二十五日 發信

八月八日收覆信

為譯請示木宋幣並松尾商議長發事之號照事

110 房捌拾陸號 八月八日 清曆六月二十九日 收信

復八月四日發信 八月十四日再行發信

為函復本部閣大臣原奏內照示木松尾二員無從發給

執照事

111 第八拾柒號 八月十四日（清曆七月初六日）發信　復八月八日收信　八月二十日再行發信

為函稱英商木松尾二名不領寶蓋、不奇與其執照、並請核辦事

112 第八拾捌號 八月十四日（清曆七月初六日）收文　八月二十二日發覆文

為照請各洋人勿得擅入川省各處遊歷、即往內地游歷亦應限期繳照事

113 第八拾玖號 八月十五日（清曆七月初七日）發文

八月二十日收復文

為照覆蘇撫通商行船事宜事

114 第貳拾號八月二十日清曆七月十二日收文

復八月十五日發文八月二十三日再行發文

為照復蘇撫通商行船事宜事

115 第貳拾壹號八月二十日清曆七月十二日發信

十月十一日收復信

為函催荒木松尾二員寶塗之執照事

116 第貳拾貳號八月二十日清曆七月十二日發信

八月二十四日收復信

為函請轉行上海等處地方官將楊田福原籍騰島寓所遞
骨查交事

117 第玖拾叁號 八月二十日 清曆七月十二日 發信
八月二十二日 收復信
為函詢黃麻七月初三滙報內所載之秦稿是否實在抄
本事

118 第玖拾肆號 八月二十二日 清曆七月十四日 發文
復八月二十四日 收文
為照復設郵遞推廣並與各國聯會事

119 第玖拾伍號 八月二十二日 清曆七月十四日 發文

復八月十四日收文

為照復各洋人勿得輕入川省各處並地面存留地游歷

亦應限期繳照事

180 第拾陸號 八月二十二日 清曆七月十四日 收信

復八月二十日發信 八月二十三日再行發信

為照復七月初三總部內所載之奏稿此係五月二十一日具奏事

121 第拾柒號 八月二十三日 清曆七月十五日 發文

復八月二十日收文 八月二十七日收發文

為照稱蘇杭通商行船事宜事

122 第貳拾捌號八月二十三日 清曆七月十五日 發信

為咨請錄送五月二十一日具奏並附片事

八月二十八日收覆信

123 第貳拾玖號八月二十三日 清曆七月十五日 收文

八月二十四日發覆文

為照轉蘇撫通商行船章程事

124 第叁拾號八月二十四日 清曆七月十六日 發文

覆八月二十三日收文八月二十七日收覆文

為照覆蘇撫通商行船章程事

125 第叁拾壹號八月二十四日 清曆七月十六日 收信

不發之復信

爲函稱劉永田並馬公示察事

126 第壹百貳號 八月二十四日 清曆七月十六日 收信

復八月二十日發信

爲函復稱田福原藤島高見遺骨分咨南洋大臣等查交

事

127 第壹百叄號 八月二十六日 清曆七月十八日 收信

八月二十七日發復信

爲函稱藤島高見二名遺骸已由仁和縣照交等語請派員

赴江寧領取稱田福原二名骸骨事

128 第壹百貳拾捌號 八月二十七日 清曆七月十九日 發信

復八月二十六日來信

為西原藤島高見棟田福原濱齊一層分別酌奪事

129 第壹百貳拾玖號 八月二十七日 清曆七月十九日 收文

復八月二十三日發文

為照復添撥西商行船事宜事

130 第壹百叁拾號 八月二十七日 清曆七月十九日 收文

復八月二十四日發文

為照復添撥西商行船事宜事

131 第壹百叁拾壹號 八月二十八日 清曆七月十日 發信

此具奏內附件亦
請照寫

八月三十一日收覆信
為照請電飭張道照我領事和衷會辦租界一切事
132 併書第捌號八月二十八日 清曆七月三十日 收信
覆八月二十三日發信
為函送五月三十一日具奏原摺並附片抄奉事
133 併書第玖號八月三十日 清曆七月二十二日 收信
不發覆信
為函稱劉甫田一案事
134 併書第拾號八月三十一日 清曆七月二十三日 發文
覆八月二十七日收文二道九月三日收覆文

為照復蘇撫通商行船事宜事

134 第壹百拾壹號 八月三十一日 清曆七月二十三日收信

復八月二十八日發信

為照復函致湖廣總督轉飭宜昌關道與領事會商沙市租界一切事

136 第壹百拾貳號 九月三日 清曆七月二十六日收文

復八月三十一日發文 九月五日發復文

為照復蘇撫通商行船事宜事

137 第壹百拾叁號 九月五日 清曆七月二十八日發文

復九月三日收文 九月九日收復文

為照復蘇撫通商行船事宜事

138 係壹百拾肆號九月九日（清曆八月初三日）收文

復九月五日發文九月十四日發復文

為照復蘇撫通商行船事宜事

139 係壹百拾伍號九月十二日（清曆八月初六日）發文

九月十六日收復文

為照稱威海衛口灣沿岸中國軍隊不宜偪近威營等事

140 係壹百拾陸號九月十四日（清曆八月初八日）發文

復九月九日收文

為照復蘇撫通商行船事宜事

141 第壹百肆拾柒號 九月十六日 清曆八月初十日 收文

為照覆威海衛口灣沿岸中國軍隊不宜擅行造設屯駐事

復九月十二日發文

142 第壹百肆拾捌號 九月十六日 清曆八月初十日 收文

九月十七日發復文

143 第壹百肆拾玖號 九月十七日 清曆八月十一日 發文

為照稱蘇杭通商行船事宜事

復九月十六日收文

144 第壹百伍拾號 九月十七日 清曆八月十一日 發文

為照覆蘇杭通商行船事宜事

14/29

九月二十五日收覆文

為照稱蘇州事具禀若珍由總領事兼辦事

145 傍書壹百貳拾壹號九月二十一日清曆八月十五日收文

九月二十三日發覆文

146 傍書壹百貳拾貳號九月二十三日清曆八月十七日發文

為照稱沙市開關日期事

復九月二十一日收文

147 傍書壹百貳拾叁號九月二十五日清曆八月十九日收文

為照復沙市開關日期事

復九月十七日發文

為照復蘇州事且轉著珍田總領事查照事

148 第壹百貳拾肆號九月二十六日清曆八月二十日發文

復六月十四日收文

為照覆韓行起出沈船章程事

149 第壹百貳拾伍號九月二十八日清曆八月二十二日發信

為照論與外洋往來電報事

149 第壹百貳拾陸號九月二十九日清曆八月二十三日發信

十月二日收信

為照請與大北電報公司合同謄本事

20
47

152 第壹百貳拾柒號 十月一日 清曆八月十五日 發文

十月七日收覆文

為照稱蘇抚通商行船事宜事

153 第壹百貳拾捌號 十月二日 清曆八月二十六日 收信

覆九月二十九日來信

154 第壹百貳拾玖號 十月七日 清曆九月初一日 發信

為函覆與大北電報公司合同底本盛道拟帶前往事

十月十三日收覆信

155 第壹百叁拾號 十月七日 清曆九月初一日 收文

為函稱沙市寄居租界事宜事

158

此文悉底稿
並請照寫

覆十月一日發文

為照覆辦理通商行船事宜事

159 第壹百叁拾壹號十月十一日清曆九月初五日收信

覆八月二十日發信

為函送京木松尾三員護照之執照事

160 第壹百叁拾貳號十月十二日清曆九月初六日發文

當日收覆文

為照送擬立文憑底稿事

161 第壹百叁拾叁號十月十二日清曆九月初六日收文

覆當日發文

為照復擬立文案以底稿自應妥議事

162 第壹百叁拾肆號 十月十三日 清曆九月初七日 收信

復 十月七日發信

為函復沙市專管租界事宜事

163 第壹百叁拾伍號 十月十七日 清曆九月十一日 發文

十月十八日收復文

為照稱本月十三大公會日面告諸節惟有允否兩字而已事

164 第壹百叁拾陸號 十月十八日 清曆九月十二日 收文

復 十月十七日發文

165

為照復前告諸節並無不允之處並訂會寫畫押日期事

166 佛壹百叁拾柒號　十月二十日　清曆九月十四日　發信

十月二十四日收復信

為函請妥飭員迅速繕照事

167 佛壹百叁拾捌號　十月二十一日　清曆九月十五日　收文

十月二十二日發復文

為照稱公立文憑內第一第二等條事宜事

168 佛壹百叁拾玖號　十月二十一日　清曆九月十五日　收文

十月二十二日發復文

為照稱公立文憑內第三條事宜事

168 第壹百肆拾號 十月二十二日 清曆九月十六日發文

復十月二十一日收文

為照復公立文憑內第一第二等條事宜事

169 第壹百肆拾壹號 十月二十二日 清曆九月十七日發文

復十月二十一日收文

為照復公立文憑內第十條三十條事宜事

170 第壹百肆拾貳號 十月二十四日 清曆九月十八日收信

復十月二十日發信

為函復已電閩督轉飭照章妥為照料事

172 第壹百肆拾叁號 十月二十七日 清曆九月二十一日發文

十月三十日收覆文

為照稱欲俾日本人民遵照之一切章程須先與我領事

妥協而行事

173 第壹百肆拾肆號十月二十七日清曆九月二十一日收文

十月二十八日發覆文

為照稱李中堂著往總署去之事

174 第壹百肆拾伍號十月二十七日清曆九月二十一日收文

十一月十八日發覆文

為照稱公立文憑內第四條事宜事

175 第壹百肆拾陸號十月二十八日清曆九月二十二日發文

復十月二十七日收文
爲照複李中堂著在總署行走事
176 第壹百肆拾柒號 十月二十九日 清曆九月二十三日發文
十一月二日收復文
爲照稱蘇營閣進我爲祖房東李去僱用華人一案事
177 第壹百肆拾捌號 十月三十日 清曆九月二十四日收文
復十月二十七日發文
爲照復政府日本人民遵照之一切章程須先與我領事
妥協而行事
178 第壹百肆拾玖號 十一月二日 清曆九月二十七日收文

復十月二十九日發文

為照復蘇祿隣進我商相存案去借用番人一案事

1787 第壹百捌拾號十一月二日（清曆九月二十七日）收文

當日發復文

為照送林爵大臣以及發鑒縁詳單並執照事

1810 第壹百捌拾壹號十一月二日（清曆九月二十七日）發文

復當日收文

為照復發費單並執照分別轉發與各該員照章請旨祗領

1811 第壹百捌拾貳號十一月二日（清曆九月二十七日）發文

佩帶事

24/24

十一月四日收復文

182 第壹百伍拾叁號十一月四日清曆九月二十九日收文

為照稱奉命回國交涉事宜暫交內田參贊署理事

復十一月二日發文

183 第壹百伍拾肆號十一月五日清曆十月初一日發文

為照復稱辭去回國交涉事宜兼與洛部事

十一月十日收復文

184 第壹百伍拾伍號十一月十日清曆十月初六日收文

為照稱貼款利息事宜事

復十一月五日發文

為照復照款利息事宜事

185 第壹百伍拾伍號 十一月十八日 清曆十月十四日 發文

復十月二十七日收文

為照復公立文憑內第四條事宜事

186 第壹百伍拾陸號 十一月二十八日 清曆十月二十四日 發信

為爭論信資未定或不敷之信件所寄貴處應如何辦理事

十二月二十七日收復信

187 第壹百伍拾柒號 十一月二十八日 清曆十月二十四日 收文

十一月二十九日發復文

為照請揚都志著派充出使俄奧和義國大臣事

188 第壹百伍拾玖號十一月二十八日清曆十月二十四日收文

十一月二十九日發復文

為照稱濟觀察著派充出使美義比各國大臣事

189 第壹百陸拾號十一月二十八日清曆十月二十四日收文

十一月二十九日發復文

為照稱伍觀察著派充出使美日秘古各國大臣事

190 第壹百陸拾壹號十一月二十八日清曆十月二十四日收文

十一月二十九日發復文

為照稱李觀察著派充出使德國大臣事

191 第壹百陸拾貳號十一月二十九日清曆十月二十五日發文

192
第壹百陸拾柒號 十一月二十九日 清曆十月二十五日 發文
為照覆楊都憲著派充出使俄奧和等國大臣事
復十一月二十八日收文

193
第壹百陸拾捌號 十一月二十九日 清曆十月二十五日 發文
為照覆羅觀察著派充出使英義比等國大臣事
復十一月二十八日收文

194
第壹百陸拾玖號 十一月二十九日 清曆十月二十五日 發文
為照覆伍觀察著派充出使美日秘等國大臣事
復十一月二十八日收文

195 係壹百陸拾陸號 十一月二十九日 清曆十月二十五日 發文
爲照覆黃觀察着派充出使秘魯大臣事
十二月四日 收覆文

196 係壹百陸拾柒號 十二月四日 清曆十月三十日 收文
爲照摘抗台事宜事
覆 十一月二十九日 收文 十二月十六日 發覆文

197 係壹百陸拾捌號 十二月七日 清曆十一月初三日 發信
爲照覆抗台事宜事
十二月十日 收覆信
爲照請限陸軍監督補給照事

198 第壹百陸拾玖號十二月十日（清曆十一月初六日）收信

復十二月七日發信

為函送限陸軍監督補請照之事

199 第壹百柒拾號十二月十五日（清曆十一月十一日）發信

十二月十九日收復信

為函請中川二等軍醫護照之事

200 第壹百柒拾壹號十二月十六日（清曆十一月十二日）發文

復十二月四日收文十二月十九日收復文

201 第壹百柒拾貳號十二月十六日（清曆十一月十二日）發文

為照稱抗章事

十二月二十日收復文

202 第壹百貳拾叁號十二月十九日（請曆十一月十五日）收信

為照稱蘇州租界事宜事

復十二月十五日發信

203 第壹百貳拾肆號十二月十九日（請曆十一月十五日）收文

為函送中川二等書記官照會事

復十二月十六日發文明治三十年二月一日再行發

文

204 第壹百貳拾伍號十二月二十日（請曆十一月十六日）收文

為照稱杭州事宜事

復十二月十六日發文明治三十年二月一日再行發
文
為照換蘇州租界章事
405
使字第六拾四號十二月二十七日清曆十一月二十三日收信
復十一月二十八日發信
為函送信資各項並文問答事

此外

9 一月十九日發信 清曆十二月初五日 補

16 東 二月十五日收文 清曆光緒二十三年正月初三日 補

34 三月七日發文 清曆正月二十四日 補

28/29

35	又	清曆正月二十四日	祢
36	三月八日收文	清曆正月二十五日	度
41	三月十六日收信	清曆二月初三日	祢
44	三月二十一日收信	清曆二月初八日	祢
46	三月三十一日收信	清曆二月十八日	祢
63	四月十八日發信	清曆三月初六日	祢
71	五月二日發信	清曆三月二十日	祢
74	五月九日發信	清曆三月二十七日	祢
75	五月九日收信	清曆三月二十七日	還
78	五月十五日收信	清曆四月初三日	祢

79	五月十六日發信	清厤四月初四日	度
81	五月二十二日收信	清厤四月初十日	祢
82	五月二十三日發信	清厤四月十一日	復
87	六月二十五日發信	清厤五月十五日	祢
88	六月二十五日收信	清厤五月十五日	復
101	七月二十一日發文	清厤六月十一日	祢
102	七月二十一日收文	清厤六月十一日	祢
103	又	清厤六月十一日	祢
104	又	清厤六月十一日	祢
105	七月二十一日發文	清厤六月十一日	祢

106	又	清曆六月十一日	林
151	九月三十日發文	清曆八月二十四日	許
154	十月二日發文	清曆八月二十六日	傀
159	十月三日發文	清曆八月二十七日	許
158	十月九日發文	清曆九月初三日	許
165	十月十九日發文	清曆九月十三日	滙

以上均係新約書件另有成書函不須錄

明治三十年發收文信原本目錄

公使館書記官中島雄　編次

第壹號一月二日清曆光緒二十二年十二月二十九日收文

一月四日發覆文

為照稱許侍郎著派充出使德國大臣事

第貳號一月四日清曆十二月初三日發文

復一月二日收文

為照復許侍郎著派充出使德國大臣事

第叁號一月四日清曆十二月初三日發文

一月六日收復文

為照稱清水二等領事兼轄廣東以及瓊州西口事宜事

傍肆號一月六日（清曆十二月初四日）收文

復一月四日發文

為照覆清水二等領事兼轄廣東以及瓊州西口事宜事

傍伍號一月十二日（清曆十二月初十日）發文

一月十三日收覆文

為照稱我皇太后仙馭升遐事

傍陸號一月十三日（清曆十二月十一日）收文

復一月十二日發文

為照覆我皇太后仙馭升遐事

1/30

第柒號 一月十四日（清曆十二月十二日）收信

不發信

爲函訂赴館吊唁日時事

第捌號 一月二十一日（清曆十二月十九日）發文

一月二十二日收覆文

爲照稱孫撫遄商試辦章程事宜事

第玖號 一月二十二日（清曆十二月二十日）收文

覆 一月二十一日發文

爲照覆孫撫遄商試辦章程事宜事

第拾號 二月一日（清曆十二月三十日）發信

不收復信

為函繳限滿軍監督補並中川二等軍醫諮照事

第拾壹號二月一日（清曆十二月三十日）發文

二月八日收復文

為照稱抗章書資事

第拾貳號二月一日（清曆十二月三十日）發文

二月八日收復文

為照稱辦理租界事宜事

第拾叁號二月八日（清曆光緒二十三年正月初七日）收文

復二月一日發文

為照復杭京等事宜事
係拾肆號二月八日清曆正月初七日收文
復二月一日發文二月十日發覆文
為照復蘇州祖界事宜事
係拾伍號二月十日清曆正月初九日發文
復二月八日收文二月十四日收覆文
為照稱蘇州祖界事宜事
係拾陸號二月十二日清曆正月十一日收信
十一月十三日發復信
為照詢賀年隨同入覲之參贊繙譯等員銜名事

此清單亦
請照寫

第拾柒號二月十三日清曆正月十二日發信

復二月十二日收信

爲函送隨同入覲之各員銜名清單事

第拾捌號二月十三日清曆正月十二日收文

五月十一日發復文

爲照請黎[illegible]修游歷泰西洋抵境時妥爲保護事

第拾玖號二月十四日清曆正月十三日收文

復二月十日發文

爲照復蘇州租界事宜事

第貳拾號二月十五日清曆正月十四日收文

二月十六日發覆文

為照稱賀年覲見日期事

條貳拾壹號二月十六日清曆正月十五日發文

復二月十五日收文

為照覆賀年覲見日期事

條貳拾貳號二月十七日清曆正月十六日收信

二月二十日發覆信

為照請隨同覲見之各員銜名事

條貳拾叁號二月十七日清曆正月十六日收信

二月二十日發覆信

為函稱覲見當日派弁赴館導引事

第弐百拾肆號二月十九日 清曆正月十八日 發信

二月二十三日以及三月二日收復信

為函稱日本參應按照美國參之津辦理事

第弐百拾伍號二月二十日 清曆正月十九日 發信

復二月十七日收信

為函復隨同覲見之各員名字事

第弐百拾陸號二月二十日 清曆正月十九日 發信

復二月十七日收信

為函復覲見當日派弁赴館導引事

4/30

此副本之漢譯文亦請照寫

第貳拾柒號 三月二十三日 清曆正月二十二日 收信

復三月十九日發信 三月二日 再收覆信

為函覆日本參酌上海關道會照新章完稅事

第貳拾捌號 三月二十四日 清曆正月二十三日 發文

三月二日 收覆文

為照稱賠款以及其他事宜事

第貳拾玖號 三月二日 清曆正月二十九日 發文

三月十二日 收覆文

為照送國書副本並請示覲見日期事

第叁拾號 三月二日 清曆正月二十九日 收文

復二月二十四日發文

為照復賠款以及其他事宜事

第叁拾壹號三月二日清曆正月二十九日收信

復三月十九日發信

為函復日本參已轉致稅司照款並完案事

第叁拾貳號三月十二日清曆二月初十日收文

復三月二日發文

為照復覲見禮節均係吉服此次國書由本衙門代為呈遞事

第叁拾叁號三月十三日清曆二月十一日發信

當日收復信
為函詢面呈國書日期事
第叁拾肆號 三月十三日 清曆二月十一日 收信
復當日發信
為函復面呈國書日期事
第叁拾伍號 三月十五日 清曆二月十三日 發文
三月十九日收復文
為照稱林許大臣出使俄國矢野大臣出使清國事
第叁拾陸號 三月十五日 清曆二月十三日 發信
三月十八日收復信

為函請限陸軍監督補訴諸之事

第叁拾柒號三月十五日清曆二月十三日發信

三月十八日收覆信

為函請中川二等軍醫赍照事

第叁拾捌號三月十五日清曆二月十三日收文

三月十六日發覆文

為照稱張侍郎前往英國致賀大君主在位六十年之慶事

第叁拾玖號三月十六日清曆二月十四日發文

復三月十五日收文

6/10

為照復張侍郎前往英國致賀大君主在位六十年之慶
事

第肆拾號三月十八日清曆二月十六日 發文

三月二十四日收復文

為照稱議設口岸欲倚日本人民遵照之一切章程須先
與我領事審協而行事

第肆拾壹號三月十八日清曆二月十六日 收信

復三月十五日發信

為函送陸軍監督衙門照會事

第肆拾貳號三月十八日清曆二月十六日 收信

復三月十五日發往信

為函送中川二等書記生一照事

第肆拾叁號三月十九日清曆二月十七日收文

復三月十五日發文

為照復天野大臣出使清國事

第肆拾肆號三月二十日清曆二月十八日收文

三月二十三日發復文

為照複國書一通已經進呈御覽事

第肆拾伍號三月二十三日清曆二月二十一日發文

復三月二十日收文

為照復國書一通已經進呈御覽事

係肆拾陸號三月二十三日清曆二月二十一日發文

三月三十一日收覆文

為照稱駐劄廈門上野二等領事作為一等領事事

係肆拾柒號三月二十四日清曆二月二十二日收文

覆三月十八日發文

為照復添設口岸欲俾日本人民遵照之一切章程須先與我領事等協商而行事

係肆拾捌號三月二十六日清曆二月二十四日發文

明治三十一年六月二日再行發文

為照稱廣門事務事宜事

第肆拾玖號三月二十七日清曆二月二十五日收文

三月二十九日發復文

為照稱崇前都統許尚書均著在總署行走事

第伍拾號三月二十九日清曆二月二十七日發文

復三月二十七日收文

為照復崇前都統許尚書均著在總署行走之事

第伍拾壹號三月三十日清曆二月二十八日收文

四月一日發復文

為照稱辦記事務事宜事

8/30

第伍拾貳號三月三十一日（清曆三月二十九日）收文

復三月二十三日發文

為照復駐劄廈門上野三等領事作爲一等領事事

第伍拾叁號三月三十一日（清曆三月二十九日）收文

四月二日發復文

為照稱國書一通寄交裕大臣祇領齎遞事

第伍拾肆號四月一日（清曆三月三十日）發文

為照復蘇杭等界事宜事

復三月三十日收文

第伍拾伍號四月二日（清曆三月初一日）發文

章程亦
請照寫

復三月三十一日收文

爲照覆國書一通寄交裕大臣祗領轉遞事

第伍拾陸號四月四日清曆三月初三日收文

四月十日發覆文

爲照補抚州書冊事宜事

第伍拾柒號四月七日清曆三月初六日收文

七月八日發復文

爲照送飛海避碰章程事

第伍拾捌號四月十日清曆三月初九日發文

復四月四日收文

為照覆抗阻害民各事宜事
第伍拾玖號四月十九日清曆三月十八日發信
四月二十二日收覆信
為照請梶川陸軍大尉護照事
第陸拾號四月二十日清曆三月十九日發文
四月三十日收覆文
為照稱第三次賠款並利息駐威軍隊需費事宜事
第陸拾壹號四月二十一日清曆三月二十日發文
四月二十九日收覆文
為照稱抗亭事宜事

第陸拾貳號四月二十二日（清曆三月二十一日）接信

覆四月十九日發信

爲函送巖川陸軍大尉護照事

第陸拾叁號四月二十九日（清曆三月二十八日）接文

覆四月二十一日發文

爲照覆花章畫事

第陸拾肆號四月三十日（清曆三月二十九日）接文

覆四月二十日發文

爲照覆第三次賠款並利息裝載軍艦送交書畫事

第陸拾伍號五月七日（清曆四月初六日）發文

10/30

五月十七日收復文
為照稱抗章事宜事
第陸拾陸號五月七日清曆四月初六日發信
不收復信
為照繳中川二谷軍艦護照事
第陸拾柒號五月十一日清曆四月初十日發文
復五月十三日收文
為照覆委編修游歷東西洋抵境時妥為保護事
第陸拾捌號五月十四日清曆四月十三日發文
五月十七日收復文

為照稱張伍兩大臣以及徐梁兩通商大人會宴事宜事
第陸拾玖號五月十四日（清曆四月十三日）發文
五月十七日收覆信
為照請撤原一等通譯官玄暎運事
第柒拾號五月十五日（清曆四月十四日）發文
五月二十日收覆文
為照稱上海總領事館事務著釜山領事官補梁署理事
第柒拾壹號五月十七日（清曆四月十六日）收文
復五月七日發文
為照復札高事宜事

11/30

第柒拾貳號五月十七日清曆四月十六日收文

復五月十四日發文

為照復張伍兩大宮以及徐梁兩道諭大令齎呈畫宜事

第柒拾叄號五月十七日清曆四月十六日收文

五月十九日發復文

為照稱第三次賠款利息駐威軍隊需費扣數之語

事

第柒拾肆號五月十七日清曆四月十六日收信

復五月十四日發文

為函送插原一件請速譯呈核事

第弍拾伍號五月十八日（清曆四月十七日）發信

五月二十一日收復信

為函請撫原一等通譯官諭照汋塘瑪湖南及右地字樣

並繳原照三張事

第弍拾陸號五月十九日（清曆四月十八日）發文

復五月十七日來文

為遵償第三次賠款並利息駐威軍隊需撥款數之語

事

第弍拾柒號五月十九日（清曆四月十八日）發信

五月二十一日收復信

山地名等事
請照寫

為函送植原一等通譯官擬前往之内地名等事

第叁拾捌號 五月二十日 清曆四月十九日 收文

復五月十五日發文

為照復上海總領事館事務著兼山領事官植原署理事

第叁拾玖號 五月二十一日 清曆四月二十日 發文

七月四日收復文

為照稱日高友四郎一案事

第捌拾號 五月二十一日 清曆四月二十日 收信

復五月十八九等日發信

為函送植原一等通譯官執照事

第捌拾壹號五月二十九日（清曆四月二十八日）發信
不收覆信
為函送改定通商章程以及禮節條例事
第捌拾貳號六月三日（清曆五月初四日）發信
六月七八日收覆信
為函稱小村學生受傷一案事
第捌拾叁號六月七日（清曆五月初八日）收信
覆六月三日發信
為函覆小村學生受傷深為惋惜業經行文查究暨函飭
日再行奉達事

13/30

第捌拾肆號 六月七日 清曆五月初八日 收文

七月二十日發復文

為照稱嚴禁鑄銀機器私運入口事

第捌拾伍號 六月八日 清曆五月初九日 收信

復六月三日發信

為函稱將用磚拋打小村之宗飛蒼四名懲辦並請禁飭

學生滋鬧處所事仍輕注事

第捌拾陸號 六月十二日 清曆五月十三日 發文

六月十五日發復文

為照稱矢野大臣到京並請訂日期以便前往晤會事

此譯文未行照寫

第捌拾柒號六月十五日清曆五月十六日收文

復六月十二日發文

為照覆矢野大臣到京並請訂日期以便前往照會事

第捌拾捌號六月十七日清曆五月十八日發文

六月二十五日收復文

為照送國書副本及譯文並請訂覲見日期事

第捌拾玖號六月十九日清曆五月二十日收文

六月二十四日發復文

為照稱遊歷傳教洋人經過地方必須將執照呈驗令行

事宜事

第玖拾號 六月二十二日 清曆五月二十三日發信

不收復信

為函徽限違章船户不准給照事

第玖拾壹號 六月二十二日 清曆五月二十三日發文

六月二十八日收復文

為照稱小田切二等領事作為署總領事派駐上海兼駐

杭州事

第玖拾貳號 六月二十四日 清曆五月二十五日發文

復六月十九日收文

為照復游歷傳教洋人經過地方必須將執照呈驗各等

此禮節單
未請照寫

事宜事

第玖拾叁號六月二十五日清曆六月二十六日發文

六月二十八日收復文

為照稱由暹三管領事派駐叭斗莊事

第玖拾肆號六月二十五日清曆六月二十六日收文

復六月十七日發文

為照復說定國書日期並送禮節單事

第玖拾伍號六月二十五日清曆六月二十六日收文

六月三十日發復文

為照稱呂觀察著派充出使德和兩國大臣事

第玖拾陸號 六月二十七日 清曆五月二十八日收文

為照稱福州通商口岸定明洋貨免釐限事

第玖拾柒號 六月二十八日 清曆五月二十九日收文

覆 六月二十二日發文

為照覆小田切二等領事作為署總領事派駐劄上海兼駐杭州事

第玖拾捌號 六月二十八日 清曆五月二十九日收文

覆 六月二十五日發文

為照覆田邊二等領事派駐劄牛莊事

第拾玖號 六月二十八日 清曆五月二十九日 收信
六月三十日 發復信
為酌擬覲見當日派弁赴館導引事
第壹百號 六月三十日 清曆六月初一日 發文
復 六月二十五日收文
為照復被參者派充出使德和奧國大臣事
第壹百壹號 六月三十日 清曆六月初一日 發信
復 六月二十八日收信
為照復覲見當日派弁赴館導引事
第壹百貳號 七月一日 清曆六月初二日 發文

16/30

七月八日收受文

為照稱沙言事實事

第壹百叁號七月四日清曆六月初五日收文

復五月二十一日發文八月三日再行發文

為照復日高友四郎一案事

第壹百肆號七月六日清曆六月初七日發文

七月十一日收受文

為照稱以日切著應領事杭州而外蘇鎮江蕪湖九江

寧波溫州事宜事

第壹百伍號七月六日清曆六月初七日發信

不收復信

爲函繳㨿川陸軍大尉諾照事

併書百陸號七月八日 清曆六月初九日 發文

復函七月七日收文

爲照復撫海避碰章程如能校勘畫一辦理則無異議事

併書百柒號七月八日 清曆六月初九日 收文

復七月一日發文

爲照復沙章事宜事

併書百捌號七月九日 清曆六月初十日 收信

七月十五日發復信

Q 30

為邀陶大令資遣領收事
第壹百玖號七月十日 清曆六月十一日 發信
七月十二日收復信
為聲請玉置毅三郎護照事
第壹百拾號七月十一日 清曆六月十二日 收文
為懇復以田切著總領事，杭州而外兼轄鎮江蕪湖九江
復七月六日發文
寧波溫州事宜事
第壹百拾壹號七月十二日 清曆六月十三日 收信
復七月十日發信

為函送玉置家三郎請照事

係壹百拾貳號 七月十五日 清曆六月十六日 發信

復七月九日收信

為函復衙大令賞還台領收待張大臣首允飯再到咨送本國事

係壹百拾叁號 七月二十日 清曆六月二十一日 發文

復六月七日收文

為照復嚴禁銀機器私運入口事

係壹百拾肆號 七月二十日 清曆六月二十一日 收文

七月二十三日 發文

爲照請轉飭各游歷人等按照驛站正道行走毋得繞赴

備辟處所事

第壹百拾伍號七月二十二日清曆六月二十三日收信

七月二十四日發覆信

爲函送孫道等會單領收事

第壹百拾陸號七月二十三日清曆六月二十四日發文

復七月二十日收文

爲照復轉飭各游歷人等按照驛站正道行走毋得繞赴

備辟處所事

第壹百拾柒號七月二十四日清曆六月二十五日發信

復七月二十二日收信

為函復徐道憲呈領收前張大臣片函紙存到以送本國事

第壹百拾捌號七月二十四日清曆六月二十五日發信

不收復信

為函稱烟台而外廣東香港等處亦有船載華工前往檀香山者似宜函飭嚴禁事

第壹百拾玖號七月三十日清曆七月初二日發文

八月五日收復文

為照稱參贊一案事

第壹百貳拾號八月三日（清曆七月初九日）發文
復七月四日收文十月四日收覆文
為照覆日高友四郎一案事
第壹百貳拾壹號八月五日（清曆七月初八日）收文
復七月三十日發文明治三十一年五月十八日再行
發信
為照覆蔡撥一案事
第壹百貳拾貳號八月十日（清曆七月十三日）發信
八月十一日收覆信
為照請福島陸軍大佐諮照事

第壹百貳拾叁號八月十日清曆七月十三日收文

八月十二日發覆文

為照稱廖都憲著在總署存之事

第壹百貳拾肆號八月十一日清曆七月十四日收信

覆八月十日發信

為函送福島陸軍大佐說略事

第壹百貳拾伍號八月十二日清曆七月十五日發文

覆八月十日收文

為照覆廖都憲著在總署存之事

第壹百貳拾陸號八月十二日清曆七月十五日發信

不收存信

為函致玉置殿三郎請照事

第壹百貳拾柒號八月十七日清曆七月二十日發文

八月十九日收受

為照擬文秀等一案事

第壹百貳拾捌號八月十九日清曆七月二十二日收文

復八月十七日發文十二月三十一日再行發信

為照復文秀等一案事

第壹百貳拾玖號九月八日清曆八月十二日發文

九月十一日收受

為照稱天津領事館事務著藤田書記生署理事
第壹百參拾號 九月八日 清曆八月十二日 發文
九月十一日收文

為照稱芝罘領事館事務著大杉書記生署理事
第壹百參拾壹號 九月十一日 清曆八月十五日 收文
復 九月八日發文

為照復天津領事館事務著藤田書記生署理事
第壹百參拾貳號 九月十一日 清曆八月十五日 收文
復 九月八日發文

為照復芝罘領事館事務著大杉書記生署理事

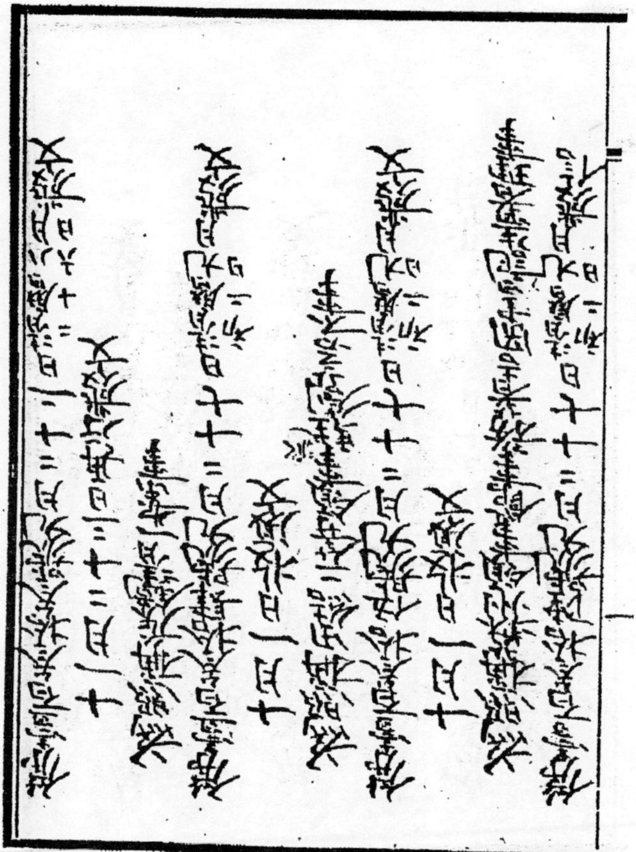

九月三十日收覆信

為函請中島裁之詐照事

第壹百叁拾柒號九月三十日 清曆九月初五日 收信

覆九月二十七日發信

為函送中島裁之護照事

第壹百叁拾捌號十月一日 清曆九月初六日 收文

覆九月二十七日發文

為照覆留緒二名領事館駐劄之宜否事

第壹百叁拾玖號十月一日 清曆九月初六日 收文

覆九月二十七日發文

為照會兼蘇州領事館事務者高等書記生家宮事

係壹百肆拾號十月四日清曆九月初九日收文

復八月三日發文

為照覆洛日高友四郎一案之事

係壹百肆拾壹號十月二十三日清曆九月二十八日發信

之不收還信

為函覆福島陸軍大佐游歷之事

係壹百肆拾貳號十月二十四日清曆九月二十九日發文

十一月四日收覆文

為照轉賠款村忽書宜事

第壹百肆拾叁號 十月二十七日 清曆十月初二日 發文
為照稱天津書來書宜事
十一月一日收發文
第壹百肆拾肆號 十月二十七日 清曆十月初二日 發信
十月三十一日收發信
為照請寬飭屬道給照一層照約辦理事
第壹百肆拾伍號 十月二十九日 清曆十月初四日 發文
十一月五日收發文
為照稱漢字書來書宜事
第壹百肆拾陸號 十月三十一日 清曆十月初六日 收信

83
30

復十月二十七日發信

為孟家溝照一層已電知閣有通融辦理事

第壹百肆拾柒號十一月一日清曆十月初七日收文

復十月二十七日發文十二月七日再有收文

為照復天津畫界事宜事

第壹百肆拾捌號十一月四日清曆十月初十日收文

復十月二十四日發文

為照復賠款利息畫一事

第壹百肆拾玖號十一月五日清曆十月十一日收文

復十月二十九日發文明治三十一年五月十四日再

有收文

為照覆呈書事

係壹百伍拾號十一月十一日（清曆十月十七日）發信

十一月十四日收覆信

為照請神尾譯事大佐護照事

係壹百伍拾壹號十一月十四日（清曆十月二十日）收信

復十一月十一日發信

為照送神尾譯事大佐護照事

係壹百伍拾貳號十一月二十三日（清曆十月二十九日）發文

十一月二十五日收覆文

24/30

為照據孫廷鏡清一案事
係壹百伍拾叁號十一月二十四日清曆十一月初一日發信
十一月二十八日收復信
為照請飭漳州府各地方勿得誤會新約事
係壹百伍拾肆號十一月二十五日清曆十一月初二日收文
復十一月二十三日發文十一月三十日再行發文
為照復孫廷鏡清一案事
係壹百伍拾伍號十一月二十八日清曆十一月初五日收信
復十一月二十四日發信
為照復飭漳州府各地方嗣後務照新約辦理事

第壹百伍拾陸號 十一月三十日（清曆十一月初七日）發文

復十一月二十五日收文十二月五日收復

為照覆吳鎮清一案事

第壹百伍拾柒號 十二月二日（清曆十一月初九日）收信

十二月三日發復信

為照謝王副將等注視陸事大操禮意有加事

第壹百伍拾捌號 十二月三日（清曆十一月初十日）發信

復十二月二日收信

為照覆王副將等注視陸事大操禮意有加事

第壹百伍拾玖號 十二月三日（清曆十一月初十日）發信

十二月五日收發信

為函請川崎三郎以村俊三郎護照事

條書石陸拾號十二月五日即清曆十一月十二日收文

復十一月三十日發文明治三十一年六月二十九日

再行發文

為照復旅館清查一案事

條書石陸拾壹號十二月五日即清曆十一月十二日收信

復十二月三日發信

為函送川崎三郎以村俊三郎護照事

條書石陸拾貳號十二月六日即清曆十一月十三日發文

十二月十一日北洋復文

為照稱上野三等領事兼管廣州以及瓊州事宜事

第壹百陸拾叁號 十二月七日 清曆十一月十四日 收文

十二月二十一日發復文

為照稱天津[illegible]事宜事

第壹百陸拾肆號 十二月十一日 清曆十一月廿八日 收文

復十二月六日發文

為照復上野三等領事兼管廣州以及瓊州事宜事

第壹百陸拾伍號 十二月二十一日 清曆十一月廿八日 發文

復十二月七日收文 明治三十一年一月二十一日收

復文

為照復天津米若書局事

係書百陸拾陸號十二月二十一日清曆十一月二十八日發信

不必復信

為函覆川崎三郎以村松三郎請照事

係書百陸拾柒號十二月二十五日清曆十二月初二日發信

明治三十一年一月四日收覆信

為函催張丈空及梁道寧領收事

係書百陸拾捌號十二月三十一日清曆十二月初八日發信

明治三十一年一月一六以及十八等日收覆信

為函聘艾秀亭一案事

27/30

明治三十一年至三十三年 在清我公使館與總署往復書信目錄 卷六

明治三十一年發收文信原存目錄

公使館書記官中島雄 編次

第壹號 一月一日清曆光緒二十三年十二月初九日收信

復明治三十年十二月三十一日發信

為函覆文秀亭一案事

第貳號 一月四日清曆十二月十二日收信

復明治三十年十二月二十五日發信

為函送張大臣及梁道憑單領收事

第叁號 一月六日清曆十二月十四日收信

復明治三十年十二月三十一日發信

爲函覆文秀亭一案事

第肆號 一月七日 清曆十二月十五日 發文

一月十一日收覆文

爲照稱山川諸一郎等一案事

第伍號 一月七日 清曆十二月十五日 發信

一月十日收覆信

爲函稱王二一案事

第陸號 一月十日 清曆十二月十八日 收信

覆 一月七日發信

爲函覆王二一案事

第柒號 一月十一日 清曆十二月十九日 收文

復 一月七日發文

為照復山川詩一郎等一案事

第捌號 一月十五日 清曆十二月二十三日 收信

一月十六日發復信

為函稱王二一案事

第玖號 一月十六日 清曆十二月二十四日 發信

復 一月十五日收信

為函復王二一案事

第拾號 一月十八日 清曆十二月二十六日 收信

復明治三十年十二月三十一日發信

為電稱艾秀淳一案事

第叁壹號一月十八日 清曆十二月二十六日 收文

二月二十五日發文

為照稱山川諮一郎等一案事

第叁貳號一月二十一日 清曆十二月二十九日 收文

復明治三十年十二月三十一日發文

為照復天津租界事宜事

第叁叁號一月三十一日 清曆光緒三十四年正月初十日 收信

二月一日發信

此清單亦請照寫

為覆詢賀年隨同入覲之參贊等官銜名事

第拾肆號 二月一日 清曆正月十一日 發信

復 一月三十一日收信

為函送隨同入覲之參贊各官銜名清單事

第拾伍號 二月三日 清曆正月十三日 收文

十一月十六日發往復文

為照詢宮崎陸軍大尉等應閱察者各條事

第拾陸號 二月六日 清曆正月十六日 收信

復 一月七日及十六日發信

為函稱王二一條事

此清單亦
請照寫

第拾柒號 二月八日 清曆正月十八日 發信

二月九日收覆信

爲函稱鄭領事亦應隨同入覲事

第拾捌號 二月九日 清曆正月十九日 收信

覆二月八日發信

爲函覆鄭領事亦應隨同入覲事

第拾玖號 二月十日 清曆正月二十日 收文

不發復文

爲照稱覲見日期並送禮節清單事

第貳拾號 二月十日 清曆正月二十日 收信

不發復信

爲函稱覲見當日派員赴廷館導引事

條貳拾壹號 二月十一日 清曆正月二十一日 收信

不發復信

爲函請陪同覲見之各員赴會事

條貳拾貳號 二月十一日 清曆正月二十一日 收文

三月二十二日發復文

爲照稱進口貨物如在沿途住賣即照章辦理事

條貳拾叁號 二月二十五日 清曆二月初五日 發文

復一月十八日收文三月二日收復文

為照復山川誥一郎等一案事

第貳拾肆號 三月二日（清曆二月初十日）收文

復二月二十五日發文五月十三日再有發文

為照復山川誥一郎等一案事

第貳拾伍號 三月四日（清曆二月十二日）發文

三月十一日收復文

為照稱奉天省南岸及朝鮮談海之江河測量一局事

第貳拾陸號 三月七日（清曆二月十五日）發信

三月八日收復信

為照送山川誥一郎等失蹤案事

此失單量抄
京諸照寫

4
37

第貳拾柒號 三月八日 清曆二月十九日 收信

復三月七日發信

為函覆釜山川許一郎等失竊案據現已抄錄咨行事

第貳拾捌號 三月十一日 清曆二月十九日 收文

復三月四日發文

為照覆奉天省南岸及朝鮮沿海之江河測量一層已經咨行事

第貳拾玖號 三月二十二日 清曆三月初一日 發文

復二月十一日收文

為照覆進口貨物若在沿途售賣即照新章辦理事

第叁拾號 三月二十七日 清曆三月初六日 收文

四月六日發復文

為照稱下餘賠款及本年威海軍費要需在閏三月十八日全數交清事

第叁拾壹號 三月三十日 清曆三月初九日 發信

四月三日收復信

為函稱沙市設卡不以為然事

第叁拾貳號 三月三十一日 清曆三月初十日 收文

四月四日發復文

為照稱岳州府三都澳秦王島等處擬添開口岸事

第叁拾叁號 四月三日 清曆三月十三日 發信

四月十一日再行發信

為再請建飭上海鎮江蕪湖寧波福州廈門各關禁准內外船裝載米穀出洋事

第叁拾肆號 四月三日 清曆三月十三日 收信

復三月三十日發信

為函復沙卡一事業經影督查明辦理事

第叁拾伍號 四月四日 清曆三月十四日 發文

復三月三十一日來文

為照復岳州府三都澳秦王島等處援添開通商口岸事

第叁拾陸號　四月四日　清曆三月十四日　發信
不收復信
為覆飛彈神尾隊事大佐請照事
第叁拾柒號　四月六日　清曆三月十九日　發文
復三月二十七日收文
為照覆下餘賠款及本年威海軍費事於閏三月十七日
午正以前交收事
第叁拾捌號　四月七日　清曆三月十七日　收文
四月八日發復文
為照覆吳淞添開商埠事

第叁拾玖號四月八日清曆三月十八日發文

復四月七日收文

為照復吳淞添闢商埠事

第肆拾號四月十一日清曆三月二十一日發信

四月二十五日再行發文

為函稱江省偏災即行暫准米穀運滬當不致有礙民食事

第肆拾壹號四月十四日清曆三月二十四日發文

四月二十日收復文

為照詢賠款各國減讓實收之期已否訂定事

第肆拾貳號　四月二十日　清曆三月三十日　收文

復　四月十四日發文

為照復朝鮮咸興貢效收之期須知出使美德大臣

並飭行總稅務司照辦事

第肆拾叁號　四月二十二日　清曆閏三月初二日　發文

四月二十四日收復文

為照請不將福建省內地方讓與若租與於他國事

第肆拾肆號　四月二十四日　清曆閏三月初四日　收文

復　四月二十二日發文

為照復福建省內及沿海一帶均屬要地無論何國概不

讓與或租給事

第肆拾伍號四月二十五日即清曆閏三月初五日發文

四月二十八日收覆文

為照請暫准米穀來渡事

第肆拾陸號四月二十八日即清曆閏三月初八日收文

復四月二十五日發文

為照覆米谷者亦遇災歉未能接濟事

第肆拾柒號五月一日即清曆閏三月十一日發信

當日收覆信

為函再撤退威海守兵事宜事

第肆拾捌號五月一日 清曆閏三月十一日 收信
准審日發信
為函覆撤退威海各兵事宜事
第肆拾玖號五月一日 清曆閏三月十一日 收信
五月四日發信
為函稱賠款及威海衛中事宜事
第伍拾號五月二日 清曆閏三月十二日 收信
五月四日發信
為函稱撤退威海各兵事宜事
第伍拾壹號五月三日 清曆閏三月十三日 發信

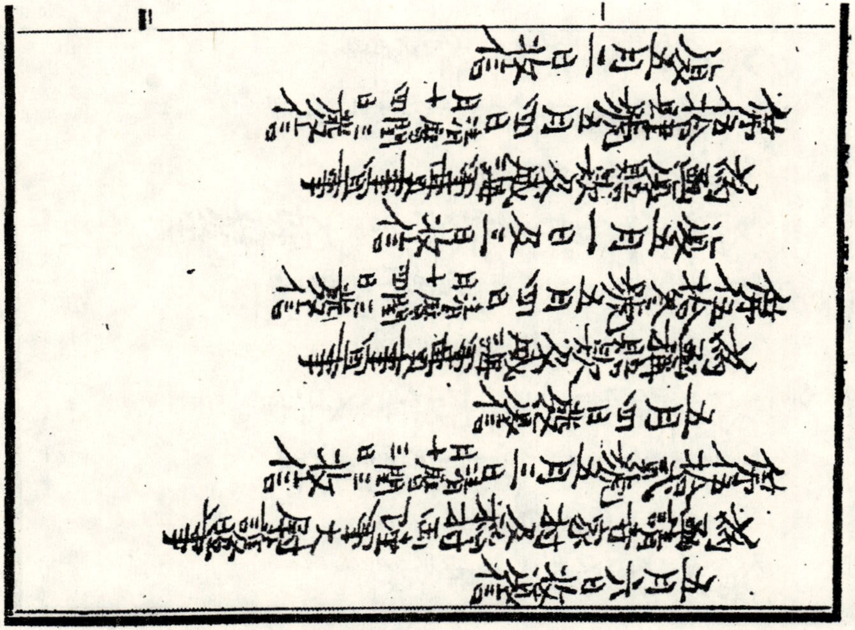

此章程亦請照寫

為咨撥退威海守千金宮事

係伍拾伍號五月六日清曆閏三月十六日收信

貞五月三日發信

為咨送奇家村及福村兩陸軍大尉護照事

係伍拾陸號五月八日清曆閏三月十八日發信

五月十三日收復信

為咨稱尚擬派學生教其多士事

係伍拾柒號五月八日清曆閏三月十八日收文

六月十四日發覆文

為咨送修改長江通商章程事

9/31

第伍拾捌號五月十一日清曆閏三月二十一日發文

五月十七日收覆文

為照稱三好陸軍少將應將威海衛及所存房屋等處交

清國委員以便轉交清國事

第伍拾玖號五月二十一日清曆閏三月二十一日收文

五月二十八日發覆文

為照稱汉市一案事

第陸拾號五月十一日清曆閏三月二十一日收信

五月十二日發覆信

為函稱汉市一案事

第陸拾壹號五月十二日清曆閏三月二十二日發信

復五月十一日收信十八日再有收信

為西原汎市一案事

第陸拾貳號五月十三日清曆閏三月二十三日收信

復五月八日發信

為函謝倫堡選派學生教其弟子事

第陸拾參號五月十三日清曆閏三月二十三日收文

七月九日發文

為照復山川請一郎等一案事

第陸拾肆號五月十三日清曆閏三月二十三日收文

10/31

五月十八日發復文
為照稱賠款及威海衛費交訖事
係陸拾伍號五月十四日清曆閏三月二十四日收文
五月二十七日發復文
為照稱洋人再索費事
係陸拾陸號五月十七日清曆閏三月二十七日收文
復五月十一日發文
為照覆飭派員接收威海衛及原存房屋等處事
係陸拾柒號五月十八日清曆閏三月二十八日收信
復五月十七日發信

為函覆洪市一案事

係陸拾捌號五月十八日（清曆閏三月二十八日）發信

五月二十二日收覆信

為函催祭發一案事

係陸拾玖號五月十八日（清曆閏三月二十八日）發文

復五月十三日收文

為照覆賠款及威海衛償款事

係柒拾號五月二十二日（清曆四月初三日）收信

復五月十八日發信十二月十九日再行發文

為函覆祭發一案事

11/37

第六拾壹號五月二十五日清曆四月初六日發文

不收覆文

為照擬暫赴威海之我國軍隊經于五月二十三日撤回事

第六拾貳號五月二十七日清曆四月初八日發文

覆五月十四日收文六月四日收覆文

為照覆漢口專管租界事

第六拾叁號五月二十七日清曆四月初八日發文

六月一日收覆文

為照擬撤式樣一案事

第貳拾肆號五月二十八日（清曆四月初九日）發文

復五月十一日收文

為隨後汲水一案事

第貳拾伍號五月二十八日（清曆四月初九日）發文

六月三十二日再行發文

為照稱汲水一案事

第貳拾陸號五月三十一日（清曆四月十二日）發文

六月四日收復文

為照請允上海之寄界改於吳淞事

第貳拾柒號六月一日（清曆四月十三日）收文

七月九日發覆文

為照稱山川許一郎等一案事

第柒拾捌號六月一日清曆四月十三日收文

又五月二十七日發文

為照覆揚式樣一案事

第柒拾玖號六月二日清曆四月十四日發文

六月十五日收覆文

為照催覆隨帶書信事

第捌拾號六月三日清曆四月十五日收文

六月十四日發覆文

為照洋華洋小輪船駛赴通商處所者之內港章程事
第捌拾壹號 六月四日 清曆四月十九日 收文
復五月二十七日發文 六月十五日再行發文
為照復漢口畫界事
第捌拾貳號 六月四日 清曆四月十九日 收文
復五月三十一日發文 八月十七日再有收文
為照復允上海之事不及於吳淞一層俟復到日再行照
會事
第捌拾叁號 六月九日 清曆四月二十一日 發文
復六月四日收文 十五日收復文

為照稱漢民爭界事
係捌拾肆號 六月九日 清曆四月十一日 發信
六月十日收復信
為孟稱扎教習被盜馬匹一案事
係捌拾伍號 六月十日 清曆四月二十二日 收信
復六月九日發信 十九日再有收信
為孟稱扎教習被盜馬匹一案事
係捌拾陸號 六月十二日 清曆四月二十四日 發信
不收復信
為孟稱清韓交易事宜事

第捌拾柒號 六月十四日 清曆四月二十六日 發文

覆五月八日收文 六月十九日收覆文

為照請收撥長江通商章程內准將江蘇之通州一律辦理事

第捌拾捌號 六月十四日 清曆四月二十六日 發文

覆六月三日收文

為照覆華洋小輪船駛赴通商各口之內港章程業經咨劄事

第捌拾玖號 六月十五日 清曆四月二十七日 收文

覆六月二日發文 九月二日發覆文

14/31

為照復房舖書契存案事

第玖拾柒號六月十五日 清曆四月二十七日 收文

覆六月九日發文

為照復學呈書案事

第玖拾叁號六月十八日 清曆四月三十日 發文

六月二十七日再行發信

為照稱生徒書案事

第玖拾貳號六月十九日 清曆五月初一日 收信

六月二十七日發復信

為函稱老教習被盜馬匹一案事

第玖拾叁號　六月十九日（清曆五月初一日）收文
復六月十四日發文　二十九日發覆文
為惠與江蘇之通州未經列入長江通商口岸不得援照辦理事

第玖拾肆號　六月二十二日（清曆五月初四日）發文
為照稱沙市一案事
七月六日收覆文

第玖拾伍號　六月二十五日（清曆五月初七日）發信
為照稱天津租界之議不可再延多日事
六月二十七日收覆信

第玖拾陸號六月二十七日（清曆五月初九日）發信

復六月十九日收信七月二十二日再行發信

為函復彰者被盜馬匹一案事

第玖拾柒號六月二十七日（清曆五月初九日）發信

十月二十一日發文內再聞本件

為函請將莊害案宜仍按前照會辦事

第玖拾捌號六月二十七日（清曆五月初九日）收信

復六月二十五日發信

為函復天津租界之議候結再行布達事

第玖拾玖號六月二十九日（清曆五月十一日）發文

七月九日收發文

為照催旗鑄清一案事

傍字百號六月二十九日清曆五月十一日發文

復六月十九日收文

為照復江蘇之通州未經列入長江通商章程本係碍難照辦

於未明晰事

傍字百壹號六月三十日清曆五月十二日收文

七月二日發文

為照稱王當事等著在總署行走事

傍字百貳號七月二日清曆五月十四日發文

復六月三十日收文

為照復王尚書著往總署行走之事

第壹百叁號七月二日 清曆五月十四日 發信

七月四日收復信

為函請藤井陸軍大尉及田中翻譯護照之事

第壹百肆號七月四日 清曆五月十六日 收信

復七月二日發信

為函送藤井陸軍大尉及田中翻譯護照之事

第壹百伍號七月六日 清曆五月十八日 收文

復五月二十八日及六月二十二日發文七月八日再

行發文

爲照復沙市一案事

係寄石陸號七月七日清曆五月十九日發信

七月九日收復信

爲函請查飭平安號暫停之處妥爲照料事

係寄石柒號七月八日清曆五月二十日發文

七月二十七日再行發文

爲照摘沙市事宜事

係寄石捌號七月九日清曆五月二十一日發文

復五月十三日及六月一日收文

為照覆山川喆一郎一案事

第壹百玖號七月九日 清曆五月二十一日 發信

七月十五日收覆信

為聲請飭送內地潭綠全蓋事

第壹百拾號七月九日 清曆五月二十一日 收文

覆六月二十九日發文十二月十九日再行發文

為照覆發張鍋清一案事

第壹百拾壹號七月九日 清曆五月二十一日 收信

不覆覆信

為函稱沙市公館事

佛書壹百拾貳號七月九日 清曆五月二十一日 收信

復七月七日發信

為西貢兵艇壹叁號暫停之處已咨行禁飭照料事

佛書壹百拾叁號七月十二日 清曆五月二十四日 發信

七月十七日收覆信

為西貢稱店商事宜事

佛書壹百拾肆號七月十四日 清曆五月二十六日 發文

七月十九日收覆文

為照稱福州暫由原商公設領事館事

佛書壹百拾伍號七月十四日 清曆五月二十六日 收信

不發復信

為西捕清商在沙市專界內居住事

係第弍拾陸號七月十五日清曆五月二十七日收信

復七月九日發信八月十日再有收信

為函復添綫全蜀俟總站再行函送事

係第弍拾柒號七月十五日清曆五月二十七日發文

七月十九日收復文

為照稱奉命回國公海事宜暫交林領事署理事

係第弍拾捌號七月十六日清曆五月二十八日收文

不發復文

為照稱天津專界事宜事

第壹百拾玖號七月十七日 清曆五月二十九日 收信

復七月十二日發信

為照復廈門專界事宜事

第壹百貳拾號七月十九日 清曆六月初一日 收文

復七月十四日發文

為照復福州暫由廈門分設領事館事

第壹百貳拾壹號七月十九日 清曆六月初一日 收文

復七月十五日發文

為照復矢野大臣回國派萩原為署理事

19/31

以續定章程
亦請照寫

第壹百貳拾貳號七月二十二日 清曆六月初四日 發信

八月二十九日再行發信

為漁權投教者被盜馬匹一案事

第壹百貳拾叁號七月二十六日 清曆六月初八日 收文

七月二十八日發覆文

為照送續定華洋輪船駛赴中國內港章程事

第壹百貳拾肆號七月二十七日 清曆六月初九日 發文

八月二日再行發信

為照稱淡水事青果會社辯防接議從速妥結事

第壹百貳拾伍號七月二十八日 清曆六月初十日 發文

復七月二十六日收文

為照覆續定華洋輪船駛赴中國沿海章程抄送本國並

飭各口領事遵照事

第壹百貳拾陸號七月三十一日清曆六月十三日收文

八月五日發文

為照送與國刷印紙帶事

第壹百貳拾柒號八月二日清曆六月十五日發信

八月六日收復信

為照請派員一屬遣往澳洲以便早日妥結事

第壹百貳拾捌號八月五日清曆六月十八日發文

復七月三十一日收文
為照復與日本國局印約章抄送本國事
傍壹百貳拾玖號八月六日 清曆六月十九日 收信
復八月二日發信
為函復沙幸一層電達該督飭催闕迅速辦理事
傍壹百叁拾號八月八日 清曆六月二十一日 發信
八月二十九日再行發信
為函請新開房屋發給紅契事
傍壹百叁拾壹號八月九日 清曆六月二十二日 發文
八月十七日收覆文

為照稱杜立功一案事
第壹百叁拾貳號八月九日 清曆六月二十二日 發信
八月十八日有收文
為函稱袁大臣期滿得遞一節前於貴署為我國朝野所深契事
第壹百叁拾叁號八月十日 清曆六月二十三日 收信
復七月九日發信
為函送電線全圖事
第壹百叁拾肆號八月十三日 清曆六月二十六日 發文
八月二十一日收覆文

為照稱蘇州書吏蔡書宣事
係第百叁拾伍號八月十七日清曆七月初一日收文
復五月三十一日發文
為照稱上海縣民之楊樹浦設立書案煩為保事
係第百叁拾陸號八月十七日清曆七月初一日收文
復八月九日發文十二月三十一日再有收文
為照復狂立功一案事
係第百叁拾柒號八月十八日清曆七月初二日收文
八月十九日發復文
為照稱東京掌案派充駐劄出使日本國大臣事

第壹百叁拾捌號八月十八日（清曆七月初二日）收文

八月十九日發覆文

為照稱係京堂著派充出使朝鮮國大臣事

第壹百叁拾玖號八月十九日（清曆七月初三日）發文

復八月十八日收文

為照復京堂著派充出使日本國大臣事

第壹百肆拾號八月十九日（清曆七月初三日）發文

復八月十八日收文

為照稱係京堂著派充出使朝鮮國大臣事

第壹百肆拾壹號八月二十一日（清曆七月初五日）收文

復八月十三日發文明治三十二年五月十二日再有
收文

為照復福州專界事宜事

第壹百肆拾貳號八月二十八日清曆七月十二日收文

不發覆文

為照催沙市鋪案事

第壹百肆拾叁號八月二十九日清曆七月十三日發信

為照催杉教習被盜馬匹一案事

第壹百肆拾肆號八月二十九日清曆七月十三日發信

此文悉底稿
亦請照寫

九月五日收遲信
為函催新竹縣房屋發給紅契事
係壹百肆拾伍號九月二日清曆七月十七日發文
復六月十五日收文
為照稱房前案業宣事
係壹百肆拾陸號九月三日清曆七月十八日收文
九月五日發文
為照送西國電報譯維船從寬妥悉底稿事
係壹百肆拾柒號九月五日清曆七月二十日發文
復九月三日收文

為照[illegible]事

係壹百肆拾捌號九月五日清曆七月二十日收文

九月六日發文

為照、稱渠派辦事人員考察學堂事務事

係壹百肆拾玖號九月五日清曆七月二十日收信

復八月二十九日發信

為函送新購房屋紅白契共六張事

係壹百伍拾號九月六日清曆七月二十一日發文

復九月五日收文

為照、學務委員考察學堂事務人員一層轉行查照事

第壹百伍拾壹號九月九日清曆七月二十四日發文

十一月二十一日有收文

為照請漢口租界條款詳飭查明事

第壹百伍拾貳號九月十日清曆七月二十五日發信

九月十九日收覆信

為函稱選派武員往視大操事

第壹百伍拾叁號九月十二日清曆七月二十七日收文

九月十三日發覆文

為照稱裕嵩書呈著繕著行之事

第壹百伍拾肆號九月十三日清曆七月二十八日發文

復九月十二日收文

為照復裕當書著在總署存案之事

第壹百伍拾伍號九月十四日清曆七月二十九日發信

九月十五日收復信

為照稱伊藤大使到京事

第壹百伍拾陸號九月十五日是係清曆七月二十九日晚十二點鐘所發賚到本館即其三十日也收信

復九月十六日發信

為照復擬候伊藤大使晉見日時事

第壹百伍拾柒號九月十五日清曆七月三十日發文

此續補章程
亦請照寫

九月二十一日收復文
為照請沙市租界章程妥飭遵行事
係壹百伍拾捌號九月十五日清曆七月三十日收文
明治三十二年六月十三日發復文
為照送沙市洋行輪補續章程事
係壹百伍拾玖號九月十九日清曆八月初四日收信
復九月十日發信二十一日發復信
為函復派員注視大碼頭事
係壹百陸拾號九月十九日清曆八月初四日收信
不發復信

為函稱伊勝大部入韓日期事
第壹百陸拾壹號九月二十一日 清曆八月初六日 發信
不收復信
為函徽藤并陸軍大尉及田中紹鄭翻譯請發事
第壹百陸拾貳號九月二十一日 清曆八月初六日 發信
復九月十九日發信
為函復派武員往視大操事
第壹百陸拾叁號九月二十一日 清曆八月初六日 收文
復九月十五日發文十一月二十一日再有收文
為照復沙市租界章程俟咨督咨送再行核辦事

第壹百陸拾肆號九月二十一日（清曆八月初六日）收文
九月二十三日發覆文
為照稱裕大臣請假著李御史暫行代理事

第壹百陸拾伍號九月二十三日（清曆八月初八日）發文
覆九月二十一日收文
為照覆裕大臣請假著李御史暫行代理事

第壹百陸拾陸號九月二十七日（清曆八月十二日）收文
九月二十九日發覆文
為照送伊藤[illegible]等執照事

第壹百陸拾柒號九月二十八日（清曆八月十三日）收文

九月二十九日發復文

為照辦崔侍郎著在總署行走之事

第壹百陸拾捌號　九月二十九日　清曆八月十四日　發文

復　九月二十七日收文

為照復俟滕旗兵隊並飭照清國條辦之事

第壹百陸拾玖號　九月二十九日　清曆八月十四日　發文

復　九月二十八日收文

為照復徐侍郎著在總署行走之事

第壹百柒拾號　十月二日　清曆八月十七日　收信

十月三日發復信

為函稱跟隨學生被毆一案事

第壹百柒拾壹號十月二日清曆八月十七日收信

十月六日發復信

為函稱選派武員注視大局事

第壹百柒拾貳號十月三日清曆八月十八日發信

十月八日收復信

為函送教育法規稿本事

第壹百柒拾叁號十月三日清曆八月十八日發信

復十月二日收信四日收復信

為函復跟隨學生被毆一案事

第叁百柒拾肆號 十月四日 清曆八月十九日 收信

復 十月三日發信

為函復踉蹡寺宇被毀一案事

第叁百柒拾伍號 十月四日 清曆八月十九日 收信

十月十二日發復信

為函稱請加藤礦師議事

第叁百柒拾陸號 十月四日 清曆八月十九日 收文

為照稱遇有洋人經過一體妥為巡護事

第叁百柒拾柒號 十月五日 清曆八月二十日 收信

十月六日發咨信

爲函催遴派武員往視大操事

傍書百柒拾捌號 十月六日 清曆八月二十一日 發信

復十月五日來信

爲函覆遴派武員往視大操事

傍書百柒拾玖號 十月六日 清曆八月二十一日 發文

十月十三日收咨文

爲照稱湖川二等領事派駐漢口事

傍書百捌拾號 十月六日 清曆八月二十一日 收文

十月二十一日發咨文

為照稱廣路合辦事借用洋匠必須有該總局准辦明文事

係壹百捌拾壹號　十月八日　清曆八月二十三日　收文

十月十一日發　覆文

為照稱袁京堂著在總署行走事

係壹百捌拾貳號　十月八日　清曆八月二十三日　收信

覆　十月三日發　信

為函謝教書清規類鈔一書并所感長之事

係壹百捌拾叁號　十月八日　清曆八月二十三日　收文

十月十五日發　覆文

為照稱李京堂著派充駐劄（出使）日本國大臣事

第壹百捌拾肆號 十月十日 清曆八月二十五日 發信
十月十二日收覆信
為覆英大臣被拘一案事
第壹百捌拾伍號 十月十一日 清曆八月二十六日 發文
復十月八日來文
為照覆京堂若在總署行走事
第壹百捌拾陸號 十月十一日 清曆八月二十六日 發信
不收覆信
為覆議館之員弁兵丁由津啟行日時並請先期轉飭
預備車輛事

29/31

第壹百捌拾柒號 十月十二日 清曆八月二十七日發信
復 十月四日收信
爲照覆請加藤礦師議事
第壹百捌拾捌號 十月十二日 清曆八月二十七日發信
十月十七日收復信
爲照稱本領吉在江寧府製造局及學堂事
第壹百捌拾玖號 十月十二日 清曆八月二十七日收信
復 十月十日發信
爲照覆大臣被揭一案事
第壹百玖拾號 十月十三日 清曆八月二十八日收文

復十月六日發文

為照復瀨川二等領事設駐漢口事

係書百玖拾壹號十月十五日清曆九月初一日發文

復十月八日收文

為照復李京堂奉派充出使駐劄日本國大臣事

係書百玖拾貳號十月十五日清曆九月初一日發文

十月二十七日收發文

為照詢求案照數應于何日何處交付事

係書百玖拾叁號十月十七日清曆九月初三日收信

復十月十二日發信

為盈愿本領昔起造寺廟及學堂一層已沿河查照辦理事

第肆百玖拾肆號十月二十一日（清曆九月初七日）發文

原案一層十一月一日收覆文斗界一層十二月十日

右收文

為照稱原館及年往來書宜事

第肆百玖拾伍號十月二十一日（清曆九月初七日）發文

覆十月六日收文

為照覆確照合同事借用洋款必須有該給司准辦明文事

第肆百玖拾陸號十月二十一日（清曆九月初七日）發信

十月二十二日收復信

爲函詢甘軍調來若干兵駐紮人數及調去緣由事

第壹百玖拾柒號 十月二十二日 清曆九月初八日 收信

復十月二十一日發信

爲函復甘軍聚集操練調到實數不令外出事

第壹百玖拾捌號 十月二十二日 清曆九月初八日 發信

十月二十三日收復信

爲函稱矢野大臣同往並請商述實事之時事

第壹百玖拾玖號 十月二十三日 清曆九月初九日 收信

復十月二十二日發信

為回覆外務大臣照會[illegible]事

發弍拾號 十月二十四日 清曆九月初十日 發文

十月二十九日收覆文

為照請示覆會審各日期事

發弍拾壹號 十月二十六日 清曆九月十二日 發信

不收覆信

為照詢請美武員訓練兵隊是否示覆事

發弍拾弍號 十月二十七日 清曆九月十三日 收文

覆十月十五日發文

為照覆米案照款已照收存檔事

第貳百叁號十月二十七日清曆九月十三日發信

十月三十日收復信

爲西横濱上野西村田山等被殺一案事

第貳百肆號十月二十九日清曆九月十五日收文

復十月二十四日發文

爲照復面奏御名日期事

第貳百伍號十月三十日清曆九月十六日收信

復十月二十七日發信十一月十七日再有收信

爲西横濱上野西村田山等被殺一案事

第貳百陸號十月三十一日清曆九月十七日發信

北清事示
須照焉

不發復信

為函送隨同親見之各員銜名清單事

第貳百三號十一月一日清曆九月十八日收文

復十月三十一日發文十一月十六日再行發信

為照復原賠書業經呈覽事

第貳百捌號十一月二日清曆九月十九日收信

不發復信

為函稱親見當日事并送使館員名單事

第貳百玖號十一月六日清曆九月二十三日收文

十一月九日發復文

為照料許侍郎著在總署行走之事

第貳百拾號 十一月九日 清曆九月二十六日 發文

復十一月六日收文

為照復許侍郎著在總署行走之事

第貳百拾壹號 十一月十日 清曆九月二十七日 收文

明治三十二年七月八日冉有發信

為照料在京辦事官事

第貳百拾貳號 十一月十三日 清曆九月三十日 收文

不發復文 明治三十二年九月十八日冉有收信

為照料各國官商赴京務須開門以前入城事

第貳百拾叁號十一月十四日清曆十月初一日收文

十一月十六日發覆文

為照稱胡侍郎著往總署行走事

第貳百拾肆號十一月十六日清曆十月初三日發文

覆三月三日收文

為照覆學習陸軍大尉寺廊源請轉呈入營保事

第貳百拾伍號十一月十六日清曆十月初三日發信

十一月二十三日收覆信

為函稱廣明書界事宜事

第貳百拾陸號十一月十六日清曆十月初三日發文

復十一月十四日收文
為照會胡侍郎著在總署行走事
麝貳百拾柒號十一月十七日清曆十月初四日發信
復十月二十七日發信
為照會學生上野西村田山等被毆一案事
麝貳百拾捌號十一月二十一日清曆十月初八日收文
是係復案九月九日發文明治三十二年五月二十七日
再行發信
為照稱漢口租界章程業經妥協自可允行事
麝貳百拾玖號十一月二十一日清曆十月初八日收文

是係復九月十五日發文

為照稱以帝相求妥程尚屬要切省可照辦事

第貳百貳拾號十一月二十三日清曆十月初十日收信

復十一月十六日發信明治三十二年六月二十四日

再行發信

為函廈門專界事宜事

第貳百貳拾壹號十一月二十九日清曆十月廿六日發信

不收復信

為照請俾蔡道仍留江海關原任事

第貳百貳拾貳號十一月三十日清曆十月十七日收文

明治三十二年六月二日有行發文

為照稱久賜覽異事

係貳百貳拾叁號十一月三十日清曆十月十七日發信

明治三十二年二月二十五日有收信

為再稱蘇州一案事

係貳百貳拾肆號十二月三日清曆十月二十日收文

十二月三十日發復文

為選派廣務欽路等程事

係貳百貳拾伍號十二月十一日清曆十月二十八日收信

不發復信

此答勅狀本
加請照寫

爲西班牙國欽差大人覲見當日派弁赴館導引事

第貳百貳拾陸號　十二月十五日（清曆十一月初三日）收信

不發覆信

爲西美署大臣答勅狀事

第貳百貳拾柒號　十二月十九日（清曆十一月初七日）發文

十二月三十日收覆文

爲照催條款一案事

第貳百貳拾捌號　十二月十九日（清曆十一月初七日）發文

十二月三十日收覆文

爲照催灰鉛請一案事

山京奏示
請照閱

係貳百貳拾玖號十二月二十日 清曆十一月初八日 收文
為照送運奉天鐵路辦法八則總之次第奉會事
十二月三十日發文
係貳百叁拾號十二月二十二日 清曆十一月初十日 收文
十二月二十六日發文
為照冊翻當書及挂聯西京等著付總署行查事
係貳百叁拾壹號十二月二十六日 清曆十一月十四日 發文
復十二月二十二日收文
為照漢翻當書另挂聯西京等著付總署行查事
係貳百叁拾貳號十二月三十日 清曆十一月十八日 發信

36/31

明治三十二年一月五日收復信

為承詢大華公司所辦漢粵鐵路由粵至閩一節是否的確事

第貳百叁拾叁號 十二月三十日 清曆十一月廿八日 發文

復十二月三日收文

為照復礦務鐵路章程業經核准事

第貳百叁拾肆號 十二月三十日 清曆十一月廿八日 發文

復十二月二十日收文

為照復粵漢鐵路辦法分別繕志次第咨奏業經核准事

第貳百叁拾伍號 十二月三十日 清曆十一月廿八日 發文

明治三十二年一月二日收復文
為照請施行古闌電綫合同事
第貳百叁拾陸號十二月三十日（清曆十一月十八日）發文
明治三十二年一月七日收復文
為照稱三口一箇領事著駐沙市兼管宜昌事
第貳百叁拾柒號十二月三十日（清曆十一月十八日）發文
復十二月十九日發文
為照復叅讌一案事
第貳百叁拾捌號十二月三十日（清曆十一月十八日）發文
復十二月十九日發文明治三十二年三月一日着

收文

為照漫庄鏡請一案事

係武[illegible][illegible][illegible]北號十二月三十一日清曆十二月十九日收文

復六月九日發文

為照楠杜立功一案事

[illegible]

[illegible]

明治三十二年發收文信原存目錄

公使館書記官中島雄 編次

第壹號 一月二日清曆光緒二十四年十一月二十一日收文

復明治三十一年十二月三十日發文

爲照復各開灤綫合同業經查核可准行事

第貳號 一月五日清曆十一月二十四日收信

復明治三十一年十二月三十日發信

爲函復美華公司並無請辦由粵至閩鐵路事

第叁號 一月六日清曆十一月二十五日收文

一月七日收覆文

為照稱留京學者在總署行查事

附壹號 一月七日（清曆十一月二十六日）發文

復 一月六日 收文

為照復留京學者在總署行查事

附伍號 一月七日（清曆十一月二十六日）收文

復 明治三十一年十二月三十日 發文

為照復三口一等領事著駐津市兼管留學事

附陸號 一月二十三日（清曆十二月十二日）發信

二月二十日 收復信

為照送陳余兩參謀及助[illegible]留學[illegible]事

第柒號二月二日清曆十二月二十二日收文

為照送大國代識士等寄送公文執照事

五月十八日發覆文

第捌號二月三日清曆十二月二十三日收文

照明治三十八年十二月三十日發文

為照轉古闌濱領事函事

第玖號二月三日清曆十二月二十三日收文

二月七日發覆文

為照稱康西南濱地方開設通商口岸事

第拾號二月三日清曆十二月二十三日收文

五月十八日發覆文

爲琛漢宇嶋住軍大尉前導員全及執照事

係拾壹號二月七日清曆十二月二十四日發文

復三月三日收文

爲照覆廣西寧富地方開港通商口岸事

係拾貳號二月二十日清曆光緒二十五年正月十一日收信

復一月二十三日發信

爲[illegible]張金西參[illegible]臨管理領事

係拾叁號二月二十五日清曆正月十六日收信

不發覆信

此次抄示
請照寫一
照會者

爲函送蘇案詳細口供情節抄本事

第拾肆號 二月二十五日 清曆正月十九日 收信

不發復信

爲函請查宴並送與宴之參隨各官銜名單事

第拾伍號 二月二十七日 清曆正月十八日 發信

三月一日收復信

爲函稱守田松本兩陸軍大尉被匪徒所害一案事

第拾陸號 三月一日 清曆正月二十日 收文

復明治三十一年十二月十九日發文

爲照稱旗族鎗擊清人一案事

第拾柒號三月一日清曆二月二十日收信

復三月二十七日發信三月十五日再有收信

為函復希用松本西陸軍大尉被誹後處置一案事

第拾捌號三月十日清曆二月二十九日發信

三月十四日收復信

為函請審船隻號數傳三處以為照辦事

第拾玖號三月十四日清曆三月初三日收信

復三月十日發信

為函復審船隻號數傳三處已迄行轉飭照辦事

第貳拾號三月十五日清曆三月初四日收信

三月二十四日發遞信
為函稱安田松本兩陸軍大尉被派往廈門一案事
復貳拾壹號三月十七日清曆二月初六日發信
、三月十九日收遞信
為照稱撫州一案事
復貳拾貳號三月十九日清曆二月初八日收信
復三月十七日發信
為函復撫州一案並送撫署照會事
復貳拾叁號三月二十二日清曆二月十一日收文
五月十八日發遞文

此案抄出
請照須

為照送長崎內調度局長寄寓洋友執照事

第貳拾肆號三月二十三日清曆二月十二日發信

六月十日三十日及八月九日收復信

為遞送南北洋及粵省派往閩粵之各員寓執照並領

要事

第貳拾伍號三月二十四日清曆二月十三日發信

復三月十五日收信四月一日收復信

為函復井田松本兩陸軍大尉被匪夜辱寓一案事

第貳拾陸號三月二十八日清曆二月十七日發信

當日收復信

為函稱英館之馬弁兵丁出京並請照料預備車輛事
儀貳拾柒號 三月二十八日 清曆二月十七日 收信
復 當日發信
為函復該館之馬弁兵丁出京並稱業已札飭照料預備
車輛事
儀貳拾捌號 四月一日 清曆二月二十一日 收信
復三月二十四日發信
為函復前田松本兩陸軍大尉被匪傷害一案事
儀貳拾玖號 四月四日 清曆二月二十四日 發文
不收復文

為照稱上海公共租界事宜事
第叁拾號四月二十四日清曆三月十五日 發信
當日收復信
為函送大谷法師呈遞之經典事
第叁拾壹號四月二十四日清曆三月十五日 收信
復當日發信
為函復大谷法師呈遞之經典敬呈奏明事
第叁拾貳號五月三日清曆三月二十四日 收文
五月九日發復文
為照稱東江米巷一帶修路需用料物請在使館門首堆

地暫行存備事

第參拾參號五月四日 清曆三月二十五日 發信

五月五日收復信

爲函請安東不二雄護照事

第參拾肆號五月五日 清曆三月二十六日 收信

復五月四日發信

爲函送安東不二雄護照事

第參拾伍號五月六日 清曆三月二十七日 收文

五月九日發復文

爲照稱大谷法師呈進之經典者留既甚不敷請之龍藏經

俟送到再行照送事

第叁拾陸號五月九日 清曆三月三十日 發文

復五月三日收文

爲照會東江米巷一帶修路需用料物擬在使館門首暫行存儲並無異議事

第叁拾柒號五月九日 清曆三月三十日 發文

復五月六日收文九月十七日再有收文

爲照復進呈經典已竟所請之龍藏經則俟送到再行照送一節轉達大谷法師事

第叁拾捌號五月十二日 清曆四月初三日 收文

六月十六日發復文

為照稱福州專界外之宅存飭應照料事

併叁拾玖號五月十八日清曆四月初九日發文

復二月二日收文

為照復大國代議士等晉呈及執照均經分別轉發事

併肆拾號五月十八日清曆四月初九日發文

復二月三日收文

為照復宮崎陸軍大尉等晉呈及執照均經分別轉發事

併肆拾壹號五月十八日清曆四月初九日發文

復三月二十二日收文

為照覆長崎島內調度局長來函及執照均經分別轉

發事

第肆拾貳號五月二十七日清曆四月十八日發信

五月三十日收覆信

為函稱漢口華商查實事

第肆拾叁號五月二十八日清曆四月十九日收文

六月十六日發覆文

為照請將使館查各項中國人數開單照覆事

第肆拾肆號五月三十日清曆四月二十一日收信

覆五月二十七日發信

為函復漢口寄案事宜事

第肆拾伍號六月一日清曆四月二十三日收文

六月二日發復文

為照稱江寧開辦日期事

第肆拾陸號六月二日清曆四月二十四日發文

六月六日收復文

為照請示復甯呈寄書日期事

第肆拾柒號六月二日清曆四月二十四日發文

復六月一日收文

為照復江寧開辦日期事

出清單示
請照寫

第肆拾捌號 六月五日 清曆四月二十七日 收信
六月六日發信
爲要詢隨同入覲之參贊官銜名事
第肆拾玖號 六月六日 清曆四月二十八日 發信
復六月五日收信
爲函送隨同入覲之參贊官銜名清單事
第伍拾號 六月六日 清曆四月二十八日 收文
復六月二日發文
爲照復商定覲見日期事
第伍拾壹號 六月六日 清曆四月二十八日 收信

8/32

此答勅抄本
亦請照領

六月七日發復信

為再請覲見各日期并赴各館導引事

第伍拾貳號六月七日清曆四月二十九日發信

復六月六日收信

為函復覲見各日期并赴各館導引事

第伍拾叁號六月八日清曆五月初一日收信

不發復信

為函送答勅抄本事

第伍拾肆號六月十日清曆五月初三日收文

六月十三日發復文

為照送小田切署總領事案及執照事

係伍拾伍號 六月十日 清曆五月初三日 收信

復三月二十三日發信

為飭北洋派往開採之各員索還執照領案事

係伍拾陸號 六月十三日 清曆五月初六日 發文

復明治三十一年九月十五日收文

為照復石港行輪補續章程轉行北洋查覆一切固

宜照為辦理事

係伍拾柒號 六月十三日 清曆五月初六日 發文

復六月十日收文

此清單亦請照寫

為照覆示丑切著總領事查呈及執照字樣轉行事

第伍拾捌號 六月十三日 清曆五月初六日 發文

六月十九日收覆文

為照稱英美公共租界事宜事

第伍拾玖號 六月十六日 清曆五月初九日 發文

覆五月十二日收文

為照覆福州寺案章程允其照辦事

第陸拾號 六月十六日 清曆五月初九日 發文

覆五月二十八日收文

為照送僑館各項中國人數請察事

第陸拾壹號六月十八日清曆五月十一日收文

六月二十日發回文

為照得吏部侍郎著在總署行走之事

第陸拾貳號六月十九日清曆五月十二日收文

復六月十三日發文

為照復各國公共租界事宜事

第陸拾叁號六月二十日清曆五月十三日發文

復六月十八日收文

為照復吏部侍郎著在總署行走之事

第陸拾肆號六月二十日清曆五月十三日收文

六月二十三日發覆文

為照稱裕京堂業派充出使法國大臣事

第陸拾伍號六月二十一日清曆五月十四日收文

六月二十三日發覆文

為照稱三都澳開辦日期事

第陸拾陸號六月二十三日清曆五月十六日發文

覆六月二十日收文

為照覆裕京堂業派充出使法國大臣事

第陸拾柒號六月二十三日清曆五月十六日發文

覆六月二十一日收文

為照覆三都澳開辦日期事
第陸拾捌號六月二十四日清曆五月十七日發信
七月八日有收信
為函稱廈門洋務事宜事
第陸拾玖號六月二十八日清曆五月二十一日發信
六月三十日收覆信
為函稱山本讚七郎被竊銀兩（詳）事件及拿獲竊犯究辦事宜
西案事
第柒拾號六月三十日清曆五月二十三日收信
覆三月二十三日發信

11/32

為西洋派往閩接之名宜宇執照領文事
係弐拾壹號六月三十日清暦五月二十三日收信
發六月二十八日發信
為西廣山本讀七郎及杉教習秘密西渠事
係弐拾弐號七月四日清暦五月二十七日發文
七月七日收發文
為照梅普島二等領事派駐福州兼管三都澳事
係弐拾叁號七月七日清暦五月三十日收文
發七月四日發文
為照覆普島二等領事派駐福州兼管三都澳事

第弍拾肆號七月八日清曆六月初一日發信
明治三十三年一月二十七日再有發文
為函稱牛莊事峯畢事
第弍拾伍號七月八日清曆六月初一日收信
七月十五日發信
為函稱俄國事峯畫事
第弍拾陸號七月十一日清曆六月初四日發信
七月十三日收信
為函稱安東古城洒學生被窃衣物各件事
第弍拾柒號七月十三日清曆六月初六日收信

12/32

復七月十一日發信

為函覆安南太城兩學生被竊衣物各件事

第柒拾捌號 七月十五日 清曆六月初八日 發信

復七月八日收信八月七日再行發信

為函覆所寄各事

第柒拾玖號 七月二十日 清曆六月十三日 收信

七月三十二日發復信

為函請轉飭高雄艦仍在鞍山舟山相近海面演習大操

事

第捌拾號 七月二十二日 清曆六月十五日 發信

度七月二十日收信

為照覆英參贊劉輮遣英雄大艦勿在舞山舟山相近海面演習火器事

第捌拾壹號八月七日清曆七月初二日發信

八月九日收覆信

為照再覆開港事宜事

第捌拾貳號八月九日清曆七月初四日收信

復八月七日發信八月十三日再有收信

為照覆開港事宜事

第捌拾叁號八月九日清曆七月初四日收信

13/38

此京奏抄本
亦請照會

復三月二十三日發信
為函飭鑛路督派往開採之各員遵守執照領票事
第捌拾肆號八月十日清曆七月初五日收文
十月十三日發復文
為照送中明譯定礦務章程原奏抄本事
第捌拾伍號八月十三日清曆七月初八日收信
復八月七日發信
為函復函開書寫事
第捌拾陸號八月十五日清曆七月初十日發文
八月二十五日收復文

為照稱加藤領事駐劄蘇州事
係捌拾柒號八月二十五日清曆七月二十日收文
復八月十五日發文
為照復加藤領事駐劄蘇州事
係捌拾捌號八月二十九日清曆七月二十四日收文
八月三十日發復文
為照稱川督派道員及總兵赴西藏辦理兵制事
係捌拾玖號八月三十日清曆七月二十五日發文
復八月二十九日收文
為照復川督派道員及總兵赴西藏辦理兵制事應轉行查

14/32

照事

第玖拾號九月八日（清曆八月初四日）發信

九月十日收復信

為函請廿田陸軍大尉護照事

第玖拾壹號九月九日（清曆八月初五日）收信

九月二十日再有收信

為函稱屆時專差宜事

第玖拾貳號九月十日（清曆八月初六日）收信

復九月八日發信

為函送廿田陸軍大尉護照事

第玖拾叁號九月十一日清曆八月初七日發信

不收復信

為函繳安東不二雄護照事

第玖拾肆號九月十七日清曆八月十三日收文

九月二十七日發復文

為照送大谷法師所請之龍藏經事

第玖拾伍號九月十八日清曆八月十四日發信

九月二十一日收復信

為函請發給滕保介兵衛護照事

第玖拾陸號九月十八日清曆八月十四日收信

15
32

不發復信

爲函請轉飭館員自津進京務要乘坐早或午車事

第玖拾柒號九月二十日清曆八月十六日收信

十月二十八日再有收信

爲函稱厦門事業查實事

第玖拾捌號九月二十一日清曆八月十七日收信

復九月十八日發信

爲函送應縣係真有護照事

第玖拾玖號九月二十七日清曆八月二十三日發文

復九月十七日收文

為照復龍藏經寄大谷法師祗領事
第壹百號九月二十七日清曆八月二十三日發文
九月三十日收復文
為照稱鑄造銀元金幣事
第壹百壹號九月二十七日清曆八月二十三日發信
不收復信九月三十日有收文
為函洋橫濱正金銀行合具票帖事
第壹百貳號九月二十九日清曆八月二十五日收文
明治三十三年一月十二日發復文
為照請轉飭福州領事堵截華商假冒日民冒日本籍稱日

商在通商口岸賤賣土貨辦法事

係壹百叁號 九月三十日 清曆八月二十六日 發信

十月二日 收復信

為懇稱廈門市街貼有匿名揭帖其詞悖謬請嚴飭廈防分府將不法之徒緝拏懲辦事

係壹百肆號 九月三十日 清曆八月二十六日 收文

復九月二十七日發文

為懇收鎔造銀元事宜事

係壹百伍號 十月二日 清曆八月二十八日 收信

復九月三十日發信

為函復廣州市街貼有匿名揭帖其詞狂悖一層業經致閣
督轉飭認真查辦事
第壹百陸號 十月十三日 清曆九月初九日 發文
復 八月十日 收文
為照復申明請完礦務章程係奉批本當經准并事
第壹百柒號 十月十三日 清曆九月初九日 發文
十一月八日 收復文
為照稱地方官與教中往來事宜事
第壹百捌號 十月十五日 清曆九月十一日 發信
當日收復信

17
32

為函訂貴公所贈禮物及國書呈遞日時事

第壹百玖號 十月十五日 清曆九月十一日 收信

復呈日發信

為函復來候日時事

第壹百拾號 十月十八日 清曆九月十四日 收信

不發復信

為函稱國書並禮物業已代為呈進事

第壹百拾壹號 十月十九日 清曆九月十五日 發信

十一月十六日 收復信

為函請新購房屋三所飭給紅契事

第壹百拾貳號十月二十一日清曆九月十七日收文
明治三十三年二月十二日再有收文
為照稱廈門事件事
第壹百拾叁號十月二十八日清曆九月二十四日收信
十一月九日有發文
為函稱廈門租界已會領事畫押事
第壹百拾肆號十一月八日清曆十月初六日收文
復十月十三日發文
為照覆地方官嚴敎中注來事宜事
第壹百拾伍號十一月九日清曆十月初七日發文

十一月二十五日抄覆文

為照稱不允我國之鼓浪嶼一處指有別國請為案求不允照辦事

俄壹百拾陸號十一月十一日清曆十月初九日收文

十一月十四日發覆文

為照稱岳州開關日期事

俄壹百拾柒號十一月十四日清曆十月十二日發文

覆十一月十一日收文

為照覆岳州開關日期事

俄壹百拾捌號十一月十四日清曆十月十二日發文

十一月十七日收復文

為照稱若松領事著駐杭州事

第壹百拾玖號十一月十六日清曆十月十四日收信

復十月十九日發信

為送新購房屋三紙紅契事

第壹百貳拾號十一月十七日清曆十月十五日收文

復十一月十四日發文

為照覆若松領事著駐杭州事

第壹百貳拾壹號十一月十七日清曆十月十五日發信

十一月二十一日收復信

14/32

此譯文亦
請照寫

為函送廈門善後三事譯文事
第壹百貳拾貳號十一月十七日清曆十月十五日發文
十一月二十一日收復文
為照稱奉命回國交涉事宜暫交石井參贊署理事
第壹百貳拾叁號十一月二十一日清曆十月十九日收文
復十一月十七日發文
為照復矢野大臣回國交涉事宜暫為署理事
第壹百貳拾肆號十一月二十一日清曆十月十九日收信
復十一月十七日發信
為函復廈門善後三事行文閩督轉飭興泉永道籌辦事

第壹百貳拾伍號 十一月二十五日 清曆十月二十三日收文

復十一月九日發文

為照復鼓浪嶼一處倘有別國請為專界不允照辦一層

均已閱悉事

第壹百貳拾陸號 十一月二十七日 清曆十月二十五日發文

十一月二十八日收復文

為照稱西爵大臣到京並請示照會日期事

第壹百貳拾柒號 十一月二十八日 清曆十月二十六日收文

復十一月二十七日發文二十九日再行發信

為照復西爵大臣到京並請照會日期事

129

第壹百貳拾捌號 十一月二十八日 清曆十月二十六日 收信

爲函送桂陸軍大臣寄呈之執照事

十二月四日發復信

第壹百貳拾玖號 十一月二十九日 清曆十月二十七日 發信

函訂晤會日期各項凡非緊要之信者而不列既記於目錄序文中但本信是係廣二十八日收文則與十二月二十四六三十及三十一等日所發收之信併列以明焉

爲函稱偶感時疫未克會晤事

第壹百叁拾號 十二月三日 清曆十月三十日 收文

十二月四日發復文

為照送矢野大臣護照及執照事

130 第壹百叁拾壹號十二月四日清曆十一月初二日發信

復十一月二十八日收信

為函復桂陸軍大臣護照之執照經咨行轉給事

131 第壹百叁拾貳號十二月四日清曆十一月初二日發文

復十二月二日收文

為函復矢野大臣護照執照咨行轉交祗領並請代奏事

1 謝事

132 第壹百叁拾叁號十二月十六日清曆十一月十四日收文

21/32

明治三十三年一月十二日發復文

133 傑字壹百叁拾肆號 十二月二十日 清曆十一月十八日收文

為照稱允有奸商冒充洋商牌號由查照例辦理事

十二月二十四日發復文

為照稱李守堂著為商務大臣前往運商各埠考察商務事

傑字壹百叁拾伍號 十二月二十四日 清曆十一月二十三日發信

十二月二十六日收覆信

為函訂會晤日時事

134 傑字壹百叁拾陸號 十二月二十四日 清曆十一月二十三日發文

復十二月二十日收文

為照復李中堂茲為通商事務大臣前往通商各埠考察商務

業經閱悉事

傑書函參拾柒號十二月二十六日清曆十一月二十四日收信

復十二月二十四日發信

為函復催照日期事

135 傑書函參拾捌號十二月二十九日清曆十一月二十七日發文

明治三十三年一月三日收復文

為照送函書譯文並請示復入覲之期事

傑書函參拾玖號十二月三十日清曆十一月二十八日收信

此譯文亦請照寫

十二月二十一日發信

爲事訂發稟日時事

係第壹百肆拾號十二月二十一日清曆十一月二十九日發信

復十二月二十日來信

爲照復擬候日時事

後記

古語云：飄風不可以調協宮商，巧婦不可爲無米之炊。講述歷史，如果要停留在人云亦云、大而化之的層次上，應該説不是一件難事；但是，如果要是丁是丁、卯是卯地認真起來，却絶非是一件輕而易舉之事。不消説清朝的歷史，就是我們要把數十多年前，親自經歷的大事，説得一點不錯，恐怕也是很難做到的。因此，歷史場景的原始記載，對於還原真迹，釐清史實，得出正確的結論，就顯得十分重要了。《往復文信目録》正是明治七年（同治十三年）至明治三十二年（光緒二十五年）期間，中日兩國之間交往細節的原始記録。儘管現在的人們看起來，有些非常可笑，根本不可能發生的事情，而在一百多年前，却有其存在的理由。因此，此書的問世，可以使歷史研究工作者，對於我們這樣兩個一衣帶水、緊密相連的鄰國，早期彼此交往的詳細過程，有一個更加準確的了解。

在此，我們謹向國家圖書館出版社社長郭又陵先生，表示深深謝意。他在聽我們講述了中島雄《往復文信目録》，在研究百日維新與黄遵憲被光緒皇帝任命爲出使日本公使過程中的關鍵作用後，敏鋭地覺察到，此書對於研究早期中日關係，有着不可取代的作用。因此他建議我們儘快將其出版，以嘉惠學林。

同時，還應該感謝二〇〇五—二〇〇六年日本學術振興會『科學研究補助金基盤研究（C）』（課題號碼 17520467）和二〇〇七年日本平和中島財團『海外學者招聘事業』項目，對我們從事中島雄與『清末・明治期日中關係史』的深入研究，所給予的支持。感謝日本外務省外交史料館同意我們將《往復文信目録》在中國出版。

孫彦女士仔細審閲了我們的原稿，並校對了引文，付出很多辛勞，在此一並致以謝忱。

孔祥吉、村田雄二郎

二〇〇九年二月二十四日